疎開体験の戦後文化史

帰ラレマセン、勝ツマデハ

李承俊

青弓社

疎開体験の戦後文化史——帰ラレマセン、勝ツマデハ

目次

第3章 戦中派と戦後派のはざまで――疎開派という世代

第2部　戦争を体験しない疎開
――「内向の世代」・黒井千次・高井有一

第3部　〈田舎と都会〉をさまよう疎開——石川達三・太宰治・坂上弘

第8章 東京から疎開すて来だ「津軽人」が言ってまった… 237

——太宰治「十五年間」「やんぬる哉」など

カバー写真――毎日新聞社提供
装丁――斉藤よしの ぶ

空襲が激化し、末期的な症状を示し始めると、やっと僕らの感化院でも、院児の親もと引取りが始まったが、大半の家族は決して自分たちの厄介な悪い同胞を迎えにあらわれなかった。そして教官たちは、彼らがその獲物を守るために示す偏執的な決意によって、院児の集団疎開を企画したのだった。[1]

大江健三郎の小説『芽むしり仔撃ち』(講談社、一九五八年)は、感化院の少年たちの集団疎開の場面から物語が始まる。韓国の修士課程の学生だった私は、日本でおこなわれた疎開について興味をもち、ネットで疎開に関して調べながら韓国国内で入手可能な疎開関連文献を読みあさり、主に小学校児童を対象とする疎開政策がアジア・太平洋戦争のときにおこなわれたという歴史的事実を知った。引用した箇所を初めて読んだとき、私は「疎開」という日本語と出合った。感化院と学校という差はあれ、子どもを対象にした集団的な移住政策という実際に存在した歴史と接した瞬間、私の脳裏には様々な場面が浮かび、想像力が膨らんでいくのだった。

もし私が、十歳程度で両親と離れて、地名くらいしか聞いたことがない山奥で、級友たちや担任の先生と一緒に暮らすことになったら……？　しかも、数日たったら親元に帰ることができるといったためどなどまったくなかったら……？　次男で甘えん坊だった私にとって、聖戦を勝ち抜くためにわれわれ少国民は喜んで田舎に疎開します、などの声がはたして小学生の自分に響きえたかどうか。男の大人たちはどんどん戦場に呼び出され、女の大人たちは物資の増産にいそしんでいる戦争期、私ははたして、お国のために一所懸命に頑張る立派な帝国の子どもになることができただろうか。

戦時期に国家政策としておこなわれた疎開の歴史を知ると、『芽むしり仔撃ち』の感化院の少年たちの集団疎開の描写はリアリティーをもつものとして迫ってくる。前述の引用文で大江が戦時中のある時期について「空襲が激化」する「末期的な症状」というはげしい言い回しで形容したのは、戦時期を子どもとして体験した大江にとっての、子ども世代の戦争体験を反映した生々しい表現と捉えることができる、と修士論文では論じた。

本書で取り上げる「疎開」という事態は、一般的には、日本人にとってかつてあった、特に戦時期に多くの人々が体験した出来事といった程度のものと思われているかもしれない。しかし、疎開体験を書いた文学や手記などを読み進めながら、私の想像はさらに膨らむのだった。十歳前後の私なら、きっとこんな悩みに取り囲まれながらも友達と野原を駆けたはずだ。友達と一所懸命に遊びながら、不意に込み上げてくるある感情にさいなまれつつ、それを抑え付けながらお国のために頑張るいい子になろうとしたはずではないか。もっと想像してみよう。母親ではない人に下着を洗濯してもらうなんて恥ずかしくて仕方がない。ニンジンが苦手だけどニンジンのおかずが出たらどうしよう。学校が終わったらいつも一緒に遊んでいた友達の疎開先と、ウチの疎開先は遠いからもう遊べなくて寂しい。お兄ちゃんに会いたい。お父さんに会いたい。お母さんに会いたい。お元気ですか？　私は……私は元気です！

疎開に関する様々な資料を読み進めながら、私は小学生時代の自分と出会うことができた。同時に、小学生の子どもをもつ親心を想像してみることもできたし、疎開児童と生活をともにする引率教員の心を察することもできた。しかし、冷静にならざるをえない事実がある。それは、私は日本人ではない、という事実だ。疎開をめぐる想像に歯止めをかける自らのナショナル・アイデンティティーを背負ったまま、疎開という歴史をめぐり、事実と想像の両極を綱渡りするつもりで私は文学テキストを読み始めた。また、疎開体験者の手記やエッセーを読んだ。疎開との関連では読まれていなかった様々な文献を、自分のなかに浮かんでくる想像に重ね合わせながら、何かに駆り立てられるように読んだ。私が日本人ではないという事実は、想像に拍車をかけると同時に、想像を制御した。このような知的・心的プロセスを経て本書を執筆した。

戦時期の疎開体験は、敗戦後にどのように思い出され、意味づけられ、語られたのだろうか。本書はそうした疑問から始まっている。本文中で触れるが、疎開とは何だったのか、疎開体験とはどんな体験だったのかに関してはすでに多様な文献が世に出されている。本書は、そのようないままでに蓄積された成果に基づきながら、疎開に関してまだ深く捉えられていない部分と、疎開との関連ではまだあまり考察されていないと思われる部分を掘り下げていく。

具体的には、疎開体験の語りを三つに分けて整理している。第一に、疎開体験を「戦争体験」とする語りだ。この語りはすでに分厚い先行研究の蓄積をもつが、本書は誰が、いつ、どのような文脈で「戦争体験」として語ろうとしたかについて特に注目する。第二に、第一の語りを相対化しながら、疎開体験をただちに「戦争体験」としようとはしない語りだ。戦争体験についての語りが活発におこなわれる最中に、そのような語りに疑問を抱きながらその疑問とぶつかろうとした文学的営為を取り上げ、その意味について考える。第三に、疎開体験によって発見される「田舎」に関する語りだ。第一と第二の語りと関連づけながら、疎開という事態によって浮上する〈田舎と都会〉の関係性を考察する。

本書では、文学作品だけでなく体験者の手記やエッセー、戦時期と敗戦後のメディア言説や史料など、多様な資料を用いて疎開体験をのぞき込んだ。そのため本書の議論は、文学研究だけでなく、歴史学・思想史・社会学など多様な分野にまたがるものである。事実についての知が統合されて一般化されることで形作られる歴史に対し、本書では人間の原初的な欲望といえる語りの欲望に寄り添いながら議論を進める。語られた内容のすべてを事実と断定することはできない。しかし、語る者と語りたい者は事実として存在する。敗戦後は、疎開体験を語る時代、語られるべき疎開体験が現出する時代だった。本書を戦後「文化史（cultural history）」と名づけたのはそのような理由による。

注

（1）大江健三郎『芽むしり仔撃ち』講談社、一九五八年、一三ページ

［付記］各章の引用文中にある旧字体の漢字は、原則的に新字体に改めている。仮名遣いは原則的に引用元のとおりである。また、引用文の中略は（略）としている。

序章　いま、疎開を考えることは

1　疎開って何？

語句「疎開」を『日本国語大辞典』では以下のように定義している。

①とどこおりなく通じること。開き通じること。
②軍隊で、敵の砲弾からの危害を少なくするため、分隊、小隊、中隊などが相互の距離間隔を開くこと。
③空襲、火災などの被害を少なくするため、都市などに密集している建造物や住民を分散する

こと。[1]

『日本国語大辞典』には、大正(一九一〇年代前半から二〇年代中頃)から昭和初期(一九三〇年前後)にかけては②の軍隊用語として定着していたが、アジア・太平洋戦争が始まると③の意で一般社会でも用いられるようになったとある。[2]だが、②の意としての疎開という言葉は、自然に③の意に転用されたわけではなかったようだ。

宇野浩二は『思ひ川』で、一九四四年と四五年頃に関して「『疎開』といふ、これも、妙な、耳なれない、これまでなかった、言葉が云いふらされた」[3]と書いている。永井荷風は「(欄外朱書)疎開と云ふ新語流行す民家取払いのことなり」[4]と記している。〈疎開〉という語句に対して宇野浩二、永井荷風は、「耳なれない、これまでなかった」「新語」が「流行」していると認識していた。しかし、二人が明治(一八六〇年代後半から一九一〇年代前半)生まれで流行に敏感ではなかったために「新語」に鈍かったというわけではない。

自らの学童集団疎開の体験を題材とした小説『冬の神話』(講談社、一九六六年)を執筆した小林信彦は、自伝的エッセーで前述の永井荷風の言葉に言及し、「それは即〈民家取り払い〉のことではないのだが、荷風をふくめて多くの国民には〈疎開〉が何のことかまだわからなかったのではないか。少年だったぼくも、初めはぴんとこなかったように記憶する」[5]と回想している。一九四〇年代初期に〈疎開〉は、明治生まれの大人世代だけでなく、昭和生まれの少国民世代にとっても「ぴんとこなかった」のだ。しかし、〈疎開〉という単語は永井荷風が言っているように「新語」としての造語だったわけではない。『日本国語大辞典』を参照すれば「明治時代から見える」語句だったからだ。つまり、「新語」のように感じられたのは疎開という言葉の記号表現（シニフィアン）ではなく、記号内容（シニフィエ）に起因する。

「疎開」という言葉の記号内容（シニフィエ）は、終戦から現在に至るまで様々な変遷を経てきた。代表的な事象を三つ提示する。公害問題が深刻な社会問題として台頭する一九七〇年前後、「公害疎開」という表現が広く流布した。一九七〇年七月二十二日付「毎日新聞」は「公害避け〝学童疎開〟文部省が計画」という記事を掲載している。[6] 記事の骨子は、全国で大気汚染の影響を受けている学校に対し、クラスぐるみで都市近郊に一定期間〈疎開〉させて教育を実施する計画を文部省が発表した、というものだ。小学校（当時は国民学校）三年生から六年生までをクラスぐるみで都市近郊や隣接する農山村地域に移動させたのが戦時期の学童集団疎開だった事実を想起すれば、「公害疎開」という表現が戦時期の〈疎開〉を念頭に置いて生み出されたことは明らかだろう。

二〇〇〇年代に入って〈疎開〉という言葉が再登場するきっかけとなったのは、東日本大震災だった。一一年六月、福島県郡山市の小・中学生と保護者は、放射能から安全な環境で教育を受ける権利を主張し、避難を求める裁判を申し立てた。これは「ふくしま集団疎開裁判」と呼ばれるものであり、現在も福島の子どもたちの「被曝しない権利」の確立を求める社会運動は進行中である。戦時期の〈疎開〉政策は、アメリカ軍による戦略爆撃攻撃、通称「空襲」といわれる攻勢に対し、都市部の防空体制を強化する目的で立案・実施されたものだった。戦時期の〈疎開〉が、空襲の被害対策という意味合いを有するのであれば、「公害疎開」は公害の被害への対策として、また「ふくしま集団疎開」は放射能の被害に対する対策として、三者いずれもが子どもの集団移住を目的としているのがわかる。この場合、何かの被害に備えて子どもを集団移住させることが、〈疎開〉という言葉の記号内容（シニフィエ）の核心になるだろう。

しかし、実は〈疎開〉という言葉の記号内容（シニフィエ）は、被害に備えて子どもを集団移住させることだけに収まるわけではない。都会と地方の共生を図る言説で、人口と施設が密集する都会から地方に帰農して食糧生産に携わることを〈疎開〉という言葉を通じて主張しているのが確認できる。坂根修『明日のための疎開論――豊かな地方・貧困の都会』（文芸社、二〇一七年）では、都会に集中する人口を地方に分散するものとして、現代における〈疎開〉の意義を説明する。ここでの〈疎開〉の記号内容（シニフィエ）の核心は、都会から地方への移住にある。周知のように、アメリカ軍による戦略爆撃としての空襲は、日本の戦時体制を支える工業地帯や主要産業・行政施設を攻撃対象にした。したがって空襲は、基本的に工場や官公署が位置する都会に対し爆撃をおこなう。このような空襲の被害に備えて防御を整備するのが防空体制であり、その防空体制の一環としておこなわれたのが〈疎開〉政策であるならば、〈疎開〉政策の移住の方向は、都会から地方へ、ということになる。『明日のための疎開論』のような帰農を勧奨する言説の場合、都会から地方へ移住することが、〈疎開〉という言葉の記号内容（シニフィエ）の核心になるだろう。

『日本国語大辞典』の③の定義からすれば、「公害疎開」「ふくしま集団疎開」の場合は「被害をすくなくするため」の〈疎開〉として、〈疎開〉の目的がより強調され、その目的の対象は子どもに設定される。これに対して、帰農する〈疎開〉の場合は「都市などに密集している建造物や住民を分散する」〈疎開〉という、〈疎開〉の具体的過程がより強調されるものだ。ここでの〈疎開〉の目的・対象・過程は、すべてアジア・太平洋戦争期の「疎開」に共通するものである。

このように、〈疎開〉という言葉は、様々な意味合いを背負いながら再登場し続けている。そのような再登場の起源をさかのぼっていけば、『日本国語大辞典』の③の語意としての〈疎開〉、アメリカ軍の空襲の被害を少なくするため、都市の住民や建物を地方に移住・移転させる「疎開」の歴史がある。

では、「疎開」の歴史は、どのように語られているのだろうか。

2 二〇一〇年代、戦闘なき戦争映画

「戦後世代の作った戦争映画」[7]では、『この国の空』(脚本・監督:荒井晴彦、二〇一五年)を「終戦70周年記念作品」として以下のように紹介した。

戦争が終わって七〇度目の八月。七〇年、人の歳にすればすでに老齢。実感として戦争を知る人々は老い、それを知らしめる痕跡の生々しさが薄らいでゆく今日、この夏。終戦の翌年(四六年)に生まれた北山修が、自らを含め「戦争を知らない子供たち」と謳った世代の監督ふたりの作った戦争映画が公開される。[8]

『この国の空』は「戦争を知らない子供」による「戦争映画」といえる。『この国の空』には、戦場を舞台とする熾烈な戦闘の場面などは一切描かれていない。劇的な戦闘シーンもなければ、死体も出てこない。一九四五年五月、母親と暮らしながら町内会に勤めている十九歳の里子（二階堂ふみ）は、妻子を疎開させて単身で暮らしている銀行員の市毛（長谷川博己）にひそかに心を引かれる。この映画の主軸は、いわば里子と市毛のラブストーリーである。

にもかかわらず『この国の空』が「戦争映画」となりうるのは、空襲の危機にさらされた銃後の日常生活に密着しているからだ。映画は、灯火管制や防災訓練など、終戦直前に内地で生活している人々にとって日常化していた防空体制下の暮らしを淡々と映し出す。そこで、空襲の危機にさらされた銃後の日常生活を象徴するのは、横浜の空襲に焼け出されて東京に疎開してきた里子の伯母（富田靖子）をめぐるエピソードである。だが、伯母が体験した空襲の様子を写実的に描写したり、焼夷弾の猛爆のさなかを命がけで走り抜ける伯母をカメラがなぞったりすることはない。焼け出された伯母の居候を断じて拒否しようとする母親は里子によって説得されるが、三人の同居に家族ぐるみの団欒のほほ笑みが生まれるゆとりなどが訪れることはない。戦時下の厳しい配給によってかろうじて口を糊している里子と母親にとって、それがたとえ血縁関係にあたる者だろうと、もう一人分の生活空間や食糧を確保することは、決して容易ではなかった。

蔦枝「莫迦なことを言わないで。里子にまで責任を負わせるのは止めて頂戴。姉さん、私たち、二人で精一杯なのよ。悪いけど、お気の毒だけど、できないわ」
瑞枝「じゃ、あの納戸に四畳半を貸して頂戴。お部屋代は払います。私、毎日買出しに出掛けるわよ。毎日毎日、雨が降ろうが警報が出ようが出掛けますよ。そうすれば配給なんかなくたって平気。平気どころか、あなた方に売ってあげられるかも知れないわ。どう?」(略)
蔦枝「そうして頂戴。買出しの途中で艦載機に射ち殺されたって、姉さん、自業自得よ」[9]

　これはシナリオからの引用だが、焼け出された肉親を温情あふれる言葉で迎え入れるような雰囲気は一向に感じられない。「警報が出ようが出掛けますよ」とまで言いながら、すがりつく里子の伯母・瑞枝の言葉は、おそらく窮地に追い込まれた立場を弁解しながら、居場所がない罹災者の立場を理解してもらえるように口をついて出てしまったものだろう。だが、まるで伯母の言葉に相づちを打つかのように、里子の母親「蔦枝」は、「途中で艦載機に射ち殺されたって、姉さん、自業自得よ」と、冷酷極まる口ぶりで言い返す。日常そのものの根底が崩壊したからこそ生じざるをえない人間同士の反目を、二人のやりとりから読み取ることはさほど難しくない。

図1　映画『この国の空』のポスター
(出典:「この国の空」製作委員会、2015年、ポスター)

　衣・食・住という、日常を維持する最低条件の保証などどこにもなく、空襲に対する危機が常態化してしまった敗戦直前の東京での日常は、もはや戦争とは無縁の平和な生活が考えられなくなり戦争という非日常が日常化することによって生じる、日常の攪乱によって成り立つ日常、という矛盾を内包するものであった。その意味で、日常と非日常の区別など無意味に等しい。日常の攪乱は、日本本土に対するアメリカ軍の戦略爆撃、すなわち空襲に起因する。空襲によって日常生活の攪乱を捉えるという意味で、『この国の空』は「生活の中に〈戦争〉があったという日常を丹念に積み重ねて見せる」[10]手法に徹底した、「兵隊も死体もぜんぜん映らない戦争映画」[11]、つまり死の表象がない「戦争映画」なのだ。

3 疎開体験をさかのぼる

このような「戦争映画」は、なぜ「戦争を知らない子供たち」によって作られたのか。周知のとおり、「戦争を知らない子供たち」というフレーズは、北山修作詞・杉田二郎作曲で、一九七〇年の大阪万国博覧会で初めて歌われ、最も有名な反戦歌になった「戦争を知らない子供たち」からとられたものだ。もし、誰かが「戦争を知らない子供たち」だと規定されるなら、そのような規定をできる資格を有するのは、「戦争を知らない子供たち」ではない誰かになるだろう。それは「戦争を知っている大人たち」ではないだろうか。

「戦争を知らない子供たち」が規定できるのは、「戦争を知っている大人たち」が先験的に規定されているからである。言い換えれば、「戦争を知らない子供たち」というのは、戦争体験を有する世代と戦争体験を有しない世代の断絶という時代状況を反映した言葉なのだ[12]。人間が成長や自己形成で必ず習得・学習しなければならないものが教養と定義されるかぎり、教養の供給と受容をめぐる関係性には、ある種の非対称性が常につきまとうことになる。大人が子どもに教養を提供することはあっても、子どもが大人に教養を提供することは考えられない。そこで、フォークソング「戦争を知らない子供たち」の流行を、知的な言説空間における「戦争体験の断絶」という現象が、より大衆化・民衆化して現れた社会現象と捉え直すのも的外れではないだろう。

北山修は、同名のエッセーで以下のように述べている。

> 戦争を知らない子供たちはもうすぐ父や母となる。そんな時、平和の重要性と反戦の必要性を、我々の父親やおふくろの思い出と共に語ってやらねばならない。胸を張って、堂々と。そして微笑みながら、
> 世界中にそんな朝が来るように祈ろう[13]。

坪井秀人は、戦争体験のなさを「胸を張って、堂々と、そして微笑みながら」語ることができる北山修の「経験(罪障)の欠落がイノセンス(無実・無邪気)とわだかまりなく一体となっている」「ナイーヴさ」を指摘する。このような「ナイーヴさ」が「あざやかで新しい意味」をもつことができるのは、子どもだからこそ許される「特権」にもなるはずだ。「戦争を知らない子供た

ち」も「父や母」つまり大人になると、「若すぎるから」こそ許された「ナイーヴさ」も「若すぎるからと許されない」(「戦争を知らない子供たち」歌詞の一部)のだと、教養によって裁断されて非難されるしかなくなる。[14]いうまでもなく、永遠に子どもでいつづけることは不可能である。「ナイーヴさ」は、いつか忘却されてしまうか反省の対象として召喚される。

『この国の空』の監督である荒井晴彦は、この映画を作ることで、かつて「戦争を知らない子供たち」だったからこそ許された「無経験という特権」の「ナイーヴさ」から、戦争体験という教養に自らを投企した、と考えてみるのはどうだろうか。「戦争責任とか戦後責任をやるとなかなか観客には届かなくて難しい。大状況を置きつつ、その中の小状況、非常に小さな個の状況を透かして見れないか[15]」という監督の意図からすれば、「戦争責任とか戦後責任」といった、「戦争を知っている大人たち」によって意味づけられた教養のはたらきかけから距離をとり、里子を中心とする「非常に小さな個の状況」から「戦争」という「大状況」を「透かして見」せることが、映画を通じて試されたわけである。つまり、里子の周辺に遍在する空襲や疎開といった戦時下の日常から、そのような日常をもたらした「戦争」という非日常が透視されるような映画を意図したのだ。

この映画は、高井有一による同名の小説『この国の空』(「新潮」一九八三年八月号、新潮社)を原作とするもので、小説をシナリオに脚色することについて、「何もしてないですよ。映画仕様に整理したみたいな[16]」と荒井は語っている。この発言から、映画の土台になるシナリオと、またその土台となる小説とが、ほとんど等値の関係で結び付けられるという前提で考えてみよう。小説『この国の空』について高井は以下のように述べている。

戦争の時代は遠くなつた、と言はれ出して久しい。しかし私は、あの時代が帰つて来つつある、といふ感覚に捉はれる事がある。若者の間に暴力が蔓延してゐるのを実にしばしば見聞きするからである。

例へば東京新聞九月二十日付「教育一一〇番」の記事。千葉県旭市の中学校で男子バレーボール部の一年生部員が、練習時間に遅れた罰として、上級生部員から頬を膝蹴りされるなどして翌日死亡した。（略）

しかし、彼等が如何に異様であつても、私は何等かの関はりを持たざるを得ない同時代人である限り、顔を背けてばかりはゐられない。為体が知れない、といふ言葉は引込めて、彼等を知らうと努めなくてはならないだらう。そのためには、彼等だけでなく、彼等の親たちの育つ土壌となつた高度経済成長の時代の実態を、先づ知るところから始めなくてはならないかと、今、私は考へるやうになつてゐる。(17)

小説『この国の空』は、第二十回（一九八四年度）谷崎潤一郎賞を受賞した。引用は作家による受賞記念の文章である。人間が発揮する最も無慈悲な暴力が戦争であるならば、「若者の間に暴力が蔓延してゐる」から戦争の「時代が帰つて来つつある」とする高井の「感覚」を、どのように解釈すればいいのだろうか。

「戦争の時代」を連想させる「暴力」という「異様」の根源を、「若者」そのものからではなく、そのような「若者」を生み出してしまった「親たち」から考える、という高井のまなざしに、暴力の蔓延から「戦争の時代」を感じる「感覚」を解釈するための手がかりが隠れている。高井は、一九八〇年代の「戦争を知らない子供たち」に現れる「戦争」について、七〇年前後に同じく「戦争を知らない子供たち」と呼ばれた「彼等の親たちの育つ土壌」となった時代にさかのぼって究明すべきとしている。八四年に中学生の子どもをもつ「親たち」であれば、おおむね五〇年前後生まれの人々と見なして差し支えないだろう。五〇年前後生まれの人々は、七〇年前後つまり「戦争を知らない子供たち」が歌われた時代をまさしく「戦争を知らない子供たち」として生きた人々である。また、このような「親たちの育つ土壌」とは、「親たち」より上の世代によって形成されていたものであり、したがってここでいう上の世代とは、「戦争を知っている大人たち」になる。

いうまでもなく、世代というくくり方で最も典型的に作用する共通体験は、アジア・太平洋戦争期での体験、戦争体験である。ただし、戦争体験が世代形成のための共通体験として想定される際は、戦時期当時の体験に限定されるわけではない。前線体験・銃後体験を問わず、敗戦後になってから当時の体験にどのような意味が付与されるかによって、戦争体験が読み替えられる場合がしばしばあるからである。戦後という時代が、先行する戦争の時代によって定立されるものである以上、戦後の生は戦争体験の残響が鳴り続けるものになる。

高井は、戦争体験を有しない「若者」の「戦争」の淵源を、戦争体験の継承と断絶の問題として感じたのではないだろうか。それならば、高井の問題意識は、一九七〇年前後の「戦争を知らない子供たち」にとっての「土壌」＝教養として、どのような戦争体験が語られていたか、という疑問にもつながるはずだ。高井は、社会的動因としての「世代」に注意を払い、「世代」間の教養の継承と断絶を問題視しているといっていい。「自己認識の不確かさ」は、「私」と他者との関係性を、世代を因子にして考えるように促す[18]。

戦争体験の継承を危ぶむ声はかつても発せられ、これからも発せられるだろう。そこには、戦争体験というものに対する世代間の認識差や意見差が横たわっている。激しく変わりゆく時代を感じて嘆くことができるのは、それ以前の時代を体験した世代である。その次の世代にとって、時代はすでに変わった後のものであり、変わる以前の時代を知識として知ることはできても、具体的な経験として体験することはできない。このようなことを考慮すれば、世代間の断絶が生じるのは自然な流れである。だが、自然なことだからといって、受け入れるわけにもいかない。自然のなりゆきであっても、否定して抵抗するのが人間の一つのありようではないだろうか。

世代間の教養の共有と継承などがまるで昔話になったかのような現在だからといって、「世代」間の断絶を嘆く必要はない。かつて教養として機能した戦争体験の核心に死の体験と死の思想があったならば、『この国の空』という生の体験と生の思想を語る戦争映画は、教養に対する問い直しが要求される時代が到来したことを語るものではないだろうか。

二〇一九年現在、全国各地でおこなわれている戦争体験の語りの主役は、子どもとして疎開を体験した方々である。その意味で、疎開の体験は、まだ生きている。

本書は、二〇一九年にも生き続ける疎開体験について、その現在的な意義を問い直すためのものである。そのために、かつて疎開体験がどのように語られたかをさかのぼる。一九七〇年前後に戦争体験の一つとして浮上した疎開体験をめぐって、様々な言説とテキストを横断することで、疎開の文化史を記述する試みである。疎開をめぐる様々な言説や議論の裏側にまとわりついてうごめく教養化の欲望に無批判的に染まらないように注意しながら、語られる疎開体験を読み解いていく。だが、ここではあるべき疎開体験を探し求めるわけではない。そこに書いてある疎開体験、そこで語られている疎開体験とそのまま接し合う姿勢で臨んでいる。取り上げるテキストの範囲は、四五年前後の少国民の戦争参加として疎開政策が実施されていた時期に生み出されたものから、七〇年前後の大人になった少国民世代が「戦争を知らない子供たち」世代に疎開体験を活発に語る時期までに書かれたものである。

かつて疎開体験を語った人も、いま語っている人も、同じ人である。かつては子ども世代を代弁する少国民世代として、また戦争体験をもつ大人世代として。いまは、戦争体験を語る最後の世代として。もし、この本を手にした読者が、身近な疎開体験者の祖母や祖父を思い出し、「疎開ってどうだった?」と声をかけ、そこから語りに耳を傾けることになれば、この本の役割は果たされたといっていい。

注

(1) 日本国語大辞典第二版編集委員会/小学館国語辞典編集部編『日本国語大辞典第二版』第八巻、小学館、二〇〇〇年、三五四―三五五ページ

（2）同書三五四―三五五ページ
（3）宇野浩二、広津和郎ほか編『宇野浩二全集』第八巻、中央公論社、一九七二年、三四二ページ
（4）永井荷風、稲垣達郎ほか編『荷風全集』第二十三巻、岩波書店、一九六三年、四一九ページ
（5）小林信彦『一少年の観た〈聖戦〉』筑摩書房、一九九五年、一〇五ページ
（6）「公害避け〝学童疎開〟文部省が計画」「毎日新聞」一九七〇年七月二十二日付
（7）上野昂志「戦後世代の作った戦争映画「この国の空」「日本のいちばん長い日」」「キネマ旬報」二〇一五年八月下旬号、キネマ旬報社、七二ページ
（8）同記事七二ページ
（9）荒井晴彦「この国の空」「シナリオ」二〇一五年九月号、シナリオ作家協会、三二ページ
（10）モルモット吉田「シナリオ評『この国の空』」、前掲「シナリオ」五六ページ
（11）「荒井晴彦 小さな所から大きな所を透かして見る」、前掲「キネマ旬報」七八ページ
（12）福間良明は、戦後の言説空間で戦争体験の継承が教養化することをめぐって、世代間の「戦争体験の断絶」の戦後史を提示した。福間良明『「戦争体験」の戦後史――世代・教養・イデオロギー』（中公新書）、中央公論新社、二〇〇九年、二五七ページ
（13）北山修『戦争を知らない子供たち』角川書店、一九七二年、三二―三三ページ
（14）「戦争を知らない子供たち」をめぐる戦後文化史的な考察に、坪井秀人『戦争の記憶をさかのぼる』（〔ちくま新書〕、筑摩書房、二〇〇五年）一六四―一六六ページがある。
（15）前掲「荒井晴彦 小さな所から大きな所を透かして見る」七八ページ
（16）斎藤久志／稲川方人／荒井晴彦「鼎談『この国の空』をめぐって 斎藤久志×稲川方人×荒井晴彦」、前掲「シナリオ」一七ページ

(17) 高井有一「〈受賞のことば〉二つの時代」「中央公論」一九八四年十一月号、中央公論社、二八六ページ

(18) 小谷敏「「世代論」の現在」、パルテノン多摩編『世代論・再考』(パルテノン多摩連続講演「記録集」)所収、パルテノン多摩、二〇〇二年、一三ページ

第1部　戦争を体験する疎開

――柳田国男、記録と証言、疎開派

第1章　「昭和の楠公父子」になるために

――学童集団疎開・七生報国・『先祖の話』

1　急遽断行される疎開

第1部では、戦争体験としての疎開体験について考察する。本章では、戦時期の疎開政策を取り巻くメディア・教科書の考察に加え、同時代の民俗学の言説をこれらとつなぎ合わせて考察することで、学童集団疎開が戦争体験の一つとして想定されうる背景を明らかにする。

学童集団疎開政策は、緊迫した状況下で「促進」された。それは、「今回の疎開は戦局の急迫に伴つて急遽断行されたものであり、且つわが国教育にとつては未曾有の経験でもあるので、之に対する充分の準備整はずして、直ちにその実践場面に突入せざるを得なかつた実情である[1]」という記述から確認することができる。「準備整はずして、直ちにその実践場面に突入せざるを得なかった実情」のもとで実施された学童集団疎開の「本義ヲ徹底セシムル」ために、政府は学童集団疎開政策の趣旨と意義をわかりやすく説明しなければならなかった。そのために、どのような言説が活用されたのか、また、実際にその言説はどのような意味をもってはたらきかけることができたのかについての議論を進めていく。

本章は、戦時期の教科書やメディアなどを参照し、同時代の柳田国男を検討することで、戦争体験としての学童集団疎開を考察する。具体的には、学童集団疎開政策の「本義」をめぐる言説の様相を考察することで、その「イデオロギー的背景」[2]を明らかにする。

2 「学童疎開問答」と「桜井駅の別れ」

一九四四年八月、政府は学童集団疎開政策の「本義」をわかりやすく説明するために、「学童疎開問答」[3](以下、「問答」と略記)を作成して頒布した。これは、疎開地での食料や寮の事情・疎開期間・引率教員の構成・授業実施計画など、想定される父兄の疑問に対して問答形式で説明する性質のものだった。「問答」に関する先行研究では、「国の学童集団疎開に対する具体的な意思表示」[4]がわかる資料として、あるいは「理解し難い役所の文書をわかりやすく説明する」[5]ものとして論じられ、その内容のわかりやすさが指摘されている。「桜井駅の別れ」の場面を挿入した「問答」は、情報局が「戦意高揚策」として作成したものとされているが、ここで問題になるのは、「問答」の前置きに該当する部分である。「桜井駅の別れ」は、湊川の戦いに赴く楠木正成が、父とともに戦おうとする息子の正行を故郷へ帰したというエピソードである。その後、正成は戦死する。

戦ひの場に一抹の女々しさもあつてはならない。

少年正行は年歯僅か十一にして桜井の駅に父正成の言葉に従ひ、健気にも恩愛の袂をわかちて武士の子の道を歩んだ。

いま一億ひとしく戦ひの場にのぞみ、楠公父子の尽忠を己れの心として起つ。われらにまた何の女々しさがあらう。時に冷厳として恩愛の袂をわかつて戦ひの道をゆかねばならないのだ。

全国主要都市に学ぶ幾十万の子等とその父に母に、今それが要請されているのだ。予期せられる空襲への防備態勢を完成するために、さらに皇国を継ぐ若木の生命を、いさゝかなりとも傷つけ失ふことなきを願ひ国家の大愛のしるしとして実施される学童集団疎開である。

父も母も子も、欣然、昭和の楠公父子となれ。ここに餞として疎開問答を贈る。(7)

学童集団疎開政策へ「父も母も子も」協力しなければならないと訴えるために、冒頭に「桜井駅の別れ」の例えを用いて、末尾に「昭和の楠公父子となれ」という命令文を挿入している。「問答」が「本義」をわかりやすく説明してくれるものであるとすれば、その「本義」は「桜井駅の別れ」と連動する「昭和の楠公父子となれ」という言葉に集約されているだろう。その検証のためには、「桜井駅の別れ」「楠公父子」をめぐって、当時どのような言説が形成されていたかを考察する必要がある。以下の引用は、アジア・太平洋戦争開戦直前の一九三九年に刊行された『尋常小学修身書 児童用』巻六の「桜井駅の別れ」に関連する部分である。

正成は、勅を奉じて兵庫におもむく時、これを最後の戦と覚悟して、途中桜井の駅で我が子正行に向かひ、

「汝はすでに十一歳になつた。父の言ふことをよく聞け。此の度の合戦は、天下の安危のわかれるところ、汝の顔を見るのもこれが最後であらうと思ふ。汝はあくまで父の志をついで、きつと大君の御為に忠義を尽くし奉れ。これが第一の孝行であるぞ。」

とねんごろにさとし、天皇から賜つた菊水の短刀を授けて、河内へ帰らせました。(8)

「桜井駅の別れ」で父「正成」が子「正行」に「父の志をついで、きつと大君の御為に忠義を尽くし奉れ」と諭している、という記述である。その次の場面をみてみよう。

「そなたは幼くても、父上の子ならば、よく考へて見よ。父上がそなたを河内におかへしになつたのは、父上に代わつて朝敵を滅し、大御心を安んじ奉るためではなかつたか。其の御遺言を聞きわけて母にも話してくれたのに、もうそれを忘れたか。それで、どうして父上の志をついで忠義を尽くすことが出来ませうぞ。」

と涙を流して戒めました。正行は母の言葉に深く感動しました。それからは、父の遺言と母の教訓とを堅く守つて、一日も忠義の心を失はず、遊ぶ時にも賊を討つまねをしてゐました。(9)

父・正成の戦死の知らせが届き、「父の短刀で腹かき切らうと」する子・正行を戒める母の姿を描写している部分である。以上の引用から考えれば、「父上の志をついで忠義を尽くす」よう息子を諭すにあたり、母の役割は決して些細なものではなかっただろう。「父上の志をついで」戦うというメッセージは母によって正行に教え込まれている。戦時期に発足した日本少国民文化協会の機関誌「少国民文化」には、「大楠公のあとをついで勤皇につくした小楠公（正行）の立派な一生は、その母の訓戒に負ふところ多かつた」、「大楠公夫人は」「亡き夫の大精神を小楠公の胸に吹き込んだ(10)」という趣旨の文章を掲載していた。父「大楠公」正成の「大精神」「志」は母「大楠公夫人」の「訓戒」によって子「小楠公」正行に受け継がれるのである。図2にみられるように、戦時期の母親には「小楠公の母」としての役割が求められていた。

一九四三年に刊行され、学童集団疎開の実施中にも使用されていた文部省編『初等科国史』下（文部省）の「大御代の御栄え」にも、「桜井駅の別れ」の場面が挿入されている。この箇所の教授法を解説した教員向けの文献を参照すると、国史教科書に「桜井駅の別れ」を採録したのは、この場面が「大東亜戦下」の「児童の感激と奮発とを導き出す最も適切な題材」と考えられたからだとされている。続いて「桜井駅の別れ」を「刻下の現実に結びつけると、悲惨に過ぎるといふ人があるかも知れない」が、「昭和の子どもは、靖国に祀られる日を喜びの夢にゑがいて、をしくたくましく伸びてゆく[11]」だろうと期待を託している。「昭和の子」、つまり少国民に対して東条英機は、兵隊の「あとをうけついで、これからの日本をになひ、大東亜を築いて行くのは誰であるか、いふまでもなく、それはみなさんであります[12]」と訴えていた。このような言説下で、戦時期の「昭和の子」の「刻下の現実」とは具体的に何を指しているのか。

> 要するに帝都の学童疎開は、其の防空態勢の強化であり、帝都将来の国防力培養でありまして、帝都学童の戦闘配置を示すものであります[13]。

母よ翼に親しめ
子と共に模型飛行機を作らう
全國「母の會」に呼びかく

〝小楠公の母〟たれ
決戰誓ふ荒鷲の母

図2　「小楠公の母」としての役割を求める新聞記事
（出典：「〝小楠公の母〟たれ 決戦誓う荒鷲の母」「朝日新聞」1943年6月12日付）

東京都長官は「学童疎開」は「学童の戦闘配置」であると言い、父兄に対してわが子を学童集団疎開に積極的に参加させるよう説得していた。「戦闘」という行為が結果としての死を否定しないものであることを考えれば、「靖国に祀られる日を喜びの夢にゑがいて、をゝしくたくましく伸びてゆく」という言葉の意味が一層明確になる。「靖国に祀られる」ためには死が前提にされなければならない。死するためには「戦闘」に直接参加しなければならず、少国民の「戦闘」への参加は学童集団疎開への参加として訴えられていた。それは、実際の戦場で戦っている大人の志を受け継ぐためであると同時に、それ自体として子どもの「戦闘配置」だった。子どもの「戦闘配置」を完遂するために親子とも「昭和の楠公父子」になることが要請されていた。「刻下の現実」とは、戦闘配置としての学童集団疎開に参加することだ。「桜井駅の別れ」は、このような「現実」をわかりやすく説明するための有用な題材だった。

3 受け継がれる「志」──七生報国

もし戦時期の日本を支えていたイデオロギーを鶴見俊輔に倣って「玉砕の思想[14]」と呼ぶのなら、そこに死が前提とされていることはいうまでもない。では、このような戦時期イデオロギーと「戦闘配置」としての学童集団疎開とは、どのように結び付いているのだろうか。

図3は「週刊少国民」一九四五年新年号の表紙で「楠公父子」を描いたものである。以下はその解説文からの引用である。

大楠公、小楠公の尽忠は、実に世界に冠絶してをります。七生報国、一死君のために帰するが如く笑つて死地に入る大楠公の神のような精神は、小楠公正行によつて、後に受継がれてゐます。この精神は、明治時代に入つてからも維新の志士によつて継がれました。誠に大楠公、小楠公の大精神は、脈々として日本人の血に流れ、わが忠勇なる軍人は、みなこれを体してゐるのです。

特にこの大決戦時における特別攻撃隊の諸神鷲の如き、或は薫空挺隊員やその後にもあるべき尽忠無比なる忠烈な軍人は、みな大楠公精神に生きた方々、生きんとしてゐる方々です。(15)

「大楠公」正成の「尽忠」とは、「一死君のために帰するが如く笑つて死地に入る」「精神」、つまり「七生報国」である。ここでも教科書と同じく、「七生報国」の「精神」が「小楠公正行によつて、後に受継がれてゐます」と解説している。受け継がれる「志」には死への覚悟が含まれていて、

図3　楠公父子像
（出典：「週刊少国民」1945年新年号、朝日新聞社、表紙）

その覚悟を形象化する言葉が「七生報国」である。引用では、「七生報国」精神を「体してゐる」存在として「特別攻撃隊」「薫空挺隊員」が挙げられている。

一九四四年十月二十九日付の「読売新聞」「桜井少将談 讃へよ神風特別攻撃隊の遺烈 壮烈体当りに甦る 七生報国の尽忠 いまに生く大楠公精神」という記事では、「神風特別攻撃隊の精

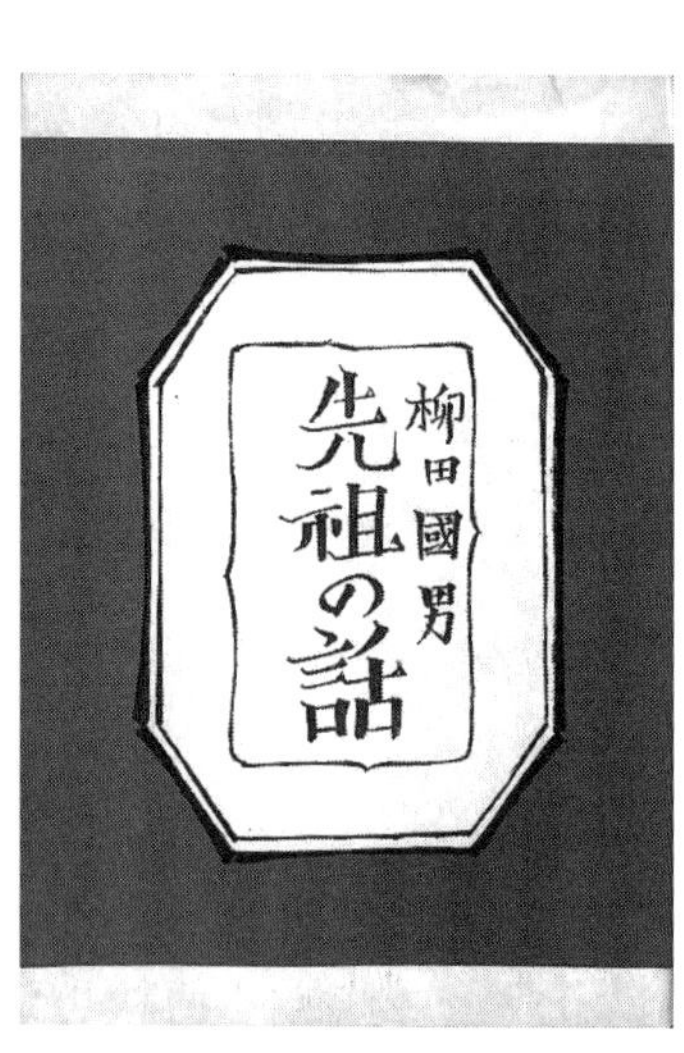

図4　柳田国男『先祖の話』筑摩書房、1946年、カバー

神こそ、七度生まれ朝敵を亡ぼさんと誓った大楠公の尽忠の精神にほかならぬ」と報道されていた。楠木正成から受け継がれる「精神」「七生報国」、そして「精神」を体現する存在としての「特別攻撃隊」という論理は、「週刊少国民」一九四五年新年号表紙解説でのそれとほとんど変わらないといえるだろう。つまり、学童集団疎開が実施されていたのと同じ時期に、「大楠公」の「志」「七生報国」は、「桜井駅の別れ」という例えを通じて、少国民に受け継がれていくべきものとして語られていたのである。

学童集団疎開政策が円滑に実施されるべく、政府は疎開政策の「本義」をわかりやすく説明しなければならなかった。そのために作成された「問答」は「桜井駅の別れ」を活用した。「武士」としての「忠義」の「本義」をわかりやすく解説した場面を活用しながら、親子のやむをえない別れを個のレベルを超えた国家レベルの当為性で説明し、疎開政策に積極的かつ自発的に参加するように訴えかけていたのである。そこでわかりやすく説明される「本義」とは、死を恐れず戦う精神、すなわち「七生報国」であった。

4 七生報国の「本義」――柳田国男『先祖の話』

ここまでみてきた言説が頒布されていた時期、柳田国男は『先祖の話』[16]をもって「七生報国」という精神の意味づけを試みた。『先祖の話』は、日本の祖霊信仰を学問的な体系性をもって説明する目的で執筆されたものである。[17]その結論を展開している章は「八〇 七生報国」である。まず、戦時期の柳田国男の研究は、主に「銃後を支える婦人の自覚を訴える仕事」と「子どもに語りかける仕事」[18]、さらに「戦争で死んだ若い魂の救済を目指した仕事」[19]という三つに要約できる。実のところ、この三つは互いが緊密につながっている。「戦争で死んだ」「魂」の「志」が子どもに受け継がれるべく、銃後の婦人は「自覚」をもって子どもに「語りかけ」、「志」が子どもに受け継がれ、死んだ「魂」は「救済」される。このような物語が教科書の「桜井駅の別れ」の記述で「父」「母」「子」の関係によって表現されていたのは確認したとおりである。

『先祖の話』に関する先行研究は、主に二つの支流を形成してきた。一つは、民俗学的見地に基づく内容の検証である。[20]もう一つは、「七生報国」に特徴づけられる柳田の思想をめぐっておこなわれてきた論考である。後者を具体的にいえば、『先祖の話』では「七生報国」が軍国主義と関わりがない形で新しく読み替えられているとし、保守思想家としての柳田を評価する議論[21]があり、その一方で、『先祖の話』は「七生報国」という結論を導くために御霊信仰を祖霊信仰として人為的に組み替えたもので、侵略戦争としてのアジア・太平洋戦争に対する認識の欠如を指摘する議論[22]も存在する。ここからは、以上の先行研究を踏まえながら、『先祖の話』の結論が同時代にどのような意味をもったのかについて考えたい。

それはこれからさらに確かめてみなければ、そうとも否とも言えないことであろうが、少なくとも人があの世をそう遥かなる国とも考えず、一念の力によってあまたたび、この世と交通することができるのみか、さらに改めてまた立ち帰り、次々の人生を営むことも不能ではないと考えていなかったら、七生報国という願いは我々の胸に、浮ばなかったろうとまでは誰にでも考えられる。[23]

柳田は、以上の引用文から読み取れるような問題意識を多様な事例を紹介しながら論証していき、結論「八〇 七生報国」にたどりつく。「六四 死の親しさ」では「東洋人は死を怖れない」という前提に立ち、「日本人の多数が、もとは死後の世界を近く親しく[24]」感じていたと述べている。『先祖の話』の特徴の一つは、「東洋人」「日本人」のような共同体の解明をもくろんでいる点[25]である。柳田は「信仰はただ個人の感得するものではなくて、むしろ多数の共同の事実だったということ[26]」を強調している。多数の人々によって信じられている何かを、つまり「共同の事実」として「感得」される「信仰」を、学問的に位置づけることを試みているのである。このような試みに着手するきっかけとなったのは、「今度の戦」、つまりアジア・太平洋戦争だった。

柳田国男は、日本人にとって「死後の世界」が「近く親しく」感じられる理由として次の四つを挙げている。第一に「死してもこの国の中に、霊は留まって遠くへは行かぬと思ったこと」、第二に「顕幽二界の交通が繁く」「いずれか一方のみの心ざしによって、招き招かるることがさまで困難でないように思っていたこと」、第三に「生人の今わの時の念願が、死後には必ず達成するものと思っていたこと」、第四に「生まれ代って、同じ事業を続けられるもののごとく、思った者の多かった」ことである。ここでの問題は、死を恐れない＝死後の世界を近く親しく思う、という思考のシフトである。死ぬことを恐れないことと、死んだあとの世界に親しさを感じることは別の次元の問題である。死ぬことを恐れないとは、「私」が「私」の死を恐れない、ということである。つまり、死を恐れない認識の主体「私」と死ぬ主体は一致する。一方、「死後の世界を親しく」感じるとは、親しさを感じる主体が、自分ではない「死者」の「死後の世界」に対して考える際のものであると柳田は説明している。要するに、恐れを感じない死は私の死であるのに対し、親しく感じる死は私ではない誰かの死なのだ。しかし、二つの別次元の問題が、柳田国男によっては同一の次元の問題として取り扱われている。

このような論理的混同が生じたからこそ「八〇七生報国」という結論を置いたのだろう。「七生報国」が「事実」として成り立つには、自分の「死後の世界を近く親しく」感じるがために「死を怖れない」という思考を構築しなければならないからだ。ここでは、自分の死による「死」と他者の死による「死者」の論理的一体化がおこなわれている。そこで柳田は、「死後の世界」を「怖れない」、「死」を「親しく」感じる日本人、という主張のために「生まれ替り」の概念を導入する。

「生まれ代って、同じ事業を続けられるもののごとく、思った者の多かった」からこそ、「生人」の「念願」が「死後には必ず達成」されると柳田は考えていた。このような思考を、彼は「信仰」でありながら「事実」でもあると主張している。これを立証するために柳田が導入する概念が「生まれ替り」である。柳田は「魂がこの世へ復帰するという信仰[29]」を「生まれ替り」と呼んでいるが、『先祖の話』において「信仰」という言葉が、「事実」とほぼ同等の意味で使われている点に注意すべきである。少なくとも柳田にとっては、「生まれ替り」が「事実」として認められている。なぜなら「日本人の多数」がそれを「信仰」として信じているからである。「この事実を、単なる風説としてでなく、もっと明瞭に意識しなければならぬ時代が来ているのである[30]」と柳田はいっている。

ここで「八〇 七生報国」の最後の部分を確認したい。

人生は時あって四苦八苦の衢であるけれども、それを畏れて我々が皆他の世界に往ってしまっては、次の明朗なる社会を期するの途はないのである。我々がこれを乗り越えていつまでも、生まれ直して来ようと念ずるのは正しいと思う。しかも先祖代々くりかえして、同一の国に奉仕し得られるものと、信ずることのできたというのは、特に我々にとっては幸福なことであった[31]。

「八〇 七生報国」冒頭の「改めてまた立ち帰り、次々の人生を営む」とは「生まれ直して来」ること、すなわち「生まれ替り」になることであり、「一念」とは「生まれ替り」によって「同一の国に奉仕し得られる」「七生報国」のことである。そして「七生報国」を「信ずる」ことが「幸福」であると述べている。

ここで柳田国男は「七生報国」という「四つの文字」が「単なる文学を超越した、国民生活の一つの目標」だと述べているが、その背景としての「至誠純情たる多数の若者によって、次々と積み重ねられた」体験[32]について触れている。それは『先祖の話』が執筆されていた時期にみられる、「七生報国」と戦闘が結び付いた形の言説、つまり特別攻撃隊の精神＝七生報国という構図をもつものだった。柳田は戦場の「特別攻撃隊」が体現している「七生報国」を、「国民生活」の「一つの目標」、総力戦体制における銃後の「国民生活」の「目標」にまで普遍化しようとしていたのではないだろうか。彼にそういうもくろみはなかったにしても、戦時下の「日本人」に死を覚悟して戦わせ、死へ導く精神的基盤となった「玉砕の思想」を学問的に体系化してしまった、という点は否定できない[33]。

5　学童集団疎開の「本義」

「国民生活の一つの目標」である「七生報国」を具体的に説明するために柳田が取り上げているのは、『太平記』での楠木正成・正季兄弟の最期の場面である。「七生までただ同じ人間に生まれて、朝敵を滅さばやとこそ存じ候えとも申しければ」という正季の最期の「念願」の言葉を「八〇七生報国」に明記している。『太平記』には、柳田が取り上げている場面の前に、「問答」における「少年正行は年歯僅か十一にして桜井の駅に父正成の言葉に従ひ」という箇所にあたる場面、つまり「桜井駅の別れ」が配置されている。ここで「週刊少国民」一九四五年新年号表紙の解説文に戻りたい。

「楠公父子」の絵は、普通桜井駅での別れの場面がたくさん描かれてゐるのですが、本誌の表紙の絵は、大楠公が湊川に出陣される前、河内国で父子そろつて乗馬してゐられるところを扱つたもので、小楠公は父上の覚悟を聞いて、父上の後につづかうと強い決意を胸のうちに湛へて、馬の手綱をとつてゐられるのです。私は、そのところを力強く表現しようと努めてこの絵を描きました。(34)

「桜井駅の別れ」のあと、楠木正成は「湊川の出陣」で死を恐れず戦って死ぬ。『先祖の話』によれば、正季の最期の言葉に続いて楠木正成は「我もかように思うなり。いざさらば同じく生を替えて、この本懐を達せんと契りて、兄弟とも刺し違えて(35)」死するのだった。「湊川の出陣」で自分は死ぬ、しかし生き残った子が自分が「達成」できなかった「覚悟」「志」を受け継いでくれると「念願」する「大楠公」。「後につづかうと強い決意を胸のうちに湛へて」、成長して後村上天皇の忠実な侍大将として活躍する「小楠公」。『太平記』には、「小楠公」によって「大楠公」の「最後の一念」は「達成」されたかのように、楠公父子の活躍ぶりがドラマチックに描写されている。

ここまできてようやく、「問答」で「昭和の楠公父子となれ」と訴えかけている「本義」がみえてくるのではないだろうか。子どもの戦闘配置としての学童集団疎開に、国民としてわが子を参加させること、そして少国民として使命感をもって参加することを、「父」「母」「子」に要求されることが「本義」になるのだ。そのような学童集団疎開政策の「イデオロギー的背景」には、戦時期を支配していた、死を否定しないイデオロギー、例えば「七生報国」という言葉で形象されるものが潜んでいた。それは、「玉砕の思想」（鶴見俊輔）にもなれば、「戦争遂行イデオロギー」（岩田重則）にもなることができる。要点は、死を否定しない、というところにある。「桜井駅の別れ」を「問答」の冒頭に置いたのは、実のところ見事なプロパガンダであった。「昭和の楠公父子」となるのは、親しい「死後の世界」の「死者」である「先祖」の戦の「志」を受け継いで現在の戦、すなわち戦争を遂行することを意味していた。これが学童集団疎開政策の「本義」といえるものであれば、そこには「死を怖れない」精神が盛り込まれていなければならない。

柳田国男は、「死を恐れない」「志」をもって学童集団疎開に参加することを訴えた「問答」の「本義」を、わかりやすく説明したのだ。

注

(1) 寺門照彦、大日本教育会研究部編『疎開学童の教育指針』日本教育会出版部、一九四四年、一―二ページ。引用は全国疎開学童連絡協議会編『学童疎開の記録 四』大空社、一九九四年、九―一〇ページ。

(2) 橋川文三は戦争体験としての学童集団疎開の重要性を指摘しながら、その「イデオロギー的背景」の究明を求めている。橋川文三「家の戦争体験」、岩波書店編「文学」一九五九年九月号、岩波書店。引用は橋川文三『昭和超国家主義の諸相・戦争体験論の意味』(「橋川文三著作集」第五巻)筑摩書房、一九八五年、二五七ページ。

(3) 「週報は昭和一一年七月に国策に関する情報の連絡調整などを目的として設置された内閣情報委員会が、啓発宣伝(世論指導)を本格的に実施するため、従来から刊行されていた『官報』雑報欄を発展独立させたものであった」。清水唯一朗「国策グラフ『写真週報』の沿革と概要」、玉井清編『戦時日本の国民意識――国策グラフ誌『写真週報』とその時代』(叢書21 COE-CCC 多文化世界における市民意識の動態)所収、慶應義塾大学出版会、二〇〇八年、二ページ

(4) 山中恒『欲シガリマセン勝ツマデハ』(「ボクラ少国民」第四部)、辺境社、一九七九年、三〇六ページ

(5) 星田言『学童集団疎開の研究』近代文藝社、一九九四年、三一ページ

(6) 逸見勝亮『学童集団疎開史――子どもたちの戦闘配置』大月書店、一九九八年、八―一〇ページ

(7) 引用は前掲『学童疎開の記録 四』一七二ページ。

(8) 「第四 孝」、文部省編『尋常小学修身書 児童用』巻六、文部省、一九三九年。一九四三年に国民学校五・六学年用に文部省編『初等科修身』(第三・第四、文部省)が刊行されるまで採択。引用は海後宗臣ほか編『日本教科書大系 修身(三)』(近代編 第三巻)講談社、一九六二年、三三一―三三二ページ。

(9) 同書三三二ページ

(10) 高須芳次郎「日本母性の伝統」、日本少国民文化協会編「少国民文化」一九四三年八月号、日本少国民文化協会、一二ページ

(11)「大御代の御栄え」、文部省編『初等科国史 教師用』下、一九四三年。引用は中新ほか編『近代日本教科書教授法資料集成 第七巻 教師用書3歴史・地理篇』東京書籍、一九八三年、四七二─四七三ページ。

(12) 東条英機「少国民に与える訓話」、日本少国民文化協会編「少国民文化」一九四四年二月号、日本少国民文化協会、一一六─一一七ページ

(13) 大達茂雄「帝都学童の戦闘配置──国民学校長に対する訓示」「都政週報」一九四四年七月号、東京都、二ページ

(14) 鶴見俊輔『戦時期日本の精神史──一九三一─一九四五年』(岩波現代文庫)、岩波書店、二〇〇一年、一七三─一九六ページ参照

(15) 堂本印象「つづけ小楠公 表紙楠公父子の図について」「週刊少国民」一九四五年一月号、朝日新聞社、八ページ

(16)『先祖の話』初版は一九四六年四月、筑摩書房から刊行。執筆時期は、「自序」には「昭和二十年の四月上旬に筆を起し、五月の終りまでにこれだけのものを書いてみた」と記してある。「自序」だけ敗戦後に執筆した。本章の『先祖の話』の引用は柳田国男『柳田国男全集』第十三巻(〔ちくま文庫〕、筑摩書房、一九九〇年)による。

(17) 磯前順一「柳田国男 先祖の話」、岩崎稔/上野千鶴子/成田龍一編『戦後思想の名著50』所収、平凡社、二〇〇六年、一四─三〇ページ参照

(18) 柳田国男は日本少国民文化協会の顧問を務めていた。「子どもに語りかける仕事」には『村と学

童』（朝日新聞社、一九四五年）がある。『先祖の話』執筆に取り組む直前までの柳田国男の仕事が『村と学童』として結実した点からすれば、両書の関係を見落とすべきではない。『村と学童』に関しては第9章「疎開を読み替える――戦争体験、〈田舎と都会〉、そして坂上弘」を参照。

(19) 柳田国男研究会編著『柳田国男伝』三一書房、一九八八年、九二五ページ

(20) 例えば、小田亮「出来事としての『先祖の話』――「祖霊」の発明をめぐって」（「民俗学研究所紀要」第三十五号、成城大学民俗学研究所、二〇一一年）一五―五八ページを参照。

(21) 橋川文三「日本保守主義の体験と思想」、橋川文三編『保守の思想』（「戦後日本思想大系」第七巻）所収、筑摩書房、一九六八年。引用は橋川文三『柳田国男論集成』作品社、二〇〇二年、二二〇ページ。

(22) 岩田重則『戦死者霊魂のゆくえ――戦争と民俗』吉川弘文館、二〇〇三年、三三―一四〇ページ参照。本章の構想を含めて、本書全体での柳田国男に対する問題意識は岩田の研究に負うところが大きい。

(23) 柳田国男「八〇 七生報国」、前掲『柳田国男全集』第十三巻、二〇四―二〇五ページ

(24) 柳田国男「六四 死の親しさ」、同書一六五ページ

(25) 岩本由輝は、柳田国男が戦時期に「日本人の固有信仰の解明」に取り組んでいたがゆえに「共同体に関する発言」が増加したと指摘する。岩本由輝『柳田国男 続――民俗学の周縁』柏書房、一九八三年、二六五―二七二ページ参照

(26) 前掲「六四 死の親しさ」一六五ページ

(27) 同論文一六五―一六六ページ

(28) 日本人の「死後の世界」への「親しさ」を「事実」によって説明するため、柳田が挙げている事例

は、「霊山の崇拝」(「六六 帰る山」)や「神降しの歌」(「七二 神降しの歌」)などで、いずれも生者と生者にとって他者である死者(先祖)との関係のうえで考察されているものである。自分の死を恐れないがゆえに死が親しい、というような論理ではない。あくまで、死者としての先祖との関わりで説明している。

(29)「七七 生まれ替り」、前掲『柳田国男全集』第十三巻、一九八ページ
(30)「七六 願ほどき」、同書一九六ページ
(31) 前掲「八〇 七生報国」二〇六ページ
(32) 同論文二〇五ページ
(33) 岩田重則は「六三 魂昇魄降説」の記述を取り上げ、「戦争を遂行する国家の側の「英霊」「忠魂」の思想、あるいは、太平洋の島々などで実行された「玉砕」の精神、こうした戦争遂行イデオロギー」を「肯定している」と指摘する。前掲『戦死者霊魂のゆくえ』七三―七七ページ
(34) 前掲「つづけ小楠公 表紙楠公父子の図について」八ページ
(35) 前掲「八〇 七生報国」二〇五ページ

第2章　もう一度、空襲と疎開を

――『東京大空襲・戦災誌』、「名古屋空襲誌」、「学童疎開ちくさ」

1　空襲の「証言」、疎開の「証言」

本章では、敗戦後の疎開体験の語り／語られ方に注目し、疎開体験が戦争体験としてどのように語られたかを疎開体験の記録から読む。

成田龍一によれば、一九七〇年前後は戦争体験が「証言」として語られる時代だった。[1]「証言」の時代に盛んに記録されたのは、空襲体験を核心とする銃後の戦争体験である。七〇年に東京空襲を記録する会が結成されたのを皮切りに、全国各地でその地域の「空襲を記録する運動」が展開され、多様な記録活動が広がっていった。[2]「空襲を記録する運動」の成果で最も有名なものは、『東京大空襲・戦災誌』全五巻（『東京大空襲・戦災誌』編集委員会編、東京空襲を記録する会、一九七三―七四年。以下、適宜『戦災誌』と略記）である。

このような「証言」の語りの特徴は以下の二点にある。第一に、戦争体験を有する者が戦争体験を有しない者に向かって語るという方向性だ[3]。この点に関しては、『戦災誌』の刊行の言葉から確認することができる。「戦争を知らない戦後世代の数は、国民の過半数に近づき、惨ましい戦災の傷痕は、歳月がもたらす風化とともに、危うく歴史のそとに置き忘られ（ママ）ようとしていた」と時代を診断したうえで、「あの空襲・戦災体験を、決して「忘れまい」とする人びと」によって記録される「証言」として『戦災誌』が意味づけられている[4]。空襲を体験した者の、戦争体験としての空襲体験を「忘れまい」とする決意は、「戦争を知らない戦後世代」に、「忘れまい」とする戦争体験としての空襲体験を知ってもらいたい願望と裏表の関係である。

「証言」の語りの第二の特徴は、戦時期を子どもとして過ごした人々が新たな世代を形成して経験を語る、という点だ[5]。成田によれば、「一九七〇年前後は、敗戦時に一〇代前半までの少年・少女たち――「少国民」であった人びとが回想的な発言をおこなう」ようになるが、「少国民」による「証言」の「軸をなすのは疎開経験[6]」である。

実のところ、空襲体験の「証言」と疎開体験の「証言」とは、ともに語られる場合が多い。これから本章で考察していくように、空襲にあうという空襲体験と、空襲から避難するという疎開体験は、空襲という事態が核心になるという面で、切り離して考えることはできない。

銃後の戦争体験として「証言」する内容の核心が空襲体験とされるのであれば、同様に疎開体験も議論の俎上に載せなければならない。空襲体験と疎開体験の関係が看過される理由は、前述の成田による「証言」の特徴に関する説明にあらわされるように、疎開は主に学童疎開であると見なされたため、疎開体験の「証言」の担い手は、当時「少国民」だった者たちであり、空襲体験の「証言」の担い手と別だと考えられてきたことと無関係ではないと思われる。

いうまでもなく、空襲による人的・物的な損害を最低限にしながら、戦時体制を維持していくためのものである「防空」体制において、疎開政策は主要な国家政策だった。空襲と疎開とは、切り離して考えることができない事態である。こうした点から、一九七〇年前後に記録された空襲体験の「証言」と疎開体験の「証言」を、切り離して考えることもまたできないのではないだろうか。

本章では、空襲体験の「証言」と疎開体験の「証言」の結び付きに注目する。取り上げる「証言」の例は、空襲体験の記録での空襲「証言」と、同様に空襲体験の記録での疎開「証言」、そして疎開体験の記録での疎開「証言」である。空襲体験の記録として『戦災誌』と「名古屋空襲誌」を取り上げ、そのなかにどのような疎開「証言」が組み込まれているのかを考察する。空襲体験の記録での空襲「証言」と疎開「証言」の結び付きの様子を確認したうえで、疎開体験の記録として「学童疎開ちくさ」を取り上げ、疎開「証言」の様子を考察する。そして、子どもの戦争体験としての疎開体験がその「証言」を代表するものになることを解析し、一元化された「証言」が形成される過程でどのようなことが生じているのかについて考えたい。

2　戦争体験としての空襲体験――『東京大空襲・戦災誌』

本節では、『戦災誌』の空襲体験の「証言」について考える。『戦災誌』第一巻「都民の空襲体験記録集　三月十日篇」と第二巻「都民の空襲体験記録集　初空襲から８・15まで」には、空襲を体験した人々の体験記録が約二千ページにわたって掲載されていて、数々の記録集のなかでも最も代表的な空襲体験の記録が収められているといっていいだろう。

『戦災誌』は、アメリカ軍の無差別爆撃による東京の犠牲者を追悼する思いから企画・刊行されたものである。「東京空襲を記録する会」の呼びかけ人であり、『戦災誌』の企画・刊行で決定的な役割を果たした早乙女勝元は、それまでの空襲に対する記録だけでは「東京空襲の悲劇の真相と全容は後世に伝えられないだろう」と考え、それを伝えるために『戦災誌』に取り組んだ。早乙女はそのような活動に乗り出す彼自身の心情的な原動力を、以下のように述べる。

死者八万人、とひとくちにいってしまえば、それっきりだが、私はときどき、これらの犠牲者たちが、凄惨そのものの姿で、一堂に集結したら……と考えることがある。ふりはらっても、ふりはらっても、いよいよ色濃く脳裏に浮かび上がってくるこのイメージをおさえきれず、私はじっとしていられなくなるのだ。（略）私自身「平和」の思想をこの手ににぎるには、二五

年前の戦争の真実をしかと見きわめ、八万人の犠牲者の浮ばれる道を、自分なりに考えたかったからである。(7)

第1章で考察したように、日本の戦時期を支配していたイデオロギーの核心は、死を否定しないというところにある。「東京空襲の悲劇の真相と全容」を伝える『戦災誌』のは、すなわち「無念な死をとげられた」「八万人の犠牲者」のことを「後世」の人々に伝えている。

したがって、『戦災誌』に書かれた記録は、戦争体験の「証言」として読まれるべきものである。一見当然のように見受けられるだろうが、早乙女をはじめとする各界各層の人々の尽力によって、銃後の戦争体験としての空襲体験が、戦場の戦闘体験としての戦争体験と、同等の地位を獲得することができた、という事実は強調されるべきである。銃後の空襲体験と戦場の戦闘体験が、戦争体験として結び付く媒介項は「死者」である。

しかし、「死者」を忘れないことで「東京空襲の悲劇の真相と全容」を伝えるという編纂の目的を『戦災誌』第一巻の冒頭に刻むことで、『戦災誌』の読み方が規定されてしまった、という点をあえて指摘しておく。(8)「死者」は語ることができない。「死者」のことを語るのは生者である。乱暴に図式化すれば、「死者」を伝える者が生者であるかぎり、伝えられる死の「悲劇の真相と全容」は、常に生者によって語られざるをえない、というパラドックスを含むものになる。戦争によって死する体験を「証言」することは、できない。

『戦災誌』の空襲体験の「証言」には、「死者」「犠牲者」のことが思い起こされて記録されている場合が多い。それは、空襲の場面の描写から始まる。「人間とは思えぬ絶叫、狂い泣く子供の声などは、とても耳から離れようとせず、それこそ、いまだ夢寐にも忘れ得ぬ、阿鼻叫喚の地獄図絵そのままであった[9]」。「阿鼻叫喚の地獄図絵そのまま」という描写は、具体的であるかのようで抽象的である。これを受け取る側は、「阿鼻叫喚の地獄図絵」のイメージに依拠して想像することになる。同時に、「阿鼻叫喚の地獄図絵」という言葉にしかならないからこそ、語られる側にとってはそれが具体的に何を指すのかをめぐって、想像力をはたらかせる余地が生じる[10]。

「阿鼻叫喚の地獄図絵」の「証言」は、「死体」について語っている。焦土と化した「回りを見ると、なに一つ燃える物はなく、死体があっちこっちに沢山ある」「学校へ行きたいと思ったが、死体死体。あっちもこっちも死体、あるくにもあるけない始末、死体をまたぎ、またぎ、学校に着いた」、当時十五歳のIさんは、「沢山の死体が山のようにつみかさなっている」学校の講堂でやっと両親と再会したとき、「会ったしゅんかん、みんなだき合ってないてしまった[11]」。生きている両親との再会で込み上げてくるIさんの感情がもし空襲体験を有しない者に伝わってくるのであれば、それは、空襲のなかを生き抜いた者同士の再会が、空襲による「死者」の「死体をまたぎ、またぎ」「死体が山のようにつみかさなっている」場所でおこなわれたことと無関係ではない。

つまり、空襲体験が戦争体験と等価のものになりうるのは、戦争体験の舞台である戦場に「死者」がいるのと同様に、空襲体験の舞台である銃後に「死者」がいるからだ。別の例を挙げよう。当時十六歳のNさんは、「内地におりながら自分の身内から戦争の犠牲者が出た[12]」ことを、自らの戦争体験としての空襲体験の本質とする。外地のどこかでおこなわれているはずの戦争が、「内地」に浸透した事態、つまり「内地」にも戦争があるという事態に気づかせる契機は、空襲による「戦争の犠牲者」すなわち「死者」にほかならない。その意味で、『戦争中の暮しの記録』で「海の向こうにあった」「〈戦場〉」が「〈焼け跡〉と化した」内地にもあったと訴えかけうる根拠は、「死者八万八千七百九三名」という「死者」の数が正確に提示されるからだろう。[13]

空襲体験の「証言」は、「死者」のことを語るがゆえに戦争体験の「証言」になる。『戦争中の暮しの記録』は、「戦争を非日常的な出来事として日常の対極におき、非日常／日常の対比[14]」で戦争を考える試みだった。戦時、日常の空間は銃後であり、非日常の空間は戦場だろう。文字どおり銃口の後ろである銃後が日常の空間であるのは、人を殺す銃口が向かない空間、生が担保される空間だからだ。この銃後に対する空襲は、生が担保されるはずの空間に「死者」を発生させる。「死者」の存在によって銃後と「海の向こうにあった」「〈戦場〉」は結び付けられ、「〈戦場〉」の体験が戦争体験であるのと同様に、銃後の空襲体験も戦争体験になる。日常性が消し去られ、「死者」に象徴されるような戦争状態という非日常性が日常のなかに浸透してくるのが、戦争体験としての空襲体験なのだ。

3　空襲から疎開へ──『東京大空襲・戦災誌』、「名古屋空襲誌」

繰り返すが、生者が死を体験して語ることは不可能だ。「死者」を語ることで戦争体験になるということを裏返せば、空襲体験の「証言」で、実際に体験された内容の中心は何であるのか、という問いが浮上する。

この問いに対する答えは、空襲の危機をくぐり抜けて生き延びる体験、である。その中心には疎開体験がある。『戦災誌』のなかには、子どもの学童集団疎開から大人の縁故疎開まで、様々な疎開体験が空襲体験とともに語られている。当時国民学校四年生だったKさんによる空襲の「証言」は、「妹と私は千葉の村違いのお寺に学童集団疎開することになり[15]」という回想から始まる。当時の学童集団疎開政策の対象者だった国民学校の生徒にとって、「戦争の悲劇」を味わったのは、疎開体験だった[16]。また、三月十日の東京大空襲にあった主婦のTさんの場合、夫は行方不明になり、学童集団疎開に送っている長女を除く二人の子どもを連れて「田舎へ行く」、すなわち疎開することを決心するときの心情を回想する[17]。

空襲体験の「証言」は疎開体験の「証言」でもある。『戦災誌』第二巻は、「疎開をめぐる生活[18]」と分類した手記を掲載している。その内容は、学童集団疎開にまつわる逸話が中心ではあるものの、主人の縁故に頼って疎開した主婦の手記も目につく。『戦災誌』第五巻「空襲化の都民生活に関する記録集」には、戦時下の疎開を知るうえで貴重な資料が転載されている。例えば、「日本人の戦意に及ぼした戦略爆撃の影響[19]」（第四章）は、「米軍戦略爆撃調査団報告書」（『東京大空襲・戦災誌』第五巻）の一部の邦訳だが、そのなかの「疎開問題」に書いてあるのは、疎開政策のいきさつ、日本人の戦意に関する疎開の影響などに対するアメリカ軍側の調査資料である。空襲と疎開を切り離して考えることができない理由がここでも再び確認できる。

名古屋空襲誌

第１号

12月の空襲（１）

刊行にあたって……坂倉謙三
名古屋空襲誌の発刊に寄せて……新村猛
名古屋空襲の概要・12月空襲について……山田英彦……(1)
私の体験……(4)
被爆体験記／小林五十子　私の体験／吉川勉　あゝ12月13日／渡辺喜代子
兄と姉を失った私の体験／丹羽八重子　12月13日被爆体験記／佐藤弥
名古屋初空襲被爆体験記――空腹の悲哀も忘れて／嶋田修三
日記(1)……中村精……(22)
〔資料〕
水谷メモ抄……(28)
当時の新聞から……(29)
名古屋空襲被害記録資料・１部……(36)
空襲関係文献目録(1)……犬飼忠雄

名古屋空襲を記録する会
1977年２月

図5　名古屋空襲を記録する会編「名古屋空襲誌」第1号、名古屋空襲を記録する会、1977年、表紙

以上のことを踏まえ、ここからは「名古屋空襲誌」を取り上げる。「名古屋空襲誌」全八巻（名古屋空襲を記録する会、一九七七年二月—七九年十一月。以下、適宜「空襲誌」と略記）は、名古屋での「空襲を記録する運動」の成果といえる。刊行情報と副題目は以下のとおりである。第一号「一二月の空襲（一）」（一九七七年二月）、第二号「一二月の空襲（二）」（一九七七年五月）、第三号「三月の空襲（一）」（一九七七年十月）、第四号「三月の空襲（二）」（一九七八年一月）、第五号「六月九日の空襲」（一九七八年五月）、第六号「四・五月空襲 他」（一九七九年一月）、第七号「ドゥリットル空襲・学徒動員 他」（一九七九年六月）、第八号「戦時下の生活・私の八月一五日 他」（一九七九年十一月）。まるで編年体で組んだような「空襲誌」は、あらゆる名古屋の空襲の歴史を記述しようとしたともいえる。

「空襲誌」でも、「少国民世代」の学童疎開だけでなく様々な疎開が「証言」されている。[20] 一九四四年当時四十一歳で三菱重工業名古屋発動機製作所勤務であったAさんの手記をみれば、「我が家の罹災」や「被害の状況」を思い出したあと、「引越しから疎開まで」「家族名古屋を去る」「疎開

地の農家は親切だった」「疎開先の引越し」という小区分で疎開するまでの経緯から疎開地での生活、疎開からの復帰などが細かく記述してある。[21] その内容の半分程度は疎開に関するものであり、疎開体験の「証言」としても違和感は感じられない。

空襲の危機を体験した人々は、居住地を放棄して疎開に急いだ。一九四五年三月十一日の夜から十二日の未明にかけておこなわれた空襲のあと、疎開する人々の行列で「自動車、荷物、リヤカー等で田舎に通ずるすべての道路は大混乱となった[22]」。「すべての道路」という表現には誇張があるものの、ほとんどの市民が都会を去ってどこかの「田舎」に向かう風景の「証言」は、当時を生きた体験者の感覚を素直に伝えるものだろう。「三月分の給料をやっとの思いで定給日に出せる手筈をととのえた僕は、疎開のために休暇をとることを決断し、三月十八日の夜は、夜更けまで疎開の荷造りに大わらわでした[23]」と語るAさんの「証言」から、都会住民にとって「田舎」に疎開することが、生命を保全するための至急の問題だったことがわかる。

一九四五年当時は三十五歳で愛知科学工場で徴用工員として働いていたGさんは、三月十二日の空襲によって家が全焼したが、空襲の際に、「両親と上の子らは学童疎開していましたので助かりました[24]」と語る。「両親」の場合は縁故疎開になり、「上の子ら」、つまり子どもたちは学童集団疎開になる。空襲下では、家族の疎開事情によって同居する家族構成に変化が生じた。日常をともに過ごす最も身近な存在が家族である以上、戦時下の疎開は日常生活と直結するものだったといえるだろう。このように、様々な疎開に関する「証言」は、疎開政策の立案・実施に関する公文書からは浮かび上がらない、戦時期の銃後の日常を知るうえで貴重である。

戦時期の銃後の日常で、疎開は最もありふれた風景の一つだったのだ。「名古屋空襲の概要」をまとめた文章では名古屋の人口推移を整理して、「三月には三二万人余、五月には一七万人もの人々が焼跡に万感の思いや恨みを残し、また恐怖にかられて続々と疎開して行った」と締めくくる。一九四四年十二月当時十六歳で三菱航空機製作所に学徒動員されていたMさんは、四五年九月までの約九カ月にわたる空襲下の生活を思い出しながら、当時の風景を以下のように語る。

こうして春三月も恐怖の中に過ぎた。焼け出された人々は住みなれた地をあとに縁故を頼り田舎へと疎開したり、焼け残った知人の家に同居をし、戦時体制下の日常生活を送っていた。私は相変わらず、朝早く起きて工場へ、勤労学徒として乏しい食事に耐え働いた。[25]

「田舎へと疎開したり、焼け残った知人の家に同居」したりする近隣の情景を組み込んで語るというのは、疎開が空襲下の銃後における最も日常的な風景だったことを傍証している。「空襲誌」で疎開体験が「証言」される際の特徴は、引用のMさんが語るように、疎開した人本人の体験は無論、周囲の人々の疎開事情までをも細かく思い起こして語ることである。[26] 語る人の体験に属さない他者の疎開の事情までを、自らの体験とともに回想して語るというのは、それほど疎開が、戦時期の銃後の日常的な出来事だったからだ。

4 戦争体験としての疎開体験は？——「学童疎開ちくさ」

「空襲誌」などで様々な疎開体験の「証言」が存在するにもかかわらず、疎開＝学童疎開とする認識が一般化されている。このことをめぐって本節では、千種国民学校[27]（現・千種小学校）の疎開児童を中心に結成された学童疎開ちくさの会が編集・刊行した「学童疎開ちくさ」（学童疎開ちくさの会編、学童疎開ちくさの会、一九七五—八〇年。以下、適宜「ちくさ」と略記）を取り上げ、子ども世代による疎開体験の「証言」がどのようになされているのかについて考察する。

学童疎開 ちくさ

第1号

集団疎開の集い特集

創刊にあたって	寺尾正英	1
留守居忙々録	伊藤光治	2
思い出は走馬灯	右高茂夫	3
丸いメガネの奥から	鈴村正夫	4
高山寮生活回想	加藤紀徳	6
付知での回顧	藤村久雄	7
学童集団疎開の集い	羽根勇	7
会結成・アピール	木下信三	8
友を送る辞	玉置清	10
来信来簡	船渡論男	11

昭和50年7月10日発行
学童疎開ちくさの会発行
名古屋市千種区吉井ノ翠町37・羽根勇 ☎(731)2660
編集所・尾張旭市新居町下切戸1263の3 木下信三
印刷所 誠心社

『学童疎開ちくさ』創刊にあたって

寺尾正英

あれから三十年という時間が流れた。長かったというべきか、それとも過ぎ去れば瞬時の幻であったというべきか。人それぞれ、その思いは複雑であり、感慨の極みは深い。

学童疎開が始められた昭和十九年の時点に溯り私たちは自らの足跡を再体験し、時代の状況の中で、それがどのような位置を占め、いかなる屈折を経なければならなかったか、今それらを確認する作業を試みようとしている。

昭和五十年五月十八日、千種小学校において、〝千種国民学校集団疎開者の集い〟が催された。恩師、寮母を迎え、疎開体験者百三十名は、旧交を改めるとともに、多数の賛同者により「学童疎開ちくさの会」を結成、集団疎開のみならず、縁故疎開、残留を含めて、学童疎開に関する資料の収集、事実の記録という作業を遂行することを決意した。

そして、その仕事を前進させ、完遂させるための中心的役割を担うべき存在として、ここに『学童疎開ちくさ』が創刊されることになった。まずその第一号として〝集い〟特集を組んだ。

尚、当日は、午前中講堂において、恩師挨拶のほか、寮生回想談、会結成に関する説明などが行なわれ、記念撮影のあと昼食と同時に、午後は付知、田瀬、福岡、高山の四地区で分散集会、追憶談など過ぎし日の苦しみなどを語りあい、歓談あるひとときを過した。

—1—

図6　学童疎開ちくさの会編「学童疎開ちくさ」第1号、学童疎開ちくさの会、1975年、1ページ

一九七五年七月から八〇年一月にかけて、第二十号まで刊行された「ちくさ」は、各号を十二ページから十六ページに抑えながら年に四回程度刊行された。「ちくさ」に関して、「疎開にかかわった人たちが幅ひろく参加し、交流する」ことができたという「ユニー

クさ」[28]が認められる。また、「ちくさ」は、疎開関係者が地域や学校を単位とした文集を作成したことで、疎開体験が語り継がれる好例として紹介されている。[29]

第一号には、「「学童疎開ちくさの会」結成に関するアピール」が掲載された。その主張の特徴を整理すれば、以下のようになる。第一に、「戦前派」「戦中派」に対するものとして自らの世代を「疎開世代」と規定し、疎開体験を戦争体験として意味づける。第二に、「高井有一氏、宮原昭夫氏、ゆりはじめ氏」によるフィクションとしての文学作品の意義は認めながらも、「学童疎開ちくさの会」の運営の目標は「資料の収集、事実の記録」にあるとする。第三に、収集した「資料」や記録した「事実」を、「私たちのためにまた私たちの子供を含めて後世の人々のためにも残したい」[30]という使命を打ち出す。

ここで注目したいのは、「資料」「事実」を重視する部分と、「後世の人々」に「残したい」、つまり疎開体験が戦争体験として後世に継承されることを求める部分である。一方『戦災誌』は、「資料に基づき」「空襲を戦時生活のなかに位置づけ、「事実」において把握する営み」[31]だった。こうした点からも「ちくさ」で語られる疎開体験は、戦争体験の「証言」と意味づけられる。

それでは、「ちくさ」の「証言」の様相をみてみよう。

名古屋に生れ、育った私にはふるさとがないと常に淋しく思っておりましたが心身共にすっかり洗われた気分になり、再度訪れる機会に恵まれまして、ふるさとの良さを満喫したいと思っております。[32]

疎開地に「ふるさと」を見いだす心情は、都会では味わうことのできない大自然と触れ合うことができた田舎の疎開地を懐かしく思い出すもので、疎開体験をいい体験とする最も典型的な語りである。このような田舎との出合いの契機になった疎開体験をポジティブに捉える語りは、極端に言えば、疎開体験を戦争体験とする思考に対して抵抗を示すものである。例えば、「疎開は戦争からの隔離」であり、空襲の危機から生命の安全が保障された環境で生活することができた疎開生活の「記憶には、むしろ優しさと安らぎさえまつわっています」とする語りは、同時に「戦争体験と、学童疎開との間にあるニュアンスの差は明らかにしておくべき[33]」と主張する。疎開体験をただちに悲惨な戦争体験とする認識を体験者が拒否しているといえるだろう。

無論、疎開体験を語る内容の主流は、「「学童疎開ちくさの会」結成に関するアピール」が示すように、疎開体験を戦争体験とするものである。それでは、悲惨な戦争体験としての疎開体験をネガティブに捉える語りの様相はどのようなものだろうか。住み慣れた都会から田舎に隔離された集団生活は、子ども同士の軋轢を生じさせ、陰険な「仲間はずれ」やリンチが横行するようになる。そのような疎開生活は、「不信と絶望の地獄絵巻[34]」として回想される。権力者の「ボス」に食べ物を献納することでいじめから逃れる子ども時代を思い起こすことは、自己嫌悪の念を巻き起こす。「昨日あったものが今日はない。一夜明くれば、もはや昨日の真実も絶対的なものも雲散解消——これが私たちが戦争からまず学んだものであった[35]」とする際の「戦争」は、ほかならぬ疎開からくる体験である。このように、「不信と絶望と空腹の時間[36]」を体験させられた疎開生活を「少国民世代」固有の戦争体験に意味づける語りは、疎開体験をネガティブに捉えることで戦争体験としての悲惨さを強調する。

「ちくさ」には、疎開体験をポジティブに捉える「証言」と、ネガティブに捉える「証言」が共存する。この事態が示唆的なのは、子どもの疎開体験に対する歴史研究が、まさにこのような平行する二極の方向性を示しているからだ。星田言は、「都市と農山村の交流や自然に接する機会や勤労の経験」を与えた疎開体験は「すぐれた体験教育」であり、したがって疎開体験によって「その後の疎開学童の人格の形成に何らかの良い成果があったであろう[37]」と論じる。一方で逸見勝亮は、子どもの疎開参加は「学童ノ戦闘配置」、引率教員の疎開参加は「出征兵士ノ矜持」の実現として進展した歴史を明らかにし、疎開体験が戦争体験と意味づけられうる根拠を証明する[38]。『東京都教育史』での学童疎開に関する記述には、「実際の疎開生活は厳しかった。（略）二四時間の軍隊式錬成教育が形式的に充実すればするほど、さまざまな歪みや苦悩をもたらさざるを得なかった。それは、子どもの情緒不安、陰湿ないじめとして現れてくることが多かった[39]」とある。一方、『愛知県教育史』での学童集団疎開に関する記述では、「疎開先での学童の生活は一応順調であった。例えば千種区松軒国民学校の八〇名は西加茂郡高橋村に疎開生活実情懇談会を開き、積極的協力を約束し、蔬菜や燃料などを優先的に確保し、学校でも朝礼から夕会まで同一行動をとり、疎開学童と疎開先国民学校児童との融和がはかられた[40]」となっている。東京都は学童疎開の歴史をネガティブに捉えているのに対して、愛知県は学童疎開の歴史をポジティブに捉えている。「厳しかった」疎開生活と「順調であった」疎開生活の両方の記述があるため、日本全国の疎開生活がどうだったのか、一般化するのは非常に難しい問題になっている。「ちくさ」に戻れば、個人一人ひとりによって体験に対する捉え方に相違が生じる可能性は、体験者同士でも合意された部分だった。「あの一年余りの疎開生活を皆がそれぞれ違った見方で今思い出している」[41]と、疎開体験者は認めている。

要するに、疎開体験に対して相反する捉え方が共存する傾向は、前述した学童疎開に対する歴史的な評価の相違からも確認でき、また地方教育史の記述からも確認できるものである。「ちくさ」の話に戻ってまとめれば、疎開体験者の疎開体験の捉え方には、疎開体験が「ふるさと」の発見として意味づけられるように、疎開体験を思い出したいものとする捉え方もあれば、疎開体験が「不信と絶望の地獄絵巻」として意味づけられるように、疎開体験を思い出したくないものとする捉え方もある。疎開体験に対する捉え方をめぐって、「ちくさ」には相いれない両極端の傾向が共存するのだ。

5　体験の捉え方の相違

「証言」が、戦争体験を有する者が戦争体験を有しない者に向かって語る、という方向性をもつ以上、そこには戦争体験の継承を求めるようなはたらきかけが常につきまとっている。これまで戦争体験としての疎開体験の継承を訴える言葉を「ちくさ」から確認した。それでは「空襲誌」の場合はどうだろうか。

「空襲誌」第六号には、「学童疎開」特集が組まれている。ここでは主に六反国民学校[42]（二〇〇九年に笹島小学校に統合）の疎開児童を中心に、学童疎開だけでなく縁故疎開に関する多様な「証言」が提出されている。「空襲誌」第六号「学童疎開」特集が組まれる以前の「空襲誌」での疎開体験の「証言」は、すでに確認したように、子どもの戦争体験としての学童疎開という限定された枠組みからはみ出す大人の縁故疎開など、様々な疎開体験に関するものだった。そしてその様々な疎開体験の「証言」から浮かび上がるのは、戦時下の銃後での日常と直結する疎開という事態だった。

結論からすれば、「学童疎開」特集は、子どもの戦争体験としての学童疎開体験を前景化させる。その一方で、「空襲誌」第一号から第五号で提示したような、戦時下の銃後の日常と直結する様々な疎開体験は後景化される。一九四四年当時に国民学校四年生で縁故疎開を体験したMさんの「証言」は、疎開を通じて出合った田舎の文化に対抗したり屈したりしながら生き延びた戦時下の疎開生活を語るものである。Mさんにとって疎開とは、「デラシネの旅が始まった[43]」ことを意味するものだった。また、「衣食住のささいな事で毎日なにかの反目があった。人間と人間が殴り合う。人間と人間がなぐり合わぬだけが幸いの血みどろの戦いがあった[44]」と回想する。人間と人間が殴り合う「血みどろの戦い」が戦争と見なされうるのであれば、疎開生活を「人間と人間がなぐり合わぬだけが幸いの血みどろの戦い」とする捉え方は、疎開体験を戦争体験と同格のものに見なしていると考えられる。この場合、疎開体験をネガティブに捉えているといえる。

しかし、同誌にも、疎開体験をネガティブに捉える「証言」だけが掲載されているわけではない。

本堂でみんな輪になって色々なゲームを教えて頂き、共に遊び、そして歌い、時には大合唱。疎開生活の日課で本当に私達が一番楽しかったことと云えばこの毎夜の集いだったと申しても過言ではありません。私に今も美濃本郷を第二の故郷といわしめるものは…御院主さんの存在かもしれません。[45]

引用文の筆者にとって疎開体験を「証言」するのは、疎開生活で「一番楽しかったこと」を思い出すことだったはずだ。体験を語る時点で、楽しい思い出とともに疎開地を「第二の故郷」として反芻している。この場合、疎開体験をポジティブに捉えているといえる。

とはいえ、「空襲誌」の場合、量的に多数を占めるのは「デラシネの旅」が象徴するようなネガティブな捉え方である。「学童疎開」特集の冒頭に掲載された「学童疎開小概──少国民の行く方」は、千種国民学校の場合を中心に、名古屋市での学童疎開の歴史や事情などを紹介する文章である。「学童疎開」は「次代の戦力を培養する」ためにこそ計画されたもので、「吾々学童も戦闘配置につくことになり」、その心は「吉野の昔桜井の駅で決然父と別れた小楠公[46]」の志と変わらないとされる。第1章で論じたように、学童疎開への参加を「桜井駅の別れ」に例えるのは、学童疎開体験が戦争体験として考えられることと関係する。だからこそ、まるで全体の趣旨と食い違うような、ポジティブな捉え方が散見できる事実を無視すべきではない。

「空襲誌」「学童疎開」特集の「証言」が露呈するのは、「ちくさ」と同様に、疎開体験に対する捉え方の相違である。このように相反する語りは、二〇一〇年代の現在でも共存するものである。学童集団疎開実施七十周年を記念して刊行された書籍は、疎開生活で「つらかったこと」と「うれしかったこと」に対するアンケートを載せている。答えをみれば、「ひもじかった事、嬉しい事無し」とするものから、「今思うに特につらかった事ナシ、嬉しかった事はやはり母親が面会に来てくれた事」とするものまで、ネガティブな記憶だけを語るものと、ポジティブな記憶だけを語るものが共存する。[47]

6　あってはならない相違

「空襲誌」の「学童疎開」特集で、六反国民学校の疎開児童は疎開記念碑建立の話が立ち上がったときのいきさつを紹介している。当時国民学校六年生だったIさんは、疎開地のことを「村の人々は温かく、親元を離れて集団生活する我々に、同情を寄せ、親切だった」と回想する。対して、卒業式のために一九四五年三月十一日に帰郷してからは、「今までの安逸な生活から、突然きびしい現実にさらされた。生まれて始めての恐怖の体験だった。空の爆音、間近に落下する焼夷弾の不気味な音、あちこちに上る火の手の中で、昨日までの安逸な疎開生活が、遠い昔の夢の様に思われて、防空壕の中でふるえていた[48]」と回想する。

Iさんにとっては、「安逸な生活」ができた疎開体験と、そのあとの「恐怖の体験」である空襲体験が、対比的に捉えられている。これを図式化すれば、空襲から逃れた「安逸な生活」＝日常の状態に対して、空襲の危機にさらされる「恐怖」＝日常が保証されない＝非日常の状態、になるだろう。だからこそ、「恐怖の体験」をせずに過ごすことができた疎開地に対する謝恩の念に思い至る根拠には、その根底に、非日常から日常を守ってくれた疎開、非日常の浸透を阻止して日常の営為を可能にした疎開、とするIさんの捉え方がある。

ところで、同じ疎開地で同じ時間を過ごした体験者同士の間でも、記念碑建立が合意できたわけではない。Iさんは計画の推進の困難さを語る。

それまでの連絡のついた人でも、協力を断られたことも度々あった。疎開生活は、つらく悲しい出来事で、想い出したくないとの返事もあった。当時の低学年に多かったが、幼い頃の年令の違いは、肉体的にも、精神的にも大きな差があったのだろう。学童疎開が各人各様に異なった印象を与えていることを知らされ、ショックを受けた。一部の不協力に、学童疎開の批判と受けとめ、改めて計画の困難さが痛感され、暗い気持ちになった。[49]

引用文での、モニュメントとしての記念碑を建立しようとする思いには、抽象的かつ非物質的な体験者の記憶を、具体的かつ物質的な物に刻み込むことで、疎開体験を有しない者に体験の共有を求める志向が見え隠れしているといえるだろう。そこで求められる共有の内容は、都会からきた赤の他人の疎開児童に対して「同情を寄せ、親切だった」田舎の疎開地のことにほかならない。このような謝恩の念は、空襲の危機から逃れて安全な場所で生活することができた疎開そのものに対する捉え方とつながるものだろう。Ｉさんを含めて、記念碑建立計画に賛同する者は疎開体験をポジティブに捉えているといえるだろう。

だが、疎開体験に対しては相反する捉え方が共存することを踏まえれば、この齟齬が、記念碑にそのまま刻み込まれるわけにはいかない。引用文では、体験の捉え方の一元化を拒否する声が上がっていたことが読み取れる。「疎開生活は、つらく悲しい出来事で、想い出したくない」と捉える体験者の声である。しかし、このような捉え方は、「一部の不協力」にされてしまう。記念碑建立計画に「協力」する体験者の声、すなわち疎開体験に対するポジティブな捉え方に疎開についての捉え方はまとめられ、「疎開生活は、つらく悲しい出来事で、想い出したくない」とする捉え方、すなわち疎開体験に対するネガティブな捉え方には、「不協力」というレッテルが貼られてしまう。そして相反する捉え方は一方向に一元化されることで、疎開体験をいい思い出とだけ見なし、ポジティブにだけ捉える「証言」が刻み込まれた記念碑が生まれるのだ。

一方で指摘しなければならないのは、疎開体験を悲惨な戦争体験とする、ネガティブに捉える「証言」も、相反する捉え方が一方向に一元化されることで生まれる、という点だろう。前述した「学童疎開小概」に戻れば、同じ学校からの疎開であっても「寮」や「土地」の事情によって疎開生活に差異が存在する可能性に言及している。しかし、筆者「個人」の「私たちにとって学童疎開とは何であったのか」という問いに対しては、「〝真実〟の虚偽であり、〝絶対〟の軽薄性であり、さらにまた、やはり〝人間不信〟であった[50]」というのが答えとなる。「学童疎開小概」は、あくまで「私個人に限っていえば」と書き手の立場を限定してはいるものの、名古屋市の学童疎開の歴史を俯瞰するような視点で書いてある文章である以上、完全に「私個人」に限られるということはなく、ある種の公共性を帯びるものになるだろう。このように、疎開体験に対するネガティブな捉え方、疎開体験を悲惨な戦争体験とする「証言」も、一元化のはたらきによって生まれる。

疎開体験が戦争体験として「証言」される場合、体験者同士の体験の捉え方をめぐる個人差は無視され、自らの見方に一元化されていく。このような一元化を経て形作られた疎開体験の「証言」だけが、共有するべき戦争体験とされる。一方では、いい思い出の共有を求め、他方ではそれとは正反対に悲惨な戦争体験の共有を求める。前述した研究史や地方教育史での記述の相違は、どちらの方向に一元化された「証言」に寄り添った視点に基づいたものなのか、という点によるだろう。

以上、「ちくさ」と「空襲誌」の記録から、空襲体験と疎開体験の結び付きに注意しながら疎開体験の「証言」を考察すれば、以下のようなことがいえる。第一に、疎開体験に対する捉え方の相違が確認できる。これは、空襲体験に対する捉え方にはみられない。第二に、「ちくさ」でも疎開体験に対する捉え方の相違が確認できる。第三に、疎開体験に対する捉え方の相違と対応して、一方に吸収・収斂されて一元化された、相反する「証言」が共存する。

「空襲誌」での「空襲を記録する運動」の意義は、空襲体験と疎開体験に関する「正確な記録」を通じて、「戦争を知らない子どもたちに戦争と平和の問題を考えさせる」ようにはたらきかけ、戦争体験の継承を促す、とされている。このように戦争体験としての空襲体験と疎開体験の「証言」を積み重ねていくことで、「戦争体験を大きくふくらませ、総合的なものにしていくことができる[51]」と意味づけられている。しかし、疎開体験に限っていえば、「戦争体験を大きくふくらませ、総合的なものにしていく」過程で、体験に対する捉え方の相違は無視され、一方だけがすくい上げられて一元化されることで、継承すべき「証言」が生まれている。

7　一元化の欲望

相いれない「証言」のありようをみせるのは、疎開体験だけではないだろう。むしろ、戦争体験そのものが個人的な体験であるというべきではないだろうか。野上元によれば、「戦争体験は、戦争という巨大なできごとの一個人における現象形態[52]」である。しかし、そのような「戦争体験」が「戦争体験記」として成立する瞬間、「公共性を想定しなければならなくなる[53]」。

疎開体験を一元化して「証言」にする欲望は、究極的にはいずれも戦争体験としての「証言」を前提にしている。空襲体験が非日常であるのは、戦場での戦争というものの非日常性が、銃後の日常生活に浸透するからである。しかし、銃後での疎開は、空襲下の日常生活でありふれた風景でもあった。回りくどい言い方だが、疎開体験をポジティブに捉える「証言」には、銃後の日常を乱す非日常＝空襲に対し、日常の営為を可能にするものとして疎開体験を一元化するはたらきかけが隠れていたといえるだろう。一方で疎開体験をネガティブに捉える「証言」には、空襲という非日常への備えという意味で、疎開体験をやはり非日常のものとして一元化するはたらきかけが隠れていたといえるだろう。前者が疎開を日常として捉えるのに対して、後者は疎開を非日常として捉える。しかし、こうしてみれば両者はいずれも、日常と非日常が攪乱される戦争状況、というものを図らずも浮上させているのが見て取れる。どの「証言」がまっとうであるかを問いただすよりは、両者を包摂する論理を紡ぎ出すことが戦争体験論ではより生産的だと思われる。[54]

重要なことは、疎開体験の「証言」がみせるように相反する体験の捉え方が共存するという事実を熟考し、語られた個人的な体験を集合して公共性を背負う「証言」に性急に一般化・普遍化しないことではないだろうか。「証言」を積み重ねていくことで、「戦争体験を大きくふくらませ、総合的なものにしていくことができる」と信じてやまない思いの裏には、「証言」にならない戦争体験・疎開体験を「一部の不協力」と見なして押しやることで成り立つ性急な普遍化・教養化の欲望が見え隠れしている。

ただし、疎開体験に限っていえば、戦争体験として疎開体験を性急に普遍化しようとした試みは、思いもよらず別の結果を生み出してしまった。これに関しては第3章「戦中派と戦後派のはざまで――疎開派という世代」で考察する。

注

(1)「証言」として語られる戦争体験に関しては、成田龍一『「戦争経験」の戦後史――語られた体験／証言／記憶』(〔戦争の経験を問う〕、岩波書店、二〇一〇年)一五一―二六四ページを参照。

(2) 大岡聡／成田龍一「空襲と地域」、倉沢愛子／杉原達／成田龍一／テッサ・モーリス・スズキ／油井大三郎／吉田裕編『日常生活の中の総力戦』(「岩波講座アジア・太平洋戦争」第六巻) 所収、岩波書店、二〇〇六年、六四ページ。『戦災誌』に関しては、前掲『「戦争経験」の戦後史』一八三―一八九ページも参照。

(3) 前掲『「戦争経験」の戦後史』一五二ページ

(4)『東京大空襲・戦災誌』編集委員会編『東京大空襲・戦災誌』(都民の空襲体験記録集) 第一巻、東京空襲を記録する会、一九七三年、四―七ページ

(5) 前掲『「戦争経験」の戦後史』一五三ページ

(6) 同書二〇六ページ

(7) 早乙女勝元『東京大空襲――昭和20年3月10日の記録』(岩波新書)、岩波書店、一九七一年、五ページ

(8) 空襲の「犠牲者」のことを見極め、後世に正しく伝えることで、「奇跡の経済復興」を達成したとされるドイツの戦後に関して、W・G・ゼーバルトは以下のように述べる。「奇跡の経済復興には、これら多少とも歴然とした要因に加えて、純粋に精神的な次元の触媒があった。それこそが、ひた隠しにされた秘密、すなわち自分たちの国家の礎には累々たる屍が塗り込められているという秘密を水源とする、いまなお涸れることのない心理的なエネルギーの流れだったのである」(W・G・ゼーバルト『空襲と文学』鈴木仁子訳〔ゼーバルト・コレクション〕、白水社、二〇〇八年、一九―二〇ページ)。訳者によれば、ゼーバルトのこのような認識は「ナチズムという「過去の克服」を政治的な旗印にして経済的な復興を遂げ、東西ドイツの統一という形にまでいたった戦後ドイツの歩みに対して、根本的な疑義のまなざしを向けるものである」(一七六ページ)。本章では詳しく論じないが、戦

争の「犠牲者」を見極めて後世に伝えることが、そのような「犠牲」のうえに「経済復興」を成し遂げた戦後を無意識的に肯定して賞賛するような情動に接続されてしまう「国民意識」は警戒すべきだろう。

(9)「地獄の黎明」、『東京大空襲・戦災誌』編集委員会編『東京大空襲・戦災誌』(都民の空襲体験記録集)第二巻所収、一九七三年、五七七ページ。『戦災誌』から引用する際は、「証言」者の実名は省略する。

(10) 東京大空襲の体験の記憶をもとに描かれた絵画を集めた図録、すみだ郷土文化資料館監修『あの日を忘れない——描かれた東京大空襲』(柏書房、二〇〇五年)に関して坪井秀人は、「文字通り言葉に尽くせぬ衝撃」が伝わってくると述べる。空襲体験は、「言葉に尽くせぬ」ものだからこそ、言葉として語られる際に、語られる側にとっては想像力をはたらかせる余地が与えられるといえるだろう。坪井秀人『戦争の記憶をさかのぼる』(ちくま新書)、筑摩書房、二〇〇五年、一九四—一九五ページ

(11)「コンクリート塀のそば」、前掲『東京大空襲・戦災誌』第一巻所収、三七四—三七五ページ

(12)「いまわしい夜」、同書二四九ページ

(13) 暮しの手帖社編『戦争中の暮しの記録』暮しの手帖社、一九六八年、五—一七ページ

(14) 成田龍一「まえがき」、前掲『日常生活の中の総力戦』所収、八ページ

(15)「聞いておくべきだった」、前掲『東京大空襲・戦災誌』第二巻所収、一九〇ページ

(16)「暗い日々」、前掲『東京大空襲・戦災誌』第一巻所収、九二八—九三二ページ

(17)「夫は帰らなかった」、前掲『東京大空襲・戦災誌』第一巻所収、四九三—四九六ページ

(18) 前掲『東京大空襲・戦災誌』第二巻、九五七—九七〇ページ。ただし、「疎開をめぐる生活」に分類はされていないものの、戦時期の疎開に言及する手記の数が多いという事実だけ記しておく。「疎

開をめぐる生活」項目をあえて設けたのは、空襲体験と疎開体験の結び付きを強調するための編集戦略の一環として読めなくもない。

(19)『東京大空襲・戦災誌』編集委員会編『東京大空襲・戦災誌』(都民の空襲体験記録集)第五巻、東京空襲を記録する会、一九七四年、三九六―四九二ページ

(20)「空襲誌」には、工場の取り壊しを含む建物疎開に関する回想が散見できる。戦時期の名古屋市の建物疎開に関する研究には、後藤健太郎/佐藤圭二「名古屋市における戦中の防空対策が都市計画に及ぼした影響」(「都市計画論文集」第二十五号、日本都市計画学会、一九九〇年、四六九―四七四ページ)。

(21)「平和の砂」、名古屋空襲誌編集委員会編「名古屋空襲誌」第二号、名古屋空襲を記録する会、一九七七年、一五、二五―三一ページ

(22)「焦土を歩く」、名古屋空襲誌編集委員会編「名古屋空襲誌」第四号、名古屋空襲を記録する会、一九七八年、一五ページ

(23)「私をめざめさせたアメリカの無差別爆撃」、同誌二五ページ

(24)「焼け跡の中の大黒天様」、名古屋空襲誌編集委員会編「名古屋空襲誌」第三号、名古屋空襲を記録する会、一九七七年、六ページ

(25)「名古屋空襲下九ヶ月にさらされて」、前掲「名古屋空襲誌」第二号、二四ページ

(26)これは『戦災誌』も同様である。

(27)疎開先は岐阜県恵那郡福岡村・付知町。一次疎開のときの疎開児童数は二百八十九人。あいち・平和のための戦争展実行委員会『戦時下・愛知の諸記録 2015』あいち・平和のための戦争展実行委員会、二〇一五年、一七二ページ

(28)「ユニークな発行」、学童疎開ちくさの会編「学童疎開ちくさ」第二十号、一九八〇年、一〇ページ。「ちくさ」から引用する際は、「証言」者の実名は省略する。
(29) 柘植信行「学童疎開誌編纂の動き――東京品川の場合を中心として」、朝尾直弘/石井進/早川庄八/網野善彦/鹿野政直編『地域史研究の現状と課題』(「岩波講座 日本通史」別巻二)所収、岩波書店、一九九四年、二四八ページ
(30)「「学童疎開ちくさの会」結成に関するアピール」、学童疎開ちくさの会編「学童疎開ちくさ」第一号、一九七五年、八―九ページ
(31) 前掲『「戦争経験」の戦後史』一八四ページ
(32)「疎開地を訪ねて」、学童疎開ちくさの会編「学童疎開ちくさ」第二号、学童疎開ちくさの会、一九七五年、九ページ
(33)「見失った大切なもの…」、学童疎開ちくさの会編「学童疎開ちくさ」第十号、学童疎開ちくさの会、一九七七年、九ページ
(34)「わが絶望の少年期から――寮脱出の顚末」、学童疎開ちくさの会編「学童疎開ちくさ」第六号、学童疎開ちくさの会、六ページ
(35)「学童疎開虚実譚(一)」、学童疎開ちくさの会編「学童疎開ちくさ」第十四号、学童疎開ちくさの会、一九七八年、六ページ
(36) 前掲「「学童疎開ちくさの会」結成に関するアピール」八ページ
(37) 星田言『学童集団疎開の研究』近代文藝社、一九九四年、二六四ページ
(38) 前掲『学童集団疎開史』二九〇ページ
(39) 東京都立教育研究所編『東京都教育史 通史編 四』東京都立教育研究所、一九九七年、一三三―一

三四ページ

(40) 愛知県教育委員会編『愛知県教育史 第四巻 近代 2』愛知県教育委員会、一九七五年、六四九―六五〇ページ

(41)「来信来話」、前掲「学童疎開ちくさ」第十号、六ページ

(42) 疎開先は岐阜県高山市で、一次疎開のときの疎開児童数は三百七十六人。前掲『戦時下・愛知の諸記録 2015』一七五ページ

(43)「ソキャーシュー(疎開衆)」、名古屋空襲誌編集委員会編「名古屋空襲誌」第六号、名古屋空襲を記録する会、一九七九年、五六ページ

(44) 同記事五八ページ

(45)「私の疎開記」、同誌四二ページ

(46)「学童疎開小概――少国民の行く方」、同誌三一―三六ページ

(47) 成瀬國晴『時空の旅――画集 学童集団疎開70年』たる出版、二〇一四年、一七〇ページ

(48)「学童疎開雑感と記念碑建立」、前掲「名古屋空襲誌」第六号、四六ページ

(49) 同記事四七ページ

(50) 前掲「学童疎開小概」三六ページ

(51) 植野浩「戦災・空襲の記録運動と平和教育」、前掲「名古屋空襲誌」第四号、一―五ページ

(52) 野上元『戦争体験の社会学――「兵士」という文体』弘文堂、二〇〇六年、五三ページ

(53) 同書二三六ページ

(54) 無論、本書は戦争体験の継承を否定するものではない。戦争体験の継承を目指して「証言」に一元化されるプロセスで切り捨てられるもの、例えば疎開体験をいい思い出とするものにも目を向けない

かぎり、真の意味での戦争体験の継承は、まだ遠いのではないだろうか。

［付記］「学童疎開ちくさ」など名古屋市と千種国民学校の疎開に関する資料は、名古屋・学童疎開を記録する会代表の木下信三さんから提供していただいた。木下さんのご厚意にお礼を申し上げます。

第3章　戦中派と戦後派のはざまで
——疎開派という世代

1　かつて疎開派があった

第2章で考察したように、疎開体験に対する捉え方の相違は、究極的には子どもの戦争体験に収斂された。このような子どもの戦争体験としての疎開体験を世代主張の核心とする〈疎開派〉は、疎開体験の一元化・普遍化・思想化を目指して立ち上がったものである。本章では、〈疎開派〉による世代主張を検討する。

戦後思想の核心は、戦争体験である。鶴見俊輔は、戦後というものを想定する場合、「戦争体験の意味づけによって成立する戦後」と、「戦争体験を持たないことによって成立する戦後」[1]の二つが考えられると述べている。「戦争体験の意味づけ」の対照項としての「戦争体験を持たない」戦後が成り立つためには、戦争体験とは何かが明確に画定されなければならない。その意味で、両者とも戦争体験との関係を尺度としている点に変わりはない。

橋川文三は、戦後思想としての戦争体験論における「戦争」が、「メタ・ヒストリイク」つまり「歴史認識」の立場からまっとうに捉えられる「戦争」でなければならないと強調する。[2] そして「戦争体験論の本来めざしている歴史認識の形成」を阻害している要因の一つに、日本の「世代論」を挙げる。「形式的な自己主張が反復的に主張されているにすぎない」「擬世代論」の氾濫に言及しながら、「歴史認識のない世代論」[3] を指摘する。「世代交替という生物学的・自然主義的な事実から、直ちに歴史における現実的様式を主張しようとする」「戦後世代論」の「あやまり」[4] を論じる橋川の姿勢からすれば、「戦後世代論」こそ「擬世代論」にほかならないだろう。それは「擬世代論」を、一九六〇年前後の「若い世代」「戦後世代」だった石原慎太郎や、本章の後半で考察する大江健三郎による世代主張から摘出している点をみれば明らかである。[5]

このような「戦後世代」は、その上の世代である「戦中派」に対するものとして規定された。それは、自らの世代を「戦後世代と呼ぶことが常識」となっている理由に関して、「戦中派」が「ぼくらの世代の上辺を裁断して、別の世代としたからであろう」と考える大江の認識から読み取れる。「あの戦争」のときに「戦場で」「英雄的であることのできる機会」が与えられていた「戦争のあいだ」の「日本人の若者」に対して、「現実における英雄的なもの」が欠如している「現代の日本人の若者」を対比することで、「戦争のあいだ」の「日本人の若者」「戦中派」対「現代の日本人の若者」「戦後世代」という構図が浮上する。この二つの世代は、「戦場」での体験の有無によって「裁断」される[6]。

このような戦争体験をめぐる世代的力学を究明した研究に、福間良明のものが挙げられる。福間は「戦前派知識人」と「戦中派世代」との間の断絶を論じ、その力学が「戦中派世代」と「戦後派世代」との間にも同じく関与していることを究明した。福間が「戦中派世代は、多くの場合、戦地に赴いた経験をもっていたのに対し、終戦時に十歳未満の戦後派世代は、空襲体験や疎開体験が彼らの戦争体験のすべてだったし、そうした記憶でさえおぼろげな者も少なくなかった[7]」と述べているように、「戦中派」と「戦後派」の断絶はどのような戦争体験を有しているのかの違いによってもたらされたといえる。

また、成田龍一の研究もある。成田によれば、戦後知識人の自己批判は「過去への悔恨」の「感情」に支えられたものだが、ここでの「過去」とは戦争体験である[8]。成田は、戦争体験を基準に、「悔恨共同体」の「主軸」の「戦前世代」、「戦前世代」に「啓蒙」されて「悔恨共同体」に参画する「少国民世代」、両者の中間にあたりながら「悔恨共同体」に「同化」できない「戦中世代」という三つの世代をめぐる「対立、協力、啓蒙」の様相を解析している[9]。ここでの「少国民世代」と、前述の福間における「戦後派」はほぼ等値の世代区分である[10]。成田は、戦争体験をめぐる「戦中世代」と「少国民世代」の相克を、敗戦後の「悔恨共同体」形成と解体のダイナミズムのなかから指摘する。

福間は「戦中派」と「戦後派」の断絶のありようを、成田は「戦中世代」と「少国民世代」の相克のありようを、戦争体験をめぐる戦後思想の葛藤の一断面として論じた。だが、戦争体験を確実に有している「戦中派」と比較して、戦場での戦争体験をもたず、銃後の「空襲体験や疎開体験」しかもたない「戦後派」「少国民世代」が一枚岩のものとして捉えられているかについては、検討の余地があると考えられる。例えば、「週刊プレイボーイ」(集英社)一九七五年一月二十一日・二十八日号は、「新春ＢＩＧ対談 焼跡闇市派野坂昭如vs疎開派菅原文太 唄と爆弾と怨念こそオレたちの〝根っこ〟だ!?」というタイトルの対談を掲載している。一九三〇年生まれの野坂昭如と三三年生まれの菅原文太は同じく「昭和ひとケタ」生まれでありながら、「焼跡闇市派」と「疎開派」という、異なる世代名が付与されているのが確認できる。

「毎日グラフ」一九六八年八月二十五日号は〈疎開派〉世代に関する紹介記事を掲載した。そこで〈疎開派〉世代は、「戦後派」に属しながらも一九四五年以後生まれの「純粋戦後派」とは「どこか違ったニュアンス」をもつ世代として紹介されている。この記事で〈疎開派〉という言葉は、ゆりはじめの〈疎開派〉の提唱によると記されている。[11]

〈疎開派〉の提唱の背後には、疎開体験を戦争体験としながら戦後思想的に意味づけることを目指して立ち上がった世代主張があった。「昭和ひとケタ」生まれで「空襲体験や疎開体験」が戦争体験として想定される「戦後派」「少国民世代」に属する人々のなかから、自らの体験の固有性に対するこだわりから、より細分化した世代区分を展開しようという動きがあったといえるだろう。戦後思想と戦争体験論の議論からすれば、〈疎開派〉の提唱を無視することはできない。竹内好は、戦争体験論で看過されていた学童集団疎開体験の重要性を指摘し、戦争体験論の更新を「疎開体験から出発しようとしている若い世代に期待する」[12]と述べている。ここでの「若い世代」の代表格として登場したのがゆりはじめであり、彼が〈疎開派〉を提唱したのだ。竹内の「期待」の行方をたどってみよう。

2 疎開派が立ち上がる——戦中派に異議あり

本節では、〈疎開派〉という世代主張が社会に提出された事実の一断面を検討する。〈疎開派〉を考えるうえで、その世代主張を提唱したゆりはじめの存在は欠かせない。

戦中派が自らの体験をもってプロテストの基礎とし、すでに歩みはじめているとき、われわれもまた「疎開」の体験を手がかりとして歩むために共通の項を持つ疎開派を形成することを提唱するものである。[13]

〈疎開派〉の着想は、上の世代の「戦中派」を意識するところから生まれた。「戦中派」で「自らの体験」が「基礎」になる考え方をまねするかのように、「われわれ」の「自らの体験」を「疎開」体験に求めることで〈疎開派〉の形成を提唱している。「戦中派が不毛の季節であるならば」〈疎開派〉は「不信の季節とでも云ったらよいのだろうか」[14]といっているように、「戦中派」の考え方と対比させる形で自らの思想を捉えようとする論理構造が見て取れる。〈疎開派〉という世代主張は、「戦中派」という対照項を軸に成り立つものである。

ゆりはじめの主張による〈疎開派〉の特性は以下のとおりである。第一に、疎開体験を貫いている「飢餓」の感覚。第二に、大人世代への不信と羨望の混合。第三に、ともに飢えを経験した事実に起因する歪んだ連帯感。第四に、高学年から低学年へ、都市部から地方にいけばいくほど拡散して薄まる世代意識。第五に、少国民として抱いていた天皇と天皇制に対する強固な観念。以上の特性からゆりは、「「疎開派」とは強固な観念に襲われ、それが破砕した傷あとを、荒廃した現実に体あたりしながら、自己形成を遂げる必要があった世代[15]」と定義する。やや観念的で高踏的な定義の感もあるが、言い換えればこうなるだろう。生まれたときにはすでに戦時体制に突入していた少国民として天皇制を頂点とする軍国主義教育を信じてやまなかったのにもかかわらず、敗戦とともにまるで社会全体が転向したかのような戦後民主主義国家に変貌した世相を目の前にした世代。軍国主義と戦後民主主義という相いれない理念を平気で教え込もうとする教師が象徴する大人への不信感が生じ、空襲や建物疎開によって廃墟と化した敗戦直後の日本で自己を形成した世代。

〈疎開派〉の世代主張の一翼を担った、一九七二年芥川賞受賞作家の宮原昭夫は、年齢を基準に〈疎開派〉世代をより細分化して、四四年に国民学校六年生だった三二年生まれから四五年に国民学校一年生だった四〇年生まれまでを〈疎開派〉世代と画定する。宮原の主張による〈疎開派〉の特性は以下のとおりである。第一に、戦前の平和の記憶の不在。第二に、戦時体制への純粋な奉仕と敗戦による精神の崩壊。第三に、敗戦後の六・三・三学制改革の当事者としての精神的混乱。第四に、朝鮮戦争以後に直面した生まれて初めての平和な日常性。[16] ゆりと宮原に共通するのは、軍国少年・少女だった自らの世代の観念的純粋性と、教育に象徴される大人世代に対する疑問や不信の念と、そこから派生する戦後日本への疑義だろう。

「戦中派」を対照項とする世代主張のあり方は、宮原にも共通していた。

「戦中派」は、大人として戦後の変化を受けとめた。戦後の各世代には戦中の記憶がなく、ものごころついた時にはもう新教育制度は整備され、世の中は安定していた。

もちろん戦中派には、刻々失われて行く自由、平和、理想を見送る少年期と、軍国主義に生命をさし出して奉仕せねばならぬ青年期があり、戦後の各世代には、頭をぶつける安定した壁を前にした焦燥がある。

しかし、疎開派には疎開派のドラマがある。何度信じてもその都度外界が先廻りして変わってしまい、息せききって追いかけ、追いついたと思った時にはもう外界は再び変わってしまい、という、まるでからかわれて必死に駆け廻っているような、いらだたしい、しかも受け身の少年期を持ったのが疎開派だ。[17]

宮原は、「疎開派」の固有性を、「戦中派」と「戦後」生まれの「各世代」との比較を通じて見いだしている。「戦中派」は、戦後における世の中の著しい変化を、すでに自己形成を遂げていたため「大人として」受け止めることができた。「戦後の各世代」は、敗戦後の著しい変化を通過して、

「安定した」世の中に落ち着くことができた。そしてそのいずれにもくみすることができない、敗戦と戦後という一変した世の中で自己形成を図らなければならなかった世代が〈疎開派〉と定位される。言い換えれば、戦争体験を有する「戦中派」に対して戦争体験を有しない「無戦派」という構図がまず定立され、その中間項として、戦争体験を有しないわけではないが「戦中派」とは異質な体験を有する〈疎開派〉世代が定位されるのである。

「戦中派」〈疎開派〉「無戦派」という世代区分の核心は戦争体験にある。戦場での戦闘体験を戦争体験とする「戦中派」に対し、〈疎開派〉によって疎開体験が「戦争体験」として意味づけられるときのコンテキストは何だろうか。前述のゆりや宮原の文章は同人誌「疎開派」に掲載され、「思想の科学」に転載された。「思想の科学」で子どもの疎開体験を戦争体験として意味づけようとする論考は、一九五九年八月の「特集 戦争体験」の記事にみられる。例えば、戦争体験としての疎開体験の内実を「お腹がすいたこと」や「先生という権威がくずれはじめた」こと、「既成の権威」は「信じられぬもの」で「おかしい」[18]とする柴田道子の主張は、ゆりや宮原の言葉に反復されている。「戦争が生んだ子どもたち」という柴田の題目そのものが、疎開体験を戦争体験とする指向性を代弁する。このように、子どもとしての疎開体験者は自らの原体験を戦争体験としての疎開体験に求めた[19]。

疎開体験を世代主張の武器とする〈疎開派〉が成り立つのは、「戦中派」が対照項として想定されることによる。本節で言及したゆり・宮原の主張は、鶴見がいう「戦争体験の意味づけによって成立する戦後」の議論に参画するための、疎開体験世代による思想的営為だった。

3　疎開派が走りだす――世代論を武器に

〈疎開派〉世代による思想的営為の頂点は、同人「疎開派」の結社である。本節と次節にわたって、ゆりはじめの呼びかけによって結成された同人「疎開派」を中心に、〈疎開派〉の世代主張をみてみよう。本節では「疎開派」初期の言説を取り上げ、世代論を文学の問題として考えた点に注目する。

同人誌「疎開派」の書誌情報については、第五号を除いて第一号から第十一号が確認できている。[20]ただし、ゆりはじめのインタビューによれば、刊行は第十三号までは持続したようで、一九九六年当時は休刊とされている。それ以後の発行に関しては現在のところ不明である。[21]第一号発刊の際にゆりや宮原を含めて四人の同人で出発したが原稿が集まらず、やむをえず六五年六月に解散し、その後再発刊した。[22]「疎開派」に対するさらなる調査が要求されるだろう。

「疎開派」第一号巻頭には「疎開派を宣言する」というマニフェストを掲げ、「(一)何を問題とするか」と「(二)何をめざすか」とで構成している。「(一)」で特徴的なのは、「疎開派は一つの世代論である」と宣言している点と、「過去の体験の思い出話が吾々の仕事ではない。むしろ世代としての現在のありようの欠陥の克服と、現在におけるこの世代の特徴が未来においていかなる能動的意味を果すかを究めたい」という課題を設定する部分である。疎開体験を共通項とする「世代論」の確立を目指しながらも、決して戦争体験としての疎開体験を語り合いながら過去に潜り込む「世代論」を志向しない、「現在のありようの欠陥の克服」とそこから導かれる「未来」への「能動的意味」の究明のための「世代論[23]」であると明言する。

「(二)」で特徴的なのは、「疎開派」を「新しい文学グループ」と宣言し、「世代論がわれわれの文学を作り上げた」といっているように、「世代論」と「文学」が結び付く部分である[24]。本章でそのすべてを取り上げることはできないが、「疎開派」には、ゆりや宮原だけでなく様々な書き手の小説や詩、文学評論が掲載された。

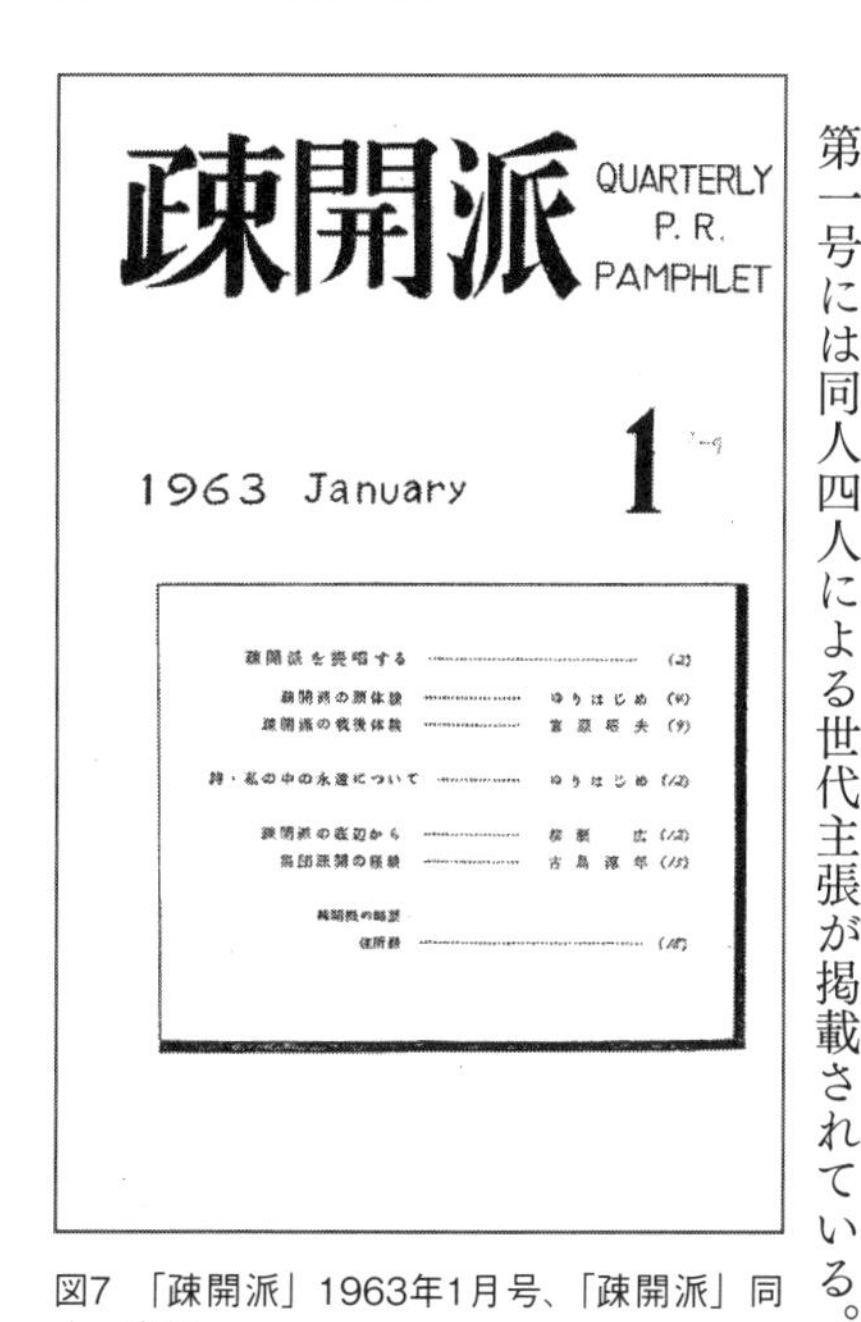

図7　「疎開派」1963年1月号、「疎開派」同人、表紙

第一号には同人四人による世代主張が掲載されている。横浜市出身という共通点はあるものの、疎開体験の内容もさることながら、体験に対する認識に差異が存在することが目につく。まず、ゆりと宮原だが、両者の文章は前述した「思想の科学」に転載されたもので、内容に関しては前節で述べたとおり、戦争体験としての疎開体験を積極的に打ち立てようとする。一方で、より低学年で疎開を経験した者による「疎開派の底辺から」「集団疎開の経

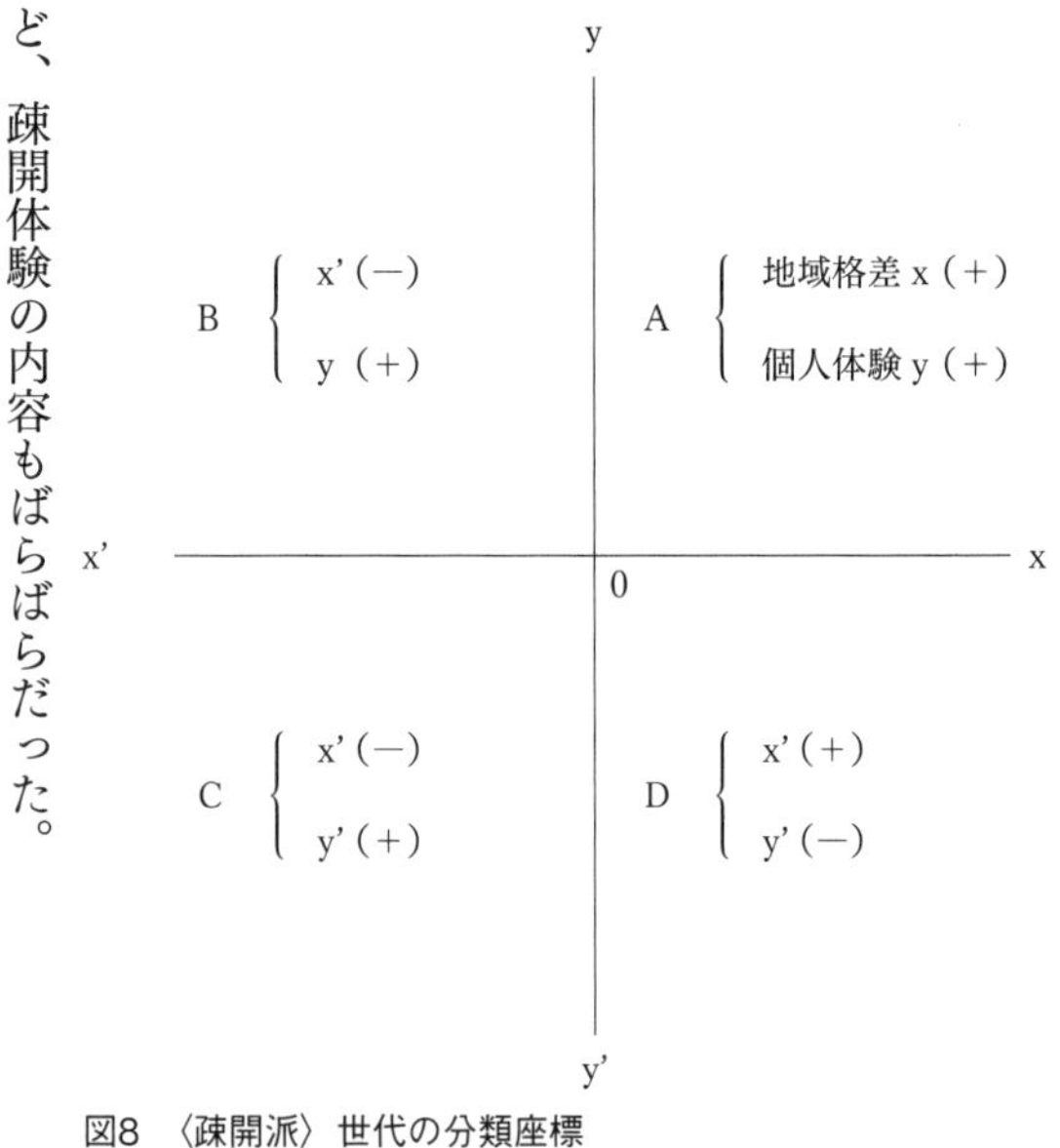

図8　〈疎開派〉世代の分類座標
（出典：前掲「疎開派」1963年1月号、7ページ）

験」では、高学年だったゆり・宮原とは異なる認識を示している。例えば「疎開派の底辺から」では、「飢餓」「戦争体制の中での肉体的な苦痛」「精神的なゆがみの記憶」などをもたない筆者は、「直接身をぶっつけて経験したものわかりのいいしっかり者の兄貴たち疎開派といちじるしく違う[25]」と吐露している。疎開体験から世代論を掲げた「疎開派」内部で、すでに疎開に対する認識にずれが生じていたといえる。しかも、ゆりは縁故疎開、宮原は疎開に参加できずに残留し、「集団疎開の経験」の筆者は集団疎開であるなど、疎開体験の内容もばらばらだった。

疎開体験の思想化にもっとも積極的だったのはゆりだった[26]。ゆりは、「疎開派」における体験者それぞれの体験内容や認識のずれを抱えたまま世代論に乗り出し、このようなずれを包括できる理論の確立に着手する[27]。彼は、資料保存や発掘が容易な「集団疎開」に偏っている議論の克服を目指し、疎開の形態を「縁故疎開」「集団疎開」「疎開残留」と分類した。また、〈疎開派〉世代全体に対する図式化が可能な座標を考案し、自らの戦争体験・疎開体験に無自覚である同世代の包摂を思想的に試みる。図8でその座標を示したが、X軸を「地域格差」、Y軸を「個人体験」とし、「地域的な格差によっての戦争体験の深浅を、X座標をもって、個人的な戦争の影響（例えば、親、兄弟などが戦争によって死ぬなど）を、Y軸をもってあらわし、あらゆる地域の当時の学童生徒を「疎開派」のなかにすくいあげることが出来ると云うABCDの各座標を設定してみた」[28]。疎開体験を戦争体験として普遍化することでその思想化を志すゆりにとっては、このような図式が練り出されなければならなかったのだろう。なぜなら、思想としての客観性や普遍性を獲得するためには、宮原のような残留の場合だけでなく、疎開を受け入れた側の同世代も包括できるようなフレームが必要だからである。

ゆりが疎開体験を思想化する狙いは、「忘れることは罪であるから」から確認することができる。

「戦争」、私たちがその中で呼吸し、生き、のめり込み、傷つき、やがて音立てて過ぎ去っていったあのいくさの日々、幼い日の情念に様々の意匠を灼いて通りすぎていったそれ。（略）だがしかしあの時代をただただ暗い過ぎ去るべき時間として葬り去る人々には私は無縁である。何故彼等は戦中を戦後民主主義的な不思議な手つきで解析するのに終始するのだろうか。歴史認識を拒否した実感主義はそれ自体一個の完結したマイナスを示す「思想」ではあるが、彼等が過去から未来へのパースペクティブな視野を持つ志向がない限り彼等には思想を語る資格がない。[29]

「戦後民主主義」に頼って「戦中」を「解析」する「思想」をしりぞけている姿勢が読み取れる。ここで、ゆりが「戦後民主主義」そのものを否定するのではない点を断っておく。ゆりは、あくまでも「戦中」の挫折によって「戦後民主主義」を受け入れざるをえなかったという事実を無視して「戦後民主主義」的な視座から「戦中」を裁断することに、警鐘を鳴らしていると解釈すべきである。このような主張が可能な理由を、彼によって説明された〈疎開派〉の特性の五つめ、少国民として抱いていた天皇と天皇制に対する強固な観念から見いだすこともできるだろう。

〈疎開派〉ゆりは、戦争体験としての疎開体験を思想化するために、「戦中」に直結する戦争体験であるはずの疎開体験を、「戦後民主主義」のフィルターによって濾過してはいけないと考えた。橋川文三は、「世代意識の形成は、断絶した歴史と自己との関り方を批判的に再構成しようとする意欲から生れ、そこに一種の歴史認識論といった内容を含んだことを推定するにむずかしくはない」[30]と述べている。ゆりの営みが、橋川が説明する世代論に合致するかどうかに関してはさらなる考察が必要だろう。ただし、ゆりの「意欲」を橋川の言葉から再解釈すれば、「戦後民主主義」という障害によって「戦中」という歴史と「断絶」している「自己」の世代を正しく「批判的に再構成」しようとし、戦後を覆っている「戦後民主主義」によって装着された思考回路を当然視せず、「戦後民主主義」の世の中に変貌する以前の「戦中」を直視するものであるともいえるのではないだろうか。

以上のような「疎開派」の思想の是非を判断することは、本章の射程を超える至難の課題である。ただし、大江健三郎に対する批判で、「戦後民主主義」に対する前述のようなスタンスがより具体的に提示されたと考えられる。このことに関しては次節で述べることにし、「疎開派」の思想化の具体的な展開の様相に踏み込みたい。

ゆりは、図8の座標でAD面対BC面に大きく分けて説明するが、その基準を簡単に要約すれば、疎開した側すなわち都会＝AD面に対して、疎開を受け入れた側が田舎＝BC面となる。そこでA面とD面を比較し、A面が「体験の集中的・相乗的」な様相をみせるのに比べ、D面は「疎開に対するヴィジョンは相対的に拡散している」「疎開の日々の記憶は、流れてゆく時間の前に、日常の繁雑さの間に埋没してゆく[31]」と述べている。つまり、戦争体験としての疎開体験を有しながら、体験を思想化できる可能性が高いのがA面、体験が「拡散」してしまい、思想化できる可能性が低いのがD面と分析される。

座標BC面に「共通のものはともに疎開をマイナス（受け入れた）」とし、B面とC面の「疎開派を分つ唯一の点は戦中に自らの問題として戦を形而上学的に受けとめていたかどうかにかかる」と規定している。前述と同様、体験を思想化する可能性の濃度からB面とC面を分けているといっていい。ここで注目したいのは、C面に対する具体的な説明が、大江健三郎「飼育」（「文学界」一九五八年一月号、文藝春秋新社）に対する批判を通じてなされるところである。

4 疎開派がつまずく——戦後派の大江健三郎に異議あり

本節では、ここまで論述した〈疎開派〉の世代論が、文学批評や創作を通じて適用される様相を検討する。前述したように、「疎開派」は疎開体験の思想化を達成するために世代論を前面に押し出し、文学を通じて世代論の形象化を試みた。「疎開派」には、〈疎開派〉同世代の石原慎太郎(32)と大江健三郎に対する批評が掲載されたが、ここでは大江の事例を中心に分析する。前節に引き続き、座標のC面に属するとされた大江健三郎「飼育」に対する評論を確認したい。

いくさに最も遠く、おそらくは極限までその意識を拡散させた地点で成り立っている小説に大江健三郎の「飼育」がある。戦のさ中にありながら、平和な光と寓話的風景に満ち、一切の人間の闘いへの意志を欠く地域社会、そこで少年たちは熟れた日の光を浴びてひたすら幼いセクスを見せあっては欠伸をするだけである。黒人兵が生きて彼らの村にやって来る。主人公は黒人兵が敵であるとする観念さえ抱くことがない。彼は黒人兵をまるで動物とみなして飼いはじめる。このインターナショナリズムに立った、云わば国籍不明の小説は、最終的場面で主人公に、行為全体を「遊び」とみなして離脱の姿勢を取らせるに及んで、作者大江健三郎が疎開派後期に生れ、決定的な第三現象（C面）の四国松山に育ち、戦争による深い体験をも経ておらず、更にその戦いからシリアスに学ぶことなく、彼の育った擬制民主主義の眼球によってみごと女陰的オハナシを作りあげ、曲りくねった大仰な修辞をつらねることに成功したことを示している。(33)

「飼育」の小説世界を代弁するキーワードは「牧歌」である。(34)「飼育」における「牧歌」を論じた先行論は、たいてい「牧歌」性を文学的な達成点として評価する。(35)けれども、前述の引用文では「飼育」の「牧歌」性を「戦のさ中にありながら、平和な光と寓話的風景に満ち、一切の人間の闘いへの意志を欠く地域社会」であるがゆえのものと説明していて、そのトーンは皮肉に満ちている。「インターナショナリズム」「国籍不明の小説」が書かれた理由を、「地域社会」の「四国松山に育ち」「戦争による深い体験をも経ておらず」「戦いからシリアスに学ぶこと」がなかったからだと、手厳しい批判の言葉を連ねているのがわかる。

「飼育」の「牧歌」性を批判するゆりは、「死者の奢り」(「文学界」一九五七年八月号、文藝春秋新社)に対する評論で、〈疎開派〉であるはずの大江の戦争体験の「微妙」さを突き付ける。(36)ここでも、大江の戦争体験の「微妙」さは「大江が四国の山奥で戦争の少年期を送ったということに起因する」といっているように、引用文と同じく、中央に対する「地域社会」、すなわち田舎という出自を問題視している。ここまでをまとめれば、田舎出身でありながら戦争体験を「形而上学的に受けとめて」いない大江は、図8の座標に具現されているゆりの〈疎開派〉思想からすれば、疎開を受け入れた側でありながら戦争体験から何も学ぶことがなかったC面の最も悪い標本になる。

ゆりにとって、「飼育」の「牧歌」性は批判しなければならないものだった。もし大江が戦争体験を「形而上学的に受けとめて」いないのなら、それは都市に比べて空襲の危険度が低いために疎開する必要もなく、疎開を受け入れる程度にしか戦争と関わりがない「四国の山奥」「地域社会」の田舎で「戦中」を過ごしたことに理由があるとゆりは考えただろう。

ここで、「飼育」の空間設定をみてみよう。

波だち重なる山やまの向うの都市には、長い間持ちこたえられ伝説のように壮大でぎこちなくなった戦争が澱んだ空気を吐きだしていたのだ。しかし戦争は、僕らにとって、村の若者たちの不在、時どき郵便配達夫が届けて来る戦死の通知ということにすぎなかった。戦争は硬い表皮と厚い果肉に浸透しなかった。間近になって村の上空を通過し始めた《敵》の飛行機も僕らには珍しい鳥の一種にすぎないのだった。[37]

作中の舞台である「村」が「牧歌」的な空間になりうるのは、「都市」の「戦争」が「浸透」していないからである。「都市」ではないどこかの「村」が「戦争」と隔離されているのであれば、そこはゆりがいう「地域社会」、都会に対する田舎にほかならない。「《敵》の飛行機」が空襲を象徴するかぎり、都市部の人口密集区域や産業地帯への打撃を目的とする空襲が「山奥の山村」を主要ターゲットとすることはまずないだろう。都会に比べて空襲警報や灯火管制と程遠い生活を営むことができる田舎だからこそ、「《敵》の飛行機」は「珍しい鳥」という認識にたやすく置換される。

「飼育」の「牧歌」性を端的に象徴するのは、「僕ら」と「黒人兵」のカーニバル的な「古代めいた水浴[38]」の場面である。メルヘン的な祝祭が演出されるためには、そもそも「《敵》」であるはずの「黒人兵」が「家畜、天才的な動物[39]」と認識されなければならない。ゆりの引用文に戻れば、「主人公は黒人兵が敵であるとする観念」を抱いていないがゆえに「黒人兵をまるで動物とみなして飼いはじめる」、つまり殺さずに生かしておく。大江に対するゆりの批判は、〈疎開派〉世代の少国民としての強固な観念にとらわれていなければならなかったはずの「僕ら」が、「《敵》」に対する敵愾心を失い、「《敵》」を殺さずに生かしておく設定に向けられていたとも考えられる。

ゆりは、「《敵》」に対するしかるべき少国民の姿を、「山の光」（第五号の「ぼくたちの楽しみ」を改稿）という小説で提示した。「山国の村に父母と離れて」疎開している子どもたちは、ある日「一機のB二九爆撃機」が不時着陸する光景に遭遇する。好奇心をそそられた子どもたちは、「爆撃機」の探索に出かけ、死にかけている搭乗員を目撃する。

「ここにいるこいつは敵なんだ。この男たちのために日本国民は毎日大勢殺されているのだぞ、そんなものに水など与える必要はないのだ」。続いてOが云う。

「おそれ多くも天皇陛下の御心を悩ませ申しあげているのもこの男たちではないか。それなのにお前はこの男を助けようとでも云うのか。もしそうならもう容赦はしないぞ」

Sはこの剣幕に押されてふいに鼻白んで沈黙してしまうのだった。

「そうよ、殺して頂戴。私の父はこの男たちに殺されたのよ。こんな変な男。殺してしまえばいいのよ[40]」

「飛行服をまとった、死にかけた男」が「敵」であるという論理、「敵」は「殺してしまえばいい」という、死を否定しない戦争の論理を優先するかぎり、「敵」を助けることはない。「敵」を殺すという戦争の論理は、「おそれ多くも天皇陛下の御心を悩ませ申しあげている」という言葉が象徴するような天皇と天皇制に対する強固な観念に支えられながら、「敵」に「父」を「殺された」経験によって培養されて身に付けられたものであるだろう。このような強固な観念については、〈疎開派〉世代の特徴として前述したとおりである。

「飼育」と「山の光」は、敵軍の戦闘機搭乗員と遭遇した子どもたちという設定を共有しながらも、相反する子どもの思考と行動を描き出す。「飼育」では「敵」と子どもの間で、一時的ではあるが関係を結ぶ様相を描いている。反して「山の光」では、「敵」である事実が何よりも優先され、助けを求める「敵」を「放置」する行為を通じて殺そうとする様相を描く。

宮原昭夫は、ゆりが提示した座標をもとに大江による世代主張に反論を展開し、大江は「遅れてきた青年」ではなく、「空間的に離れていた青年[41]」だと論じている。この場合、大江は、どこを基準として「離れていた」のか。

「山の光」では、敵機の突然の出現に、村人は「突然に起った腹をゆさぶる轟音に度を失い不安げに囁きを交わしている」と書かれている。

この静かな戦慄は村人たちの恐怖の深さを示しているのだろう。私たちはその様子が面白く、顔を合わせて哄笑し、申し合わせたように桶を運ぶために棒の端を摑んで歩きだした。[42]

敵機の出現に対して少年たちは、「村人」のように「不安」「恐怖」の念を一切抱かない。「敵」の存在を肉眼で確認するために探索に出かけるところと、突然目の前に出現した「敵」を見殺しにするところに、戦中の強固な観念に支配されている少国民のありようが端的に現れている。「飼育」の空間設定は、「地域社会」すなわち田舎、ゆりの疎開思想に従えば疎開を受け入れた側に該当する。「山の光」の少年たちは、受け入れ側の「聞き取り難い方言」とは遮断され、「他国者の世界を作りながら生き続ける」[43]しかない。「山の光」で前景化するのは少年たちの世界であり、それは疎開した側、つまり都会に該当する。空襲や疎開を直接経験した都会側にとって、ただの敵機一機に「不安」「恐怖」を抱く田舎側の様子は「面白く」て「哄笑」の対象になる。疎開児童の「私たち」は疎開する以前の都会生活のなかで、連日の防空訓練と実際の空襲経験を通じて戦争という状況に慣れているはずである。

大江の「飼育」に対するゆりの批判の根底には、〈田舎と都会〉での戦争体験の差異に対する都会側の優越性が潜んでいる。空襲によって肉親を失う経験、疎開に参加する経験を総じて戦争体験とするならば、「飼育」の空間設定は、そのような戦争体験とは無縁な田舎になっている。「山の光」は、田舎の「村人」と都会の「少年」たちのコントラストを通じて、戦争体験を有する側の心理的な優位を描いた。「山の光」が「飼育」を意識して書かれたことには疑いの余地がないが、前節で確認したゆりの思想から考えれば、そこには戦争体験を有する都会人が戦争体験を定位し、田舎の人々はそれを有しない、という構図を前提としていると考えられる。要するに、戦争体験を有する疎開世代としての〈疎開派〉を立ち上げようとしているのであり、その場合、戦争体験を有しないか戦争体験に無自覚な同世代は、思想化のじゃまものにされるのである。その代表者が大江だったのだ。

以上、大江を意識したうえで提出された「疎開派」の批評や創作を中心に、〈疎開派〉の世代主張が文学とどのように結び付いているのかについて検討した。「戦後派」大江を俎上に載せて展開する論法は、前述した「戦中派」を対照項とする論法と酷似する。戦争体験を有する「戦中派」対戦争体験を有しない「無戦派」という図式を踏襲して、戦争体験を有する〈疎開派〉対戦争体験を有しない（あるいは戦争体験に無自覚である）「戦後派」大江という枠組みが設けられている。このような思考は、戦争体験を有することができた都会側対戦争体験を有することができなかった（と都会側に映っていた）田舎側という、戦争体験をめぐるヒエラルキーを構築する結果になってしまった。

5　疎開派を引き上げる

本章では、〈疎開派〉の世代主張が、戦争体験としての疎開体験を思想化しようとする試みをめぐって展開されたことを明らかにした。〈疎開派〉は、「戦中派」を対照項としながら、自らの戦争体験を、疎開体験から導き出した。同人誌「疎開派」を通じて、戦争体験としての疎開体験を地域差・個人差を基準に図式化する座標が提出されるなど、疎開体験の思想化の具体像を確認することができた。そのような思想は、「戦後民主主義」になる以前の「戦中」を直視できるような視座の必要性を主張していて、それは、少国民世代でありながら自らを「戦後派」「戦後民主主義」者と見なす大江に対する批判につながる。〈疎開派〉は、「飼育」の「牧歌」性が象徴する戦争体験の希薄さを問題視している。「牧歌」性の原因を、都会に比べて戦争状況と隔離されているがゆえに戦争体験を有しない、あるいは戦争体験に無自覚である「田舎」という空間設定から論及しようとする。そのような論調には、戦争体験の有無を軸に、都会が田舎よりも優位に立つと考える思考の枠組みが見え隠れしている。

〈疎開派〉という世代主張は、本章の冒頭で一例を提示したように、確かに一時期広がったようである。だが、現在の地点から考えて、思想的普遍化にたどりついたかどうかに関していえば、悲観的だといわざるをえない。橋川は、「歴史に対する自己の様式（スタイル）の主張」として現れる「世代意識」は、一見「汎歴史主義に対する状況的な微分」として考えられるが、究極的には「すべての世代は直接普遍者に属」し、その意味で「世代とはかえって深く歴史の立場に通じる」[44]と述べている。

〈疎開派〉は、「歴史に対する自己の様式」の主張に成功したのだろうか。結論からいえば、「戦中派」「戦後派」なしでは成り立たない〈疎開派〉であるかぎり、「自己の様式」の固有性が主張できたとは言い難い。〈疎開派〉の世代主張の論理構造は、対立するかのように見受けられた「戦中派」と「戦後派」（大江健三郎）という対照項を召喚し、それらに反するものとしての〈疎開派〉を浮き彫りにするものである。「歴史に対する自己の様式」の主張を通じて「歴史認識」への通路が確保できる世代論であるならば、「自己の様式」そのものが確立されていないかぎり、普遍的な「歴史認識」に基づいているか否かは測りようがないだろう。

ゆりはじめに代表される〈疎開派〉の主張は、そもそも論理的に包括しなければならない同世代の大江を「空間的に離れていた」としてしまい、結果的に自ら定位した全体を包摂しうる思想の確立に到達できなかった。そうであるかぎり、戦争体験論での普遍性を担保する「歴史認識」の形成とは程遠かったとしかいいようがない。戦争体験論における歴史認識を阻害する世代論の問題点を、〈疎開派〉は露呈した。[45]

しかし、観点を変え、〈疎開派〉の世代主張を文学研究の立場から引き上げれば、以下の展望が考えられる。第一に、本章でもその一端に触れたが、大江健三郎や石原慎太郎が、同世代にどのように受容されたのかを探ることができる。第二に、一九七〇年前後に疎開体験を文学的に形象化しながら登場した作家たちが数多く存在した事実を考察するための手がかりを提供する。第三に、第二と関連し、疎開体験を文学的題材としながら〈疎開派〉の世代主張とは距離をとった作家たち、例えば高井有一や黒井千次を考察するにあたって、いい比較対照になる。[46]

自らの世代的固有性を主張するために立ち上がって走りだした〈疎開派〉は、途中で自らの固有性を内部からくみ取ることができず、常に自らを何かと対照させながら存在意義を主張しようとした。その結果、そもそも「戦中派」を論敵としたはずが、「最後の戦中派[47]」になってしまった。また、「戦後派」を論敵としながら「戦後民主主義」に変貌した戦後を議論するかのようであって、実際は都会中心主義に陥ってしまった。鶴見俊輔が「戦争体験を持たないことによって成立する戦後」に言及する理由は、もっぱら「戦争体験の意味づけ」に傾倒する戦後思想の危険性に対する自覚があったからかもしれない。

一方、〈疎開派〉が露呈してしまった都会中心主義が、疎開体験に対する意味づけをめぐる思考過程で形成されたものである点からすれば、疎開という事態から考えられる〈田舎と都会〉の関係性という問題領域を、（彼らの意図とは無関係に）〈疎開派〉は浮上させたといえる。〈疎開派〉は、「戦争体験の意味づけ」だけに傾倒する思想の行方をほのめかす。それは、本章の冒頭で言及した、戦争体験を中核とする過去の意味づけに支えられる「悔恨共同体」の揺らぎ[48]が生じる一九七〇年前後の思想的知見を、図らずも予見してしまったともいえるだろう。七〇年前後に自らの疎開体験を小説に書いた黒井千次や高井有一を、このような時代性を踏まえたうえで解析しなければならない[49]。

注

（1）久野収／藤田省三／鶴見俊輔『戦後日本の思想』（初版：一九五九年）、（同時代ライブラリー）、岩波書店、一九九五年、二六三―二六六ページ

(2)橋川文三「戦争体験論の意味」(一九五九年)、前掲『昭和超国家主義の諸相・戦争体験論の意味』二三一―二三三ページ

(3)同書二三六―二四一ページ

(4)橋川文三「歴史と世代」(一九六〇年)、『歴史意識の問題・歴史と世代』(「橋川文三著作集」第四巻)、筑摩書房、一九八五年、二五三―二五六ページ

(5)橋川文三「戦後世代の精神構造」、前掲『歴史意識の問題・歴史と世代』二八二―二八七ページ。橋川は大江や石原などとおこなった座談会で、戦争と呼ばれる状況に対する捉え方をめぐって、大江・石原に代表される世代とほとんど接点を見いだしていない(石原慎太郎ほか「座談会 怒れる若者たち」「文学界」一九五九年十月号、文藝春秋新社、一三二―一四三ページ)。ここで橋川は、戦時期に疎開を体験した若者が「全学連の勇ましい連中」の中心になっていることに触れ、疎開体験が「彼らの世界観というものにかなり強い影響を与えている」と指摘する(一三五ページ)。

(6)大江健三郎「戦後世代のイメージ」(一九五九年)、『厳粛な綱渡り――全エッセイ集』講談社、一九六九年、四〇―四五ページ

(7)前掲「戦争体験の戦後史」八―九ページ。ほかに、福間良明「「戦争」をめぐる言説変容――体験論とメディアの力学」(福間良明/野上元/蘭信三/石原俊編『戦争社会学の構想――制度・体験・メディア』所収、勉誠出版、二〇一三年)一七三―一九六ページも参照。本書の戦争体験に対する考えは、福間の研究に負うところが大きい。

(8)丸山眞男「近代日本の知識人」(一九七七年)、松沢弘陽/植手通有編『丸山眞男集』第十巻、岩波書店、一九九六年、二五四―二五六ページ

(9)成田龍一『「戦後」はいかに語られるか』(河出ブックス)、河出書房新社、二〇一六年、五五―六

五ページ

(10) 福間も成田も「戦後派」「少国民世代」の作家に大江健三郎を挙げている。なお、「戦中派」の論客に橋川文三を引用する点も一致する。ちなみに、福間は、「戦後派世代」の後の世代として敗戦後に生まれた世代を「無戦派世代」と区分する。

(11)「百一科事典 疎開派」「毎日グラフ」一九六八年八月二十五日号、毎日新聞社。「毎日グラフ」の記事は、横浜市教育委員会「横浜市の学童疎開」刊行委員会編『横浜市の学童疎開――それは子どもたちのたたかいであった』（横浜市教育委員会「横浜市の学童疎開」刊行委員会、一九九六年）五二八ページを参照。

(12) 竹内好「戦争体験論雑感」（一九六〇年）、『日本とアジア』（ちくま学芸文庫）、筑摩書房、一九九三年、二三八―二四二ページ

(13) ゆりはじめ「「疎開派」の原体験――鈍色のノートから」（一九六三年）、「思想の科学」一九六三年八月号、思想の科学社、六二ページ

(14) 同論文六二ページ

(15) 同論文六四―六六ページ

(16) 宮原昭夫「「疎開派」の戦後体験」（一九六三年）、同誌六七ページ

(17) 同論文六八ページ

(18) 柴田道子「戦争が生んだ子どもたち」「思想の科学」一九五九年八月号、中央公論社、一九―二四ページ。柴田は、自らの疎開体験に基づく児童文学『谷間の底から』（東都書房、一九五九年）で、戦争体験としての疎開体験の文学的形象化をおこなった。

(19) 柴田道子「人生における少女期」（一九七〇年）、『ひとすじの光』朝日新聞社、一九七六年、一四

三―一四六ページ

(20) 不定期発行だったが、把握された発行年月は以下のとおりである。第一号：一九六三年一月、第二号：一九六三年六月、第三号：一九六三年一二月、第四号：一九六四年八月、第五号：不明、第六号：一九六五年九月、第七号：一九六六年三月、第八号：一九六七年三月、第九号：一九六八年五月、第十号：一九七〇年二月、第十一号：一九七一年四月

(21) ゆりはじめ『戦争を知らない大人たちへ 新版』マルジュ社、一九九七年、六六―六七ページ

(22) ゆりはじめ「「疎開派」のことなど」(一九七三年)、『あしたの雪』虔十社、一九八九年、三三三―三三八ページ

(23) 「疎開派を提唱する」「疎開派」一九六三年一月号、「疎開派」同人、一九六三年、二ページ。前掲「「疎開派」のことなど」の三三五ページによれば、作成者は宮原である。

(24) 同論文三ページ

(25) 柳瀬広「疎開派の底辺から」、同誌一五ページ

(26) ゆりによる疎開体験の思想化の試みに『疎開の思想――銃後の小さな魂は何を見たか』(潮新書)、潮出版社、一九七二年)と、その増補版『疎開の思想――里で聞いたは何の声』(マルジュ社、一九九四年)を挙げることができる。

(27) ゆりはこのような体験内容と認識の差が、むしろ「疎開の理論的な解明」に役に立ったと述べている。前掲『戦争を知らない大人たちへ 新版』六六ページ

(28) 前掲「「疎開派」の原体験」六―七ページ

(29) ゆりはじめ「忘れることは罪であるから――鈍色のノートからII」「疎開派」一九六四年八月号、「疎開派」同人、二六ページ

(30) 橋川文三「世代論の背景」(一九五八年)、前掲『歴史意識の問題・歴史と世代』二六六ページ
(31) 前掲「忘れることは罪であるから」三六―三七ページ
(32) 石原慎太郎に対する批評に、宮原昭夫「疎開派頂点の陰画――石原慎太郎小論」(「疎開派」一九六三年十二月号、「疎開派」同人)二八―三四ページがある。
(33) 前掲「忘れることは罪であるから」三八―三九ページ
(34)「牧歌」をめぐる研究史は、村上克尚「「飼育」――言葉を奪われた動物」(『動物の声、他者の声――日本戦後文学の倫理』、新曜社、二〇一七年)一三〇―一三一ページを参照。
(35) 例えば「牧歌的少年時代をフィックション化することによって作中の少年のみずみずしい感受性と作者の感受性が」「合致し」、「神話的な性格を帯びた不思議な世界をつくりだしている」のに「成功」したとする評が典型的だろう。篠原茂『大江健三郎文学事典――全著作・年譜・文献完全ガイド』森田出版、一九九八年、三三ページ
(36) ゆりはじめ『戦後文学あるばむ――文学のなかの戦争』おうふう、一九九六年、二一九ページ
(37) 大江健三郎「飼育」(一九五八年)、『芽むしり仔撃ち』と初期短篇』(「大江健三郎小説」第一巻)、新潮社、一九九六年、六五ページ
(38) 同作品八七ページ
(39) 同作品八六ページ
(40) ゆりはじめ「山の光」『修身「優」』マルジュ社、一九九六年、一三〇ページ
(41) 宮原昭夫「第三現象の男・早く来すぎた青年――大江健三郎小論」「疎開派」一九六三年六月号、「疎開派」同人、一一ページ
(42) 前掲「山の光」一一二ページ

(43)同作品一〇八ページ
(44)前掲「戦争体験論の意味」二三八―二四一ページ
(45)山田宗睦は「疎開世代」という世代主張は、「歴史尺度としては擬似世代にすぎない」としている(山田宗睦「比較世代論のための覚え書――特集・戦後の再評価」「思想の科学」一九六四年六月号、思想の科学社、五九ページ)。本章では詳しく論じないが、山田は「疎開派になると、加害者意識はないわけよ。被害者意識のほうが強くなってくる」といい、〈疎開派〉世代主張における加害者意識の欠如も突き付けている(鶴見俊輔/山田宗睦/安田武「座談会 同時代に生きる――「私」の中の昭和六〇年」「以悲留」第四号、安田武をイビル会、一九八六年、三一ページ)。
(46)縁故疎開体験を小説化した柏原兵三は、「私の戦争体験の一番大きな部分を占めるものは疎開であった」と述べている。柏原兵三「疎開派の「長い道」」「潮」百二十九号、潮出版社、一九七〇年、一八九ページ
(47)前掲『戦争を知らない大人たちへ 新版』六七ページ
(48)成田は、「悔恨共同体」の揺らぎが生じる時点を「六八年」に据えたうえで、一九九〇年代半ばまでの思想的動向を「悔恨共同体」との関係から論じている。前掲『「戦後」はいかに語られるか』六六―七九ページ
(49)前田愛は、一九七〇年前後に黒井千次など「内向の世代」が登場したことを、「悔恨共同体の崩壊」を意味する文学的な出来事として捉える。また、このような「内向の世代」が台頭する思想的背景を六八年の「全共闘運動」の高揚から見いだしている(前田愛「一九七〇年の文学状況――古井由吉「円陣を組む女たち」をめぐって」〔一九八六年〕、『増補 文学テクスト入門』〔ちくま学芸文庫〕、筑摩書房、一九九三年、二一三―二三二ページ)。ただし、前田の論で高井有一は言及されていない

が、現在の研究状況からすれば、高井を「内向の世代」的な特質を共有する作家の一人として数えても差し支えないだろう。例えば柘植光彦は、「内向の世代 作品ガイド——純文学の輝き」(至文堂編「国文学——解釈と鑑賞」二〇〇六年六月号、至文堂)で高井有一を「内向の世代」として紹介している。ちなみに、注(46)の柏原兵三も一九七〇年前後に「内向の世代」の一人として認識されていた。

第2部　戦争を体験しない疎開

――「内向の世代」・黒井千次・高井有一

第4章　悔恨ではなく、内向する世代の疎開
――黒井千次「聖産業週間」、「時の鎖」

1　「悔恨共同体」と「内向の世代」

第1部では、疎開体験が戦争体験として定位されるコンテキストを検証したうえで、疎開体験を戦争体験とする語りを確認した。戦時期の言説が戦争体験としての疎開体験を成立させる背景をなしているのに対して、戦後に浮上するのは戦争体験として凝縮されえなかった疎開体験の「証言」、〈疎開派〉の世代主張のありようである。このことが第2部「戦争を体験しない疎開――「内向の世代」・黒井千次・高井有一」とどのように結び付くのかに関連して、第3章の末尾で言及した「悔恨共同体」の揺らぎに触れ、第2部で取り上げる「内向の世代」について説明する。

まず、「悔恨共同体」の概念を定義した丸山眞男「近代日本の知識人」について確認する。丸山は近代日本で「知識共同体」を構成しようとする意識が高まった時期を、「明治維新からほぼ明治二十年位までの頃まで」、「他律的に一つの社会群として結びつけられた知識人」が形成される一九二〇年代、そして敗戦直後、の三つに区分した。第二の時期の「知識共同体」が構成される決定的な因子は「マルクス主義」だった。二〇年代の「マルクス主義」の哲学と歴史は、経済・法律・政治との関連は無論のこと、文学や芸術の領域まで相互関連的に捉えることを知として教えるものだった。そして、第三の時期に構成された「知識共同体」が、第二期の「マルクス主義」に影響された「悔恨共同体」である。

「配給された自由」を自発的なものに転化するためには、日本国家と同様に、自分たちも、知識人としての新しいスタートをきらねばならない、という彼等の決意の底には、将来への希望のよろこびと過去への悔恨とが——つまり開放感と自責感とが——わかち難くブレンドして流れていたのです。私は妙な言葉ですが仮にこれを「悔恨共同体の形成」と名付けるのです。つまり戦争直後に知識人に共通して流れていた感情は、それぞれの立場における、またそれぞれの領域における「自己批判」です。一体、知識人としてのこれまでのあり方はあれでよかったのだろうか。何か過去の根本的な反省に立った新しい出直しが必要なのではないか、という共通の感情が焦土の上にひろがりました。[1]

（傍点は引用者）

「悔恨共同体」が構成されるパトスは「自己批判」である。具体的にいうと、戦争体制に突入していく日本国家に対して「懐疑と不安をいだきながら、結局は既成事実に押され「新体制」に唱和するまでに自分たちの心を蝕んだコンフォーミズムを悔いた」と説明しているように、戦時期をどのように生きたかに対する精神的な「自己批判」である。これは、なぜ戦争に対して批判・抵抗できなかったかを倫理的に「自責」する、高い精神性が担保する「自己批判」でもある。したがって「悔恨共同体」の「自己批判」は、戦時期の体験の核心をなす戦争体験に対する捉え方の問題に接続されるものである。

成田龍一は前掲『「戦後」はいかに語られるか』で「悔恨共同体」が戦争体験を軸にすることで形成される「知識共同体」である点を踏まえ、敗戦後の「悔恨共同体」の形成と変遷の推移を点検する。そこで、戦時期を子どもの「少国民」として過ごした「少国民世代」が「悔恨共同体」に参画することを指摘し、その例として大江健三郎や小田実などを挙げる。そして、「戦前世代」「戦中世代」「少国民世代」が集合と離散を繰り返す形で構成される「悔恨共同体」に揺らぎが生じる歴史的時点を、一九六八年を基点とする七〇年前後（第一段階）、八〇年代（第二段階）、九〇年代半ば（第三段階）とする。第1部第2章と第3章で一九七〇年を前後する時期を中心に考察したが、第2部でも問題にしたいのは七〇年前後の第一段階である。

成田は一九七〇年前後の「悔恨共同体」の揺らぎをもたらしたものに「在日・女性・沖縄・公害被害者・戦争被害者」を挙げている。しかし、これらの動きと並行して、七〇年前後の文学で「悔恨共同体」の揺らぎを象徴する動きがあった。前田愛は以下のようにいう。

いわゆる「内向の世代」は、この高橋和巳、柴田翔、それに大江健三郎らによって代表される文学世代についで登場した新世代であって、「悔恨共同体」特有の〈時間〉意識を無化し、相対化するスタイルを開発して行くところに、かれらの文学的出発があったことはいうまでもない。すでに見たように、黒井千次の「時間」は、「悔恨共同体」への想いをのこしながら、これへの決別が語られている作品であった。[2]

前田愛は、「「悔恨共同体」特有の〈時間〉意識を無化」「相対化」する文学として「内向の世代」を位置づける。大江などに関していえば、「社会的な大状況から照射される個と他者の問題」に正面から取り組んだ作家であり、「軍国少年としての昂揚した気分を共有した記憶、あるいは敗戦後の学生運動やコミュニズムの運動に参加し、挫折を強いられた苦しい体験」が、「悔恨共同体」に編入する原動力である。第1部第3章で論じた〈疎開派〉は、「軍国少年としての昂揚した気分を共有した記憶」と「軍国少年」として疎開を体験したこととを結び付けて思想化しようとしたといえる。第3章の〈疎開派〉は、「悔恨共同体」的な情緒を共有していた。

高橋和巳は一九三一年生まれ、柴田翔と大江健三郎は三五年生まれ。対して、黒井千次は三二年生まれ。高橋・柴田・大江と黒井は、年齢的にみれば同じく少国民世代にくくられてもいいはずだ。前者の三人は「少国民世代」として「悔恨共同体」を構成したのに対して、第2部で論じる黒井千次や高井有一（一九三二年生まれ）など「内向の世代[3]」は、「少国民世代」と年齢的にほぼ同世代でありながら、「悔恨共同体」を「無化」「相対化」する文学的な「世代」を形成した。子どもとして戦争を体験した同世代が、七〇年前後に一方は「悔恨共同体」を構成し、他方は「悔恨共同体」に揺らぎをもたらしたという事態を、どのように考えればいいのだろうか。

まず、黒井千次を中心に「内向の世代」の規定をめぐる議論を再検討し、黒井がどのような位置を占めているのかを確認しよう。

「内向の世代」をめぐる議論では、「内向」とは何かについて活発に議論された。「内向の世代」命名者の小田切秀雄による「脱イデオロギー」文学への糾弾という論調は、[4]「「私」に対しての責任解除[5]」、連帯を求めない「「私」をめぐる永久運動[6]」へと継承される。これらの議論は、「内向」する「脱イデオロギー」文学での、作中世界の主体＝「私」の不安定さと抽象性を指摘し、そのような「私」を作り上げた作者を批判する。「内向の世代」のあやふやな「私」の出現、いわば主体性を喪失して現代社会をさまよう「私」の創出が、「私」の外部との連帯・連携の契機を手放した「内向」として抽出されたといえるだろう。このような議論のなかで「内向の世代」の「一番手と目される[7]」のが黒井だった。

「内向の世代」の「世代」とは何かについても議論された。けれどもこの点に着目した論考は数も少なく、その比重は「内向」を扱ったものに比べて軽かった。小田切による「内向の世代」命名には、当時の文壇に対する焦燥感が反映されていた。[8]特に、「内向の世代」を故郷喪失者、つまり「ハイマートロス世代[9]」として擁護する論調が、「内向の世代」の命名と糾弾を触発したと考えられる。「ハイマートロス世代」としての擁護は、「私」の主体性の喪失からの出発という「内向の世代」の文学的営為を積極的に評価しようとするものである。このような論調は、「不確かな「私」をいぶかる声」[10]や、「現実を不可抗力とみる」「無力感」が発せられる根拠を「内向の世代」の戦中・戦後体験に探し求める論[11]が継承している。世代論的なアプローチから共通の時代体験を究明しながら「内向」の原因を論じていて、不安定で抽象的な作中人物の「内向」を招来した作家の「世代」的な体験を問題視している。ここでも黒井は一番手とされ、「今日におけるその世代の象徴的意味を占めている[12]」とされた。

「内向の世代」を代表する作家として黒井が挙げられるという事実を押さえたうえで、一九七〇年前後の黒井に関する論調を概観すれば、黒井が描いた企業における労働の意味を読み取ろうとするアプローチが主流をなしていた。七〇年前後の黒井の問題意識は「現代の企業に熱中すべき仕事があるか[13]」という命題として導出され、「現代の企業」を描き続ける黒井にとっての企業空間がどのような批評性を有しているのかという観点から論及されてきたといえる。企業で「自己と向かい合う」ことを切望する登場人物の心性[14]、また「現実の純粋労働」への黒井の願望の行方[15]に関する指摘は、企業の労働をテーマにした作品が連続して産出されたという点に注目することで、黒井の「内向」を検討しようとしたものだろう。

はたして、「内向」と「世代」は別々に論じられるものだろうか。

2 失敗から定位される「内向」――「聖産業週間」1

黒井千次の「内向」を表す「現実の純粋労働」願望のモチーフが形象化された小説に「聖産業週間」(「文芸」一九六八年三月号、河出書房新社)がある。

この作品に対する先行研究の焦点は、田口運平の失敗する労働実験の描写から何を読み取り、また失敗する実験が書かれた小説をどのように評価するのかという地点にある。そこでは、東京大学経済学部に進学して横山正彦ゼミでマルクス主義経済学を本格的に勉強するようになり、活動初期に「新日本文学」(新日本文学会、一九四六―二〇〇四年)などを中心に労働現場を作中舞台と設定する作品を多数発表した黒井の作家履歴と関連させながら、マルクス主義の理論や思想を軸にした読解を試みている。鎌田慧は、「マルクス流」にいえば「労働過程はそのまま資本の支配過程である」のに、「支配と被支配の関係を見失って」いく田口という人物を創造した黒井の、失敗する労働実験の描写を批判する。[16] 一方で荻久保泰幸は、失敗した労働実験の結末から「人間の自己疎外としての私的所有の積極的止揚としての共産主義」(カール・マルクス『経済学・哲学草稿』城塚登/田中吉六訳〔岩波文庫〕、岩波書店、一九六四年)への道が垣間見られると述べ、失敗する労働実験の描写を評価する。[17] 同一の理論や思想を下敷きにした読解でありながら相反する分析結果が導出できるということは、「聖産業週間」という小説テキストの読解に、マルクス主義に代表される理論や思想が絶対的に有効ではない、ということの傍証になるだろう。

「聖産業週間」は、企業内の仕事に「熱中」しようとする労働実験を通じて、「単純豪快な労働のイメージ」をつかみ、それによって「私は何者であり、私は何によって生きるのか」を突き止めようとする田口運平を観察する「ぼく」の記録、と要約できる。田口は一週間の労働実験を「ノート」に記録し、「ノート」を発見した「ぼく」はそれを盗み読みする。「ぼく」が田口の「変化」の様子を語りながら、そのような語りに「ぼく」の盗み読みした田口の「ノート」記録がそのまま差し込まれる、というのが小説の構造である。

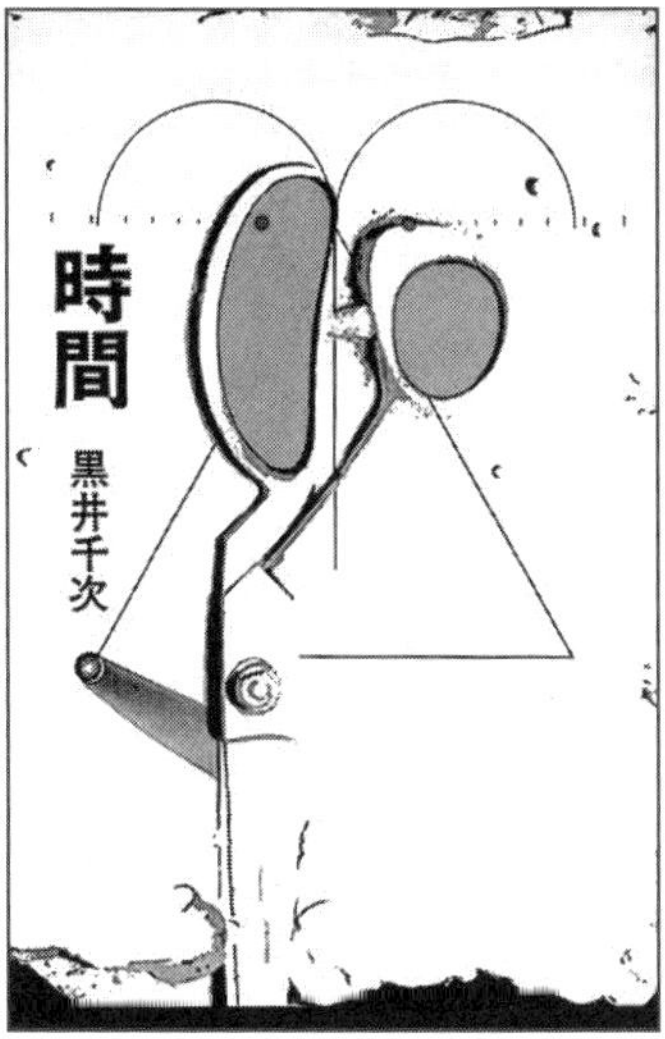

急に猛烈な仕事ぶりを発揮して社内全体の噂にのぼった田口を「監視」する仕事を課長から任された「ぼく」は、田口の帰宅後、膨大に積み上げられている書類のなかから一冊の「ノート」を発見する。そこに記してあったのは、「私は何者であり、私は何によって生きるのか、を自らに明らかにする為に、労働への「熱中のみを唯一の方法とする実験」を開始するという宣言だった。「今日の私の仕事の中に」「単純豪快な労働のイメージ」を手探りするために、「手応え」が感じられていない企業内の労働そのものに「熱中」す

図9　「聖産業週間」を収録する単行本『時間』のカバー（出典：黒井千次『時間』河出書房新社、1969年、カバー）

ることで「私」を確かめるための実験、「私」を「単純豪快な労働のイメージ」につなげる手がかりをつかむための実験が開始されたのである。

田口は「現実の純粋労働」を願望し、ひたすら自らの労働の深淵に潜り込むための実験を開始するのだが、すでに指摘されているとおり、この願望は最初から失敗を運命づけられたものだった点を忘れてはならない。サラリーマンである田口にとって企業内でおこなう現実の労働とは、日常を規定して支配する行為である。あるいは、田口の日常性そのものが現実の労働と直結するといってもいい。このような田口の営為は、現実の労働にひたすら「熱中」して「単純豪快な労働のイメージ」を現実・日常のなかからつかもうとするものだが、田口にはそのつかもうとする対象が何であるのか明確に言語化することができない。現実・日常のただなかから最も非現実的・非日常的な何かを探し求めるということになる。つまり、最初から達成不可能な目標を設定した実験だったのだ。

このように失敗する労働実験を開始した契機は、田口の「ノート」にどのように記してあるのか。

怒れ、追え、倒せ、組み敷け、と私は身体の中に熱い声をこもらせて我が子を見守った。砂に半面を覆われた我が子の顔には、しかし同時に曖昧で気弱な表情が見られた。怒り狂って追うものか、ただぐるぐると隣家の男児の後を駆けるものか、と。怒れ、怒れ、怒れ、と私は声の中に漲らせた（略）その怒りに熱中することなく、自らの全能力を振り絞ってその怒りに賭けることなく、その怒りを曖昧に他のものにすり替えたことが許せないのだ。誤魔化したことが許せないのだ。

——しかし我が子に対する私の怒りは、そのままの熱さをもって、突如、私自身に対する怒りに転化していた。（八九ページ）[18]

「ノート」では隣家の男児との「取組合い」に負けた「我が子」に対してではなく、「負けた口惜しさ」から湧いてくる「怒り」を「他のものにすり替え」「誤魔化」し、周囲から「怪獣」とはやし立てられることに順応した「我が子」に対して、「怒り」を覚える田口の心情を披瀝している。この「怒り」が「そのまま私に対する怒りに転化」し、そこで自らの「怒り」の根源を探し求め、労働への「熱中」という現在・日常の問題に逢着するわけである。

「我が子」の「怒り」を観察し、「怒り」の「転化」によって「私」の「怒り」を自覚している。無論、田口の「怒り」の根源には、「現在というものを充たす」ことを可能にする「熱中への〈飢え〉」がある。けれども、もし彼が「我が子」の「すり替え」「誤魔化し」ぶりを目撃しなかったなら、自らの「怒り」と向かい合う契機は訪れなかっただろう。

このことが重要なのは、この小説の構造と通じているからだ。この小説の構造をまとめれば、「我が子」の「怒り」を観察し、それに触発されて「自己」の「怒り」を覚える田口運平、その田口による「ノート」を盗み読みし、それに触発されて田口の実験をめぐる思索を自分の問題として受け入れるかのように「ノート」の一画に書き込む語り手「ぼく」、となるだろう。この小説が「現実の純粋労働」願望を書く実験として構想された点からすれば、「現実の純粋労働」願望の達成（「現実の純粋労働」をつかむことができるか否か）とは実験における仮説、小説創作とはこの仮説を検証するための、黒井による実験としての観察行為（「現実の純粋労働」をつかむことができるか否かを確認するために考案された実験プロセスの観察）と見立てられる。だとすれば、本小説の構造は、「我が子」・田口運平・「ぼく」をめぐる観察対被観察によって成り立つ、「転化」プロセスの構造をもつ小説を実験として考案して執筆した作者・黒井までをも巻き込むことになる。なぜなら、この小説が実験である以上、実験には観察行為が必ず伴うことになり、「聖産業週間」という小説実験を最初に観察するのは、ほかならぬ作者の黒井だからだ。

千賀正之は、黒井の作品構造の観察対被観察構造には、自ら構築した物語を観察する作者でさえ被観察者に転じる可能性がひらめいていると論じる。[19]「聖産業週間」の結末は、田口の「ノート」に触発されて書き込みをしている「ぼく」を、「部屋の入口に立ってじっと」「みつめていた」田口の姿の描写で終わる。ここで、観察者「ぼく」対被観察者田口の立ち位置が交代していることは言をまたない。黒井千次が考案したこのような小説構造は、実験者黒井千次対実験物「聖産業週間」をめぐる、転覆の契機を内包する観察対被観察構造にまで通じる。

「私は何者であり、私は何によって生きるのか」を確かめることは失敗した。「熱中」そのものを手に入れることができず、「「熱中」への欲求は、拒絶された」。田口は「ノート」に、「我が子よ、父は、怒り狂い打ち倒す敵を失ってしまった」と付け加えている。彼にとって「怒り」は、その発端となる「敵」に「拒絶」されず、「敵」と向かい合うことができる状態、つまり「我が子」のことでいえば「取組合い」ができる関係が成り立つことによって意味をもつからである。

だが、そもそも田口が「取組合い」をしようとした労働を自らの仕事として想定しているかぎり、

「私」に向かい合う「敵」たる「私」を対象としながら、同時にそのような対象に対して、主体でありながらなお対象と同化されうる「私」を対置させることになる。例えば「私」が「私」を観察する、といったように、主語と目的語の関係が述語の性格に適しないような、論理的に成立不可能な事態に陥りかねない。

「私は何者であり、私は何によって生きるのか」という問いの「私」という「自己」は、そのような自己確認におけるアプリオリな主体ではない。他者の存在と観察が「転化」することに**よって**捉えられるアポステリオリな「自己」として定位されるだろう。「聖産業週間」に限っていえば、田口運平と「ぼく」をめぐる観察対被観察の立場が「転化」する可能性が内包された「永久運動」(高橋英夫)のなかで、田口の「私」と「ぼく」の「私」は、絶え間ない相対化にさらされ、その結果、それぞれの主体性を支える「私」は、不確かで不安定なものになってしまう。

自ら構築した作中世界の「私」が抱えるアポリアをめぐって、黒井は「自己の空位」という概念を導入する。

> 戦後派の作品の出発点には強固な「自己」が存在している。輪郭の明確な一人の「人間」が存在している。先天的に存在する「自己」を前提としてその文学の世界は開けてくる。
> その前提そのものを、しかし今僕は疑わなければならないのではないか。「自己」そのものが現在どのようにして存在可能であるかが、まず問われねばならぬ問いではないか。
> つまり、**戦後派文学によってはじめて呼びおこされた**僕の「自己」意識は、**企業のメカニズ**

ムの中に組みこまれることによって逆に自分の中に「自己の空位」を見いだしたといえる。[20]（傍点は引用者）

黒井は野間宏など「戦後派文学」における確固たる「自己」を疑い、一九七〇年前後の現代社会のなかで「自己探索」に出発すると表明し、そのための実験として小説創作に取り組んだ。「自己」と、「自己」の「外側」にあたる現代社会が交差する地点を「熱中」の対象としての労働に据え、「現代社会の凝縮体[21]」「企業のメカニズムの中」の労働を小説化することによって、「自己探索」実験を施行した。実験の結果、「企業のメカニズムの中」での「現実の純粋労働」願望は達成できず、「自己の空位を見出した」。「聖産業週間」を創作する実験によって黒井は、「現実の純粋労働」願望が挫折したかわりに、「自己の空位」としての「自己」と向かい合うことができた。「聖産業週間」と名づけられた失敗する小説実験を通じて、黒井は「自己の空位」としかいいようがない「自己」にようやく向かい合うことができた。「現実の純粋労働」を手探りするものの失敗する田口に対する作中描写を、表象そのものと黒井の思惑を考慮しながら読み直せば、少なくとも黒井が夢見た労働は書かれていない。この点を見逃してならないのは、本小説がまさに実験、しかも失敗した実験だからだ。この失敗が重要なのは、失敗する労働実験を通じて「現在」における「自己」を「自己の空位」として作者黒井が見いだしたからである。

「私」の「内」へ「向」かうこと、すなわち「内向」の核心はこのような失敗にある。

3 「自己の空位」に触れ合う労働実験——「聖産業週間」2

課長から「田口君を保護、監視する仕事」を命じられた「ぼく」だが、作中では「監視」の様相は、仕事の内容や進捗に関する充実した「監視」をおこなうようには描かれていない。「レポート用紙をひきはがす鋭い音」「計算機のスイッチをいれる小さな音」「乾いた機械音」「リレー式計算機のピンクの数字の素早い点滅」という「田口」の仕事ぶりに対する描写は、「監視する仕事」を十全に遂行しようとする観察とは程遠いものである。観察行為によって実験が支えられる以上、「田口」に対する「監視」＝観察の様相として「音」「点滅」のように、ほかならぬ身体によって感じられるような性質のものが作中に書かれていることは、注目に値する。

> 田口運平の机の上にだけ、しまい残された膨大な書類が、ずっしりと重く、斜めに崩れたまま積みあげられている。それは、疲労のにじんだ、厚みのある田口運平の肉体そのものの重さをぼくに感じさせた。ぼくは崩れかけたその書類に手を触れ、机の上に美しく積みなおしたい衝動を感じた。ぼくは書類を上から掌の幅程の厚さにとりのけた。
>
> ——そこに一冊のノートが埋められていた。
>
> （八八ページ。傍点は引用者）

「ぼく」は、田口運平が「熱中への〈飢え〉」に起因する「怒り」によって開始した労働実験の成果である「膨大な書類」に「手を触れ」たい「衝動を感じ」、「書類を上から掌の幅程の厚さにとりのけ」、「ノート」を発見する。「手を触れ」たい衝動を感じさせる「書類」は、「田口運平の肉体そのものの重さ」を連想させるものとして描かれている。「ノート」から「田口運平の肉体そのものを感ぜずにはいられなかった」（九一ページ）。「ノート」を読み終わった「ぼく」は、「ノート」に書き込まれている田口の「息の匂うような太い字に抱きこまれるようにして、いや、それに突きささるようにして」何か書かずにはいられなかった。

田口の「息の匂うような太い字」に「突きささるように」書き込む「ぼく」の行為は、「書類」に「手を触れ」たい衝動から発せられたものではないだろうか。田口の労働実験が、「田口運平の肉体そのもの」を連想させる「書類」や「ノート」を通じて、「ぼく」の身体によって感じられているのである。特に、田口の実験が記録されている「ノート」に関して、「ぼく」は以下のように語る。

田口運平のノートはぼくの中で青黒く肥大していた。鈍いうずきをともなう地腫れした腫れ物のように、それは明らかに自分の身体の一部でありながら、独立した意志をもつ一個の異物であるかのようにぼくの中でふくらんでいた。長い作業記録の前文ともいえる彼の〈賭け〉のモチーフをもう一度読み返した時から、ぼくはどうやら彼の実験の内部にのめりこんでしまったかのようだった。

（九二―九三ページ）

前述の引用では、「触れ」ることで田口の「肉体」が「自分の身体の一部でありながら」「異物」になる様相が描かれている。田口と「ぼく」の観察対被観察という構図が相対化され、それが「自己の空位」としての「内向」につながるとしたここまでの分析と合わせて考えれば、引用文は、「ぼく」の「身体」対田口の「肉体」という、自他関係を形成しているはずの両者の境界が崩壊した瞬間を捉えているといえるだろう。「ぼく」が「実験の内部にのめりこんでしまった」とする認識も、実験が記録されている「ノート」＝田口の「肉体」と、「ぼく」の肉体との境界が崩壊する局面を、「ノート」を媒介にして形象化したものにほかならない。

「書類」や「ノート」に「触れ」ることを契機に、「ぼく」が田口の労働実験を感知することに着目し、このような様相を「触れ」るという体験による触れ合いの契機と関連させながら解釈すればどうだろうか。哲学者の坂部恵は、身体的接触による触れ合いの契機と関連して、「自—他の区別、内—外、能動—受動の区別を含め、これまでの差異化分別の体系の構造安定的な布置をあらためて無に化し、根底から揺り動かす相互嵌入の契機を本質的に伴っている[22]」と述べている。皮膚の存在が「私と環境、私と他者、私と世界を区別する役割[23]」を担っているのであれば、前述の引用文での皮膚上のものでありながら「異物」のように感じられる「腫れ物」は、「私」対非「私」の境界を打ち壊す契機としての触れ合い、その触れ合いの契機としての「触れ」る体験に対する比喩として機能するのではないだろうか。「私」でありながら「私」ではない「腫れ物」（＝「ノート」＝田口の「肉体」）は、そもそも「私」であるはずがない他者の身体の象徴だからだ。

小久保実は、黒井千次文学における「感覚の饗宴」を指摘し、それが「内向の世代」の文学的特徴でもあると論じる。[24] 前田愛は、黒井が構築した作中の空間の「輪郭線を保証しているのは、筋肉感覚のリズムであり、そのたしかな手ごたえである」[25] と論じる。両論に共通しているのは、黒井千次文学での身体感覚を伴う表象に対する着眼だろう。

黒井の「聖産業週間」の場合、触覚を媒介とする身体感覚とそれによる触れ合いの局面が、小説の構造に深く関連している。触れ合いを契機にして自他の境界が崩壊し、観察対被観察関係が象徴する自他関係は崩壊に導かれ、田口と「ぼく」両者の「私」たるものの立ち位置（＝主体性）は不確かで不安定なものになる。不確かかつ不安定な「私」の立ち位置とは、「内向」の核心をなす「自己の空位」である。

「取組合い」は、子ども同士の身体的な接触によって成立する遊びである。「ノート」に書き込む行為をあえて「突きささるように」と、身体的な接触のイメージを喚起する生々しい比喩をもって描いたのは、「ノート」＝田口の「肉体」と「ぼく」との「取組合い」の契機、つまり身体的な接触を伴う触れ合いの契機の形象化と考えられる。もし、田口の身体をそのまま接触される「肉体」として描くならば、田口による労働ではなく、田口という労働者に焦点を当てて読まれてしまう恐れがある。「ノート」＝田口の「肉体」の比喩を用いるのは、本小説が労働者ではなく、労働を題材としているからなのだ。

「聖産業週間」では、他者に対する観察によって立ち上がる「自己の空位」としての「内向」が、身体感覚に依存するプロセスと相まって書かれている。黒井本人も「肉体に素朴に向かい合うようにしてはじめられた自己への探索は、生を繰りひろげていくための出発点の確認であった[26]」と述べているように、「自己」の内部で繰り広げられるイメージの連鎖が、「肉体」に向かい合うプロセスとしても成り立っていて、これは「自己」を見いだそうとするプロセスとしての「内向」に通じている。哲学者の松永澄夫は、人同士が肉体に触れることで、「〈私〉が呼びかけられ、〈私〉が己をつかみとって立ち現れるように促される」とし、このような接触は人間同士の「理屈以前の根本的な人間関係」「分かり合い」の基礎になると述べている[27]。「聖産業週間」での「内向」が、「自己の空位」と向かい合うことの発見によって導かれる位相に関してはすでに確認した。「私」の「内」へ「向」かう「内向」は、それが身体感覚を媒介として他者との触れ合いの契機を内包するという点で、〈内〉から〈向〉かうものでもある[28]。

要するに、「聖産業週間」における「内向」は「自己」の「内」に閉じこもる一方通行のものでは決してない。「ぼく」と田口の間の「ノート」を媒介として展開する触れ合いの契機は、他者との触れ合いを内包する「内向」を表すものである。言葉をもって記録される以前の身体感覚を形象化しようとした黒井の「内向」の抽象性は、身体という最も根源的で原初的な物質に依存している点で、具体性と実在性を持ち合わせている[29]。

4 「内向」と「世代」の交差——疎開派ではなく

ここまでの議論では、黒井千次について「内向の世代」の「内向」だけを分析したことにしかならない。「内向の世代」には「世代」という問題も存在する。この点と関連し、黒井千次に限っていえば、以下のような記述は注目に値する。

現代における個の存在の条件は、社会的な状況を出発点として求められるが、又現に存在している一人一人の人間の具体的な歴史に即して検討されねばならぬという重層性をもっているわけである。「僕の歴史」という奇妙な考えを持ち出したのは、そのためである。

この発想の底には、具体的な僕の歴史の中に、未熟児として遂に育たなかった自己意識の早産の痕跡が横たわっているのではないかという恐れがひそんでいる。世代論に固執するわけではないが、「僕の歴史」を縦に掘り下げようとする時に第一にぶつかるものは戦争である。(30)

「現代における個の存在の条件」の模索は小説実験になるだろうが、「社会的な状況」つまり「現代」を象徴する企業内の労働という側面から「自己探索」を試みる営みと、「歴史」の大変動と関わりを有しながらもあくまで「僕の歴史」の領域と限定している「戦争」から「自己探索」を試みる営みとが併存しているという「重層性」について黒井は述べている。

　黒井には、戦時期の子ども世代の体験である学童集団疎開を題材として採用しながら、「現代」における「世代」体験としての疎開体験の意味を、過去の疎開体験と「現代」の労働とを対置させることで相対化する、「時の鎖」（「新潮」一九六九年十一月号、新潮社）という小説がある。「時の鎖」は、黒井の第一作品集『時間』（河出書房新社、一九六九年）の表題作「時間」（「文芸」一九六九年二月号、河出書房新社）と、手法や主題の面でよく比較される。「時間」は、一九六〇年代の高度経済成長の一翼を担うサラリーマンの〈現実〉の時間に、十五年間をメーデー事件の被告人として生きてきた友人が象徴する〈非現実〉の時間が不意に侵入してくる事態を描く。〈現実〉の時間への〈非現実〉の侵入という構造は「時の鎖」で、サラリーマンの〈現実〉の時間に、二十数年間を学童集団疎開（以下、適宜、疎開と表記）の際のリンチ事件の被害者として生きてきた友人の時間が〈非現実〉として侵入してくるという物語によって反復される。

　黒井は、なぜ〈現実〉＝現在に侵入する〈非現実〉＝過去という構造を考案したかについて、「現実」を捉えるために「様々な不透明な試みと、錯誤をくりかえさねばならない[31]」からだと表明している。千賀正之は「時間」と「時の鎖」を比較し、両作ともに「現在を脅かすものとしての過去が日常の裂け目から姿をあらわす、といった構造の作品である[32]」と論じている。「時の鎖」という小説実験を通じて黒井は、〈現実〉＝現在を捉えるために、「脅かすものとしての」〈非現実〉＝過去が「日常の裂け目から姿をあらわす」という構造を練り上げた、とまとめることができる。ただし、以上の批評的言説は「時間」を基準に「時の鎖」を比較するという論法を共有する[33]。

「時の鎖」に関する先行論を要約すれば、疎開体験という題材が〈非現実〉＝過去として採択されることで小説の強度が弱化してしまった、とする論調がほとんどである。[34]ここでそれらの論を覆すつもりはない。だが、「決して成功した作品ではない[35]」という言説をイジっていえば、「実験小説家」は「成功」しないからこそ実験を繰り広げるともいえる。

学童集団疎開体験者である黒井[36]にとって、疎開体験は文学創作の題材として主要な位置を占めていた。「一時期、同人雑誌で一所懸命疎開のことばかり書いていた時期があった[37]」という発言もみられるが、高校時代の黒井は、大学受験生向けの総合雑誌「蛍雪時代」一九四八年十二月号に、長部春二郎[38]の筆名で詩「地図」を投稿している。「あの寒い集団疎開の日々」「がたがたふるえながら」耐えなければならない酷寒のなかで「それでも地理の時間はやはり楽しかった」と、疎開地の「山奥」で世界地図を広げ、世界各地に旅立つ「夢」を見るような内容の詩[39]である。

また黒井は、「時の鎖」以前から疎開体験を題材にした他人の文学創作に熱心な興味関心を示した。「新日本文学」一九六一年六月号のサークル時評を担当した黒井は、「戦争中の学童疎開を書いた作品」を紹介しながら、「〈学童疎開〉という言葉をきいただけで、僕は奇妙にいらだって来る」と白状し、その理由を、「〈戦争〉を年代としては最も幼なくうけとめた僕等」の世代的な体験だからだと述べている。続いて紹介する小説については、ほかの疎開体験に基づいた作品と類似して「空腹」「下痢」「減食」「幼いセックス」「子供の世界の権力構造」などの「テーマ」を取り上げてはいるものの、「テーマの分裂」をみせていると指摘している。その原因をかつての疎開体験を文学化する書き手において、疎開体験を書く営みが、書いている「今日」すなわち〈現実〉＝現在の

「問題」として「追求されなかったからであろう」と評している。「問題の本質は」「学童疎開を書く以上」「あの体験との今日の対決が最低必要条件であり」「〈子供の世界〉をどう書くか、というきわめて方法的な面の追求が欠くことの出来ないものだ」[40]と指摘する。

　ここで確認できることをまとめれば以下の三点になる。第一に、黒井にとって疎開体験は「僕等」世代の共通的な体験として捉えられている。第二に、ほかの書き手による疎開体験を取り上げた文学に、同世代の感覚をもって多大な関心を示している。第三に、黒井にとって疎開体験を文学として形象化する営みは、単なる過去の再現にとどまらず[41]、疎開体験の過去を書いている「今日」と、書かれる過去との「対決」に、「方法的な面の追求」の意識から取り組むことで意味を有する。黒井にとって世代的な体験である疎開体験を文学にすることは、書かれる過去が問題なのではなく、過去を書く「今日」＝〈現実〉＝現在の問題になる。

　黒井は「集団疎開の記録というものに触れる度にぼくを襲うこの苛立たしさは、どこに根ざしているのか」と自問し、「記録」「記述」において「集団疎開のことは思い出したくない」という「タブー」が存在するとしたら、「ほとんどの場合、記録や叙述はタブーに言及することがない」、「タブーの周辺を歩きまわられることでぼくは苛立ち、しかもタブーそのものに触れようとされないこと」[42]にいら立つ、と自答する。ここでの「記録」「記述」の例は、月光原小学校『学童疎開の記録』（未来社、一九六〇年）などの記録性が高い回想記の類いが中心だが、高井有一の小説「少年たちの戦場」（「文学界」一九六七年十一月号、文藝春秋）も挙げている[43]。

　黒井は、自らの疎開体験が「思い出したくない」過去であることを明示した。「思い出したくない」理由は、疎開当時に形成された子ども同士の人間関係と関連するものである。黒井は都会から田舎に送られ、疎開寮に閉じ込められることで生じた「閉鎖された世界の中で」「食い物、寒さ、シラミ、そんなものの一切を超えていやなもの」に、「子供同士の奇妙な関係[44]」を強調する。「子供の世界というものは不思議な実力による世界が出来るんですね」「誰か一人仲間はずれの奴を作って、徹底的にそいつをはずしていくんです[45]」とも語る。

しかし、思い出したい疎開体験を積極的に語った疎開体験者の存在を忘れてはならないだろう。例えば、「疎開学童二〇年ぶりの再会 思い出の昌翁寺（調布）で」（「読売新聞」一九六五年四月二十六日付）にみられるように、疎開体験の「思い出」は「楽しそうな談笑のざわめき」とともに共有できるものと考えられていた。子どもの疎開体験の悲惨さを「記録」「叙述」した刊行物でさえ、大人になった疎開児童が当時のことを「思い出」にして語り合う場面を最後に挿入する[46]。疎開体験を思い出したいものとする動きに共通するのは、同様の体験をくぐり抜けたことに基づく世代意識のようなものである。

思い出したい疎開体験の共有を通じて形成される世代意識に対し、黒井は以下のように語る。

だから、ぼくが一番大きな虚偽を感じてしまうのは、集団疎開のかつての仲間達が、昔を懐かしんで十何年ぶりに疎開先を訪れた、というような記事に接する時である。（略）自己の記憶の中に嫌悪すべきもの、唾棄すべきものがもしあるとすれば、（あの戦時中の疎開にそれがない筈はあり得ない）、それは必ず友人との関係の中にあったのだし、その関係は死に絶えたように見えながら、どこかで今もしぶとく息を続けているに違いないと思われる。そんな間柄にある人達が、一片の嘘も疚（ママ）しさもさしはさまずに、ただ子供であったというだけで和やかに思い出を語ることが出来るものだろうか。そんなにして語り合うことの出来る時間を、あの頃ぼくらは生きていたのだろうか。[47]

「虚偽を感じてしまう」記事の典型が前述の新聞記事だろう。黒井にとって彼個人の疎開体験は「語り合うこと」ができないものである。「語り合う」ためには「思い出」さなければならない。したがって、「疎開体験」を「語り合うこと」ができないものとするのは、疎開体験を「思い出したくない」心情と通じる。

このような黒井の疎開体験に対する捉え方を分析するために、比較項を設定して考察を進めたい。それは第3章でみた〈疎開派〉である。黒井は、疎開体験を原体験[48]とする〈疎開派〉の世代主張と関連づけて、以下のように述べる。

疎開、敗戦から戦後の学制変更をとおりぬけて来た世代にこの規定は一応の妥当性をもってあてはまるといえよう。一つの明確な輪郭をもつ自己が形成されるに必要な「歴史」、「環境」そのものが大変動をとげた時期にあって、僕の自己イメージはなかなか結ばれようとしなかった。（略）僕の考えるところでは、しかし原体験としての戦争にウェイトをかけるより、むしろ戦争から戦後と変わってくるその変化のつらなりの中に自己を跡づけることの方がより重要である。その中に、僕はなにものかがそこを通過したらしい白い痕跡をみることは出来る。しかし、通りぬけていったものの形を、それがこれだと自分の両手をもって示すことは出来ない。[49]

「原体験としての戦争にウェイトをかける」ことで「自己イメージ」を探し求めたのが、疎開体験を原体験に据えた〈疎開派〉である。戦争体験を有する世代と戦争体験を有しない世代、という戦争体験の有無を基準とする世代規定に対して映し出されるのが〈疎開派〉世代になる。一九一八年生まれの堀田善衛は、「戦前、戦中、戦後」という世代区分に言及し、「そういうものの断絶において人間を捉えてる[50]」「世代論」を難詰する。無論、ここでの「断絶」をもたらすのは戦争体験の有無である。[51]

確固たる原体験に支えられる〈疎開派〉にとって、「自己形成」を経た「自己」というものが疑われることはない。しかし、「原体験としての戦争にウェイトをかける」ことをあえて放棄する黒井にとって、〈疎開派〉と同様の原体験に由来する確固たる「自己」などありもしないだろう。「変化のつらなりの中に自己を跡づける」ことがただちに「自己形成」にはつながらず、「なにものか」の不確かな「痕跡」しか示すことができない。「戦争」＝疎開体験を原体験とする確固たる「自己」ではなく、「痕跡」の「形」しかつかめず、しかも「示すことは出来ない」のだ。さらにいえば、この「痕跡」が「自己」につながるかどうかさえ不確かで疑わしいだろう。

「戦争」＝疎開体験を原体験として立ち上がる世代の力学は、〈疎開派〉に限らず一九六〇年代の疎開体験者を取り巻く言説の大前提としてはたらくものだった。このような言説が、〈疎開派〉にみられるように「戦争」＝疎開体験を原体験とする意識によって定位される確かな「自己」＝「私」を見立てうるものであるのに対し、黒井は「戦争」＝疎開体験を原体験とする思考の相対化の道をたどると宣言した。(52)

ここが〈疎開派〉と黒井の思考の分岐点である。

5 「自己の空位」と対決して──「時の鎖」

敗戦後の激しく変化する社会のなかで「どこを軸に自分をつかまえていいかわからないようなところで、育ってきた自分のなさ」というものを感じ、「「私」のなさに固執」しながら黒井は「内向」の永久運動を繰り返してきた。(53)

黒井にとって疎開体験は「思い出したくない」過去である。一方、黒井は習作期から一貫して疎開体験をどのように描くかという問題を考えてきたし、創作も試みてきた。これは、「思い出したくない」過去の疎開体験を現在に思い出して書くという営みそのものの問題につながる。この問題と向き合うには、「あの体験との今日の対決」のための「方法的な面の追求」が練り上げられなければならない。では、書く営みがおこなわれている〈現実〉＝現在と、書かれる疎開体験という〈非現実〉＝過去の「対決」の行方を「観察」し「表現」する「実験小説家」(54)黒井、といえるだろうか。〈現実〉＝現在と〈非現実〉＝過去の「対決」と、「「私」のなさ」＝「自己の空位」とは、

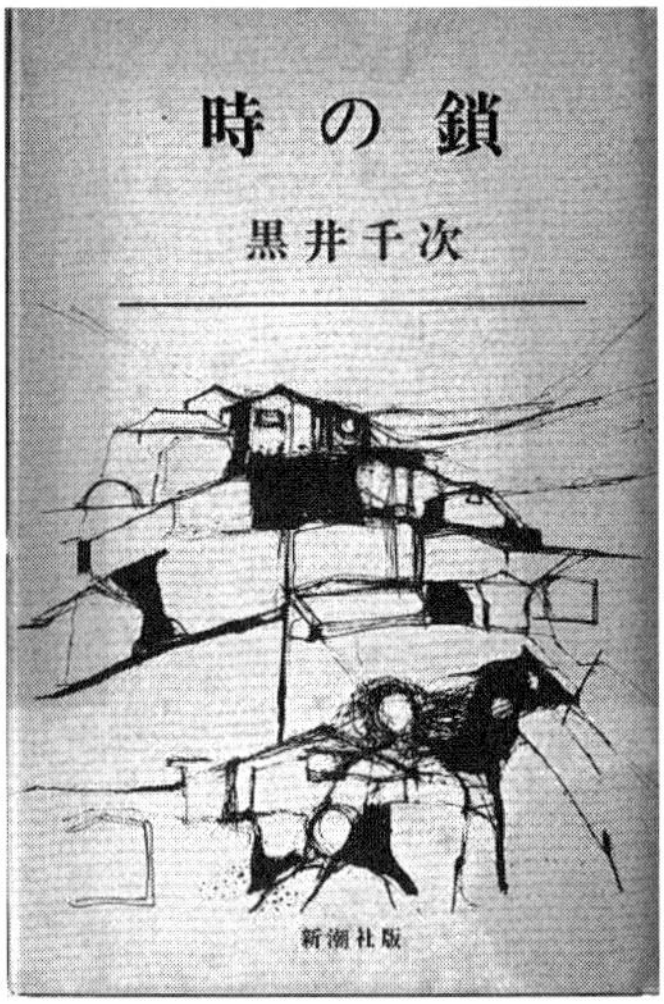

図10　黒井千次『時の鎖』新潮社、1970年、カバー

どのように絡み合っているのか。

「時の鎖」は学童集団疎開の時節、疎開児童の寮で発生した盗難事件の犯人と名指されて集団リンチを受けた岸三郎の呼びかけによって、疎開生活をともにした小学校の仲間たちの同窓会が計画される物語を中心に展開する。ここでの「非現実」＝過去は疎開体験である。

岸三郎から突然の連絡を受けたかつての疎開児童たちは、岸三郎が疎開時代に受けた被害の仕返しのために、何かを企んで同窓会を開くのではないかという疑惑を払拭することができない。主人公の溝口和夫は、おずおずと集まってくる昔の友達との間で、歳月の経過につれて生じざるをえない「溝を埋めるために妙に慣れ慣れしい言葉で話をかわすこと」を好まず、「そのような会合の成立そのもの」を拒否していた。このような主人公の心情は作者である黒井の心情と類似するものだろう。

溝口は、妻子とタクシーに乗って「自分の小学校」の前を通る際に「ここ、パパの学校でしょ?」という妻の質問に、小学校の前を通るだろうと「気づきながら、彼はそれを口にしたくなかった」（七七ページ）[55]。このように、何かに気づきながら気づかぬふりをする溝口の心理は「時の鎖」の冒頭からみられる。

あの男は、こちらに気づいたのだろうか。気づかぬふりを、今後もし続けるだろうか。すれ違ってから、男をふり返ろうとする自分を溝口和夫は辛うじてこらえた。こちらがふり返り、もし相手もふり返ってもう一度目があったなら、もはや知らなかったことにするのは不可能だろう。あの男は気づかなかった。そして俺も気づかなかったのだ。それがいいのだ。

（七一ページ）

結論からいえば、「あの男」は疎開時代に盗難事件の犯人と名指された岸三郎だった。「俺も気づかなかったのだ。それがいいのだ」と言い張っている様子からすれば、むしろ「あの男」＝岸三郎に気づいていることが読み取れる。実は、「あの男」は「あまりに暗く光に乏しい」記憶、疎開体験を呼び起こす存在である。「あの男」に気づかないふりをするのは、疎開体験という過去が現在のなかに侵入してくるのを阻止する身ぶりだろう。溝口は疎開体験を「思い出したくない」のだ。「時の鎖」で黒井が提出した「対決」の使命を担うのは、主人公の溝口である。

主催者である岸三郎の原因不明の欠席によって同窓会は破綻する。そこで、会場の「部屋」で、溝口によってリンチ事件の場面が全員に思い起こされる。その場面で、疎開以前まで「よく遊びに行った」岸三郎との「あの夏の日の白い陸橋とものうい午後」（一〇九ページ）という「開かれた記憶」（七二ページ）が、「閉じられた、一つの重い関係」（九二ページ）と対比しながら挿入される。ここでの「重い関係」とは、疎開の際のリンチ事件によって生じた「子供の世界の権力構造」を指す。つまり「子供の世界の権力構造」が象徴する集団疎開体験に直結するものである。
「時の鎖」の「対決」の構造を整理しよう。〈現実〉＝現在に差し込まれる〈非現実〉＝過去は、集団疎開のときに「あの男」を中心にして形成された「重い関係」＝「子供の世界の権力構造」である。だが、同じく「あの男」を中心にして、疎開以前に「あの男」と竹馬の友として過ごした「開かれた記憶」が「重い関係」の裏面に付着している。溝口は「開かれた記憶」を再び手に入れたいと願望するが、そのためには「重い関係」＝「子供の世界の権力構造」つまり「暗くて光に乏しい」疎開体験の過去と向かい合わなければならない。そして「あの男」と向かい合うのは、疎開体験の過去と向かい合うことを意味し、それは「開かれた記憶」を取り戻す手がかりにもなる。

黒井は、現在＝〈現実〉のなかに疎開体験の過去＝〈非現実〉を召喚するのは、学童集団疎開の過去と「現在」とを「ぶつけ合わせ」ることで「自己」を「追跡することを試みねばならぬ(56)」からだと説明する。「自己」を「追跡する」＝「自己を跡づける」試みは、学童集団疎開と「現在」とを「ぶつけ合わせ」ること＝「あの体験との今日の対決」につながる。溝口は「サラリーマン」となって〈現実〉＝現在の日常を生きている。そこで「あの男」を登場させ、〈現実〉＝現在に〈非現実〉＝過去の疎開体験を不意に侵入させ、リンチした溝口対リンチされた岸三郎という二項対立関係を作中構造の柱に設定し、両項を小説のなかで「ぶつけ合わせ」ること＝「対決」させることが、実験の要諦なのだ。実験の幕開けを黒井は以下のように提示する。

　襖をあけた時、部屋の電灯は前より暗くなつているように思われた。カーテンの開かれた窓のむこうに、ほの暗い夜がひろがつていた。雪明りの中に、道一つへだてた五年生の旅館の屋根が白くみえるはずだつた。風が激しく電線を鳴らし、ガラス戸に雪方のあたる音が高くなり、また遠のいては続いていている。

（一〇五―一〇六ページ）

同窓会に不在の岸三郎がかけた電話に応じた溝口が「部屋」の「襖をあけた時」の場面である。「部屋の電灯は前より暗く」なり、「窓のむこう」の「雪明りの中に」「五年生の旅館の屋根が白くみえるはず」という描写は、〈現実〉＝現在の同窓会を開いている「部屋」が、溝口ら六年生の過去の疎開寮、つまりリンチ事件が発生した学童集団疎開の過去にタイムスリップしたかのような雰囲気を醸し出す。無論、「部屋」に集まっているかつての疎開児童は、溝口が「サラリーマン」であるように一九七〇年前後の大人の〈現実〉＝現在を生きている。しかし、彼らが集まっている「部屋」がまるでかつての疎開寮であるかのように描かれるのだ。このように〈現実〉＝現在の時間に〈非現実〉＝過去の空間を突然に差し込むことで、「ぶつけ合わせ」ること＝「対決」を開始する。(57)

「部屋」に戻ってきた溝口が、疎開した「あの雪の夜」のリンチ事件を思い出してそれは語られる。小説の冒頭で岸三郎に気づかないふりをしたいのは、岸三郎が「思い出したくない」疎開体験、かつ「子供の世界の権力構造」の過去を象徴し、それを溝口に突き付ける存在だからだ。けれども、岸三郎が象徴する「子供の世界の権力構造」＝「重い関係」と「対決」しないかぎり、それ以前の「開かれた記憶」を取り戻すことは不可能だろう。溝口が「思い出したくない」リンチ事件を思い起こすのは、「対決」して「開かれた記憶」を取り戻すためなのだ。しかし、「部屋」に「あの男」＝岸三郎はいない。

岸三郎に会いたい、という思いが、突然溝口和夫の中に激しく噴き上げて来た。胸を打ちあけて話す、などということが出来る筈はなかった。目の前の岸三郎は、狡猾でも、傲慢で良かった。その岸三郎にむけて、溝口和夫は現在の自分の全身をあててぶつかりたかった。岸三郎は、体をかわしてはならなかった。（略）軍手をはめて俺を殴れ、と溝口和夫は言いたかった。俺は死物狂いでお前を殴り返すだろう。自由な両手と自由な身体で俺達が殴り合うことがもし出来れば、その時、あの夏の日の白い陸橋とものうい午後を俺達は再び手に入れることが出来るのではないのか。（一〇九ページ）

岸三郎が不在のまま小説が終わるかぎり、溝口が「開かれた記憶」を取り戻すことは不可能である。この小説でぶつかり合い＝「対決」＝実験が遂行されるための「最低必要条件」は、溝口が象徴する〈現実〉＝現在と、岸三郎が象徴する〈非現実〉＝過去とのぶつかり合いの成立ではないだろうか。ぶつかり合い＝「対決」＝実験が遂行されるならば、それは同窓会の「部屋」に現れた岸三郎が溝口和夫を殴り、また溝口が「殴り返す」場面として描き出されなければならないだろう。

だが、「部屋」を「対決」＝実験の空間に設定したにもかかわらず、岸三郎をそこに召喚することに失敗した黒井は、「思い出したくない」疎開体験との「対決」から、結局は「体をかわして」

しまったと思われる。しかも、小説の冒頭ですれ違っていく岸三郎に最初から気づいていた溝口ならば、そこから「対決」＝実験の胎動を書いてもいいのではないだろうか。だが、この失敗こそが「内向」の核心である。失敗が描かれることで、「対決」への願望がより強調されうるからである。そして、最初から岸三郎と溝口の「対決」を描く小説だったとすれば、かつてのリンチ事件が反省すべき過去として思い起こされ、そのような過去に対する自責をめぐる内面描写に比重が置かれかねない、とも考えられる。それは「対決」ではなく懺悔であり、「自己批判」する悔恨の念である。

結果的に「時の鎖」の失敗は、「内向の世代」黒井がどのように「悔恨共同体」を相対化しているのかを照らし出す。「時の鎖」が「悔恨共同体」の揺らぎを象徴する小説であるのは、現在に思い起こされる過去に潜り込むことで「自己批判」するような時間意識ではなく、現在に思い起こされる過去を、過去を思い起こす現在にぶつけ合わせて「対決」させようとする時間意識に支えられて書いたからである。

6 「自己批判」を相対化する「自己」

俺は殴った、殴ることを止めろ、とは一言も言わなかつた。俺は嫌だ、とは言いはしなかつた。順番がまわつて来た時、俺は犬でも殴るようにして彼を殴つた。右手の拳にある、生温かい岸三郎の頬の感触。

（一〇八ページ）

リンチ事件を語る溝口は、「右手の拳」から、岸三郎を殴ったときの「生温かい岸三郎の頬の感触」を感じる。「開かれた記憶」を取り戻すことを求める溝口は、岸三郎に対して「殴り合う」関係を願望する。このことは、「聖産業週間」で「取組合い」の関係を願望すること、つまり身体的な接触を経由する他者との触れ合いを願望することと対応する。

黒井にとって「対決」は、身体という最も原初的かつ根源的な物質性に基づくものである。黒井は「外界を遮断する人間の皮膚みたいなものがだんだん薄くな」り、「外界が自分のなかにしみ込んでくるという感じ[58]」が強いと、「時の鎖」執筆のころに語っている。「他者に触れることができる場所[59]」である皮膚が薄くなるような感じは、他者に触れることで「私と環境、私と他者、私と世界を区別する[60]」ことができなくなった事態を意味するだろう。つまり、「私」=「自己」の主体性を成り立たせる境界の崩壊を感じるものである。

疎開体験の〈非現実〉=過去・〈現実〉=現在の「対決」と「自己の空位」との絡み合いを解きほぐす手がかりは、溝口が身体感覚を通じて岸三郎に接触したい、つまり皮膚を通じて触れたいと願望する地点に見いだすことができる。皮膚を媒介に身体的なぶつかり合いを通じて他者と関係を結ぶ契機を手探りすることで、「自己の空位」を埋めたいという願望が文学的方法論を経て小説の構造に具現化している。「時の鎖」からいえば、岸三郎の身体と殴り合う=ぶつかり合う=「対決」する、すなわち触れる/触れられることで「思い出したくない」疎開体験と向かい合うことができ、そこで「開かれた記憶」を取り戻し、「開かれた記憶」の不在に起因する「自己の空位」が埋められるのだ。溝口の「岸三郎に会いたい」願望の根底は、このように「対決」と「自己の空位」という問題が絡み合っている。

ここが疎開体験を核心とする「世代」と、文学的な方法を核心とする「内向」が交差する地点である。

もし「悔恨共同体」が構成されるパトスが「自己批判」であれば、黒井は「自己批判」が成り立つための「自己」そのものを根底から捉え直そうとしているといえるだろう。「悔恨共同体」が疑っていない「批判」の主体としての「自己」を、黒井は疑っている。黒井が小説実験を通じて導出した「自己の空位」は、「自己批判」が成り立つ「自己」を疑うことで、「空位」の位相に引き戻された「自己」の発見を意味する。この「自己」に、体験者だから体験を語る、という絶対性の担保などどこにもない。体験者によるこのような語りの行方を、次章から高井有一を中心に考察する。

注

(1) 前掲「近代日本の知識人」二五四ページ
(2) 前掲「一九七〇年の文学状況」二一七ページ
(3) 前田愛の「内向の世代」に高井有一は含まれていない。しかし、後藤明生、古井由吉、坂上弘などとともに文体社編「文体」(平凡社、一九七七—八〇年、全十二号)を創刊したことや、「座談会 文学の責任——「内向の世代」の現在」(「群像」一九九六年三月号、講談社)に「内向の世代」として参加していることからして、「内向の世代」の問題意識を共有した点には疑いがない。

(4) 小田切秀雄「戦時下の作家たち（下）」「東京新聞」一九七一年三月二十四日付。ただし「新人の作家・批評家たち」（「戦時下の作家たち（上）」「東京新聞」一九七一年三月二十三日付）といっているように、小田切による糾弾の矛先は、「内向の世代」たる作家たちを積極的に擁護しようとする批評家たちにも向けられていた。

(5) 小田実「「鎖国」の文学」「群像」一九七五年六月号、講談社、二一四ページ

(6) 高橋英夫「「われら」の文学と「内向」の文学」「中央公論」一九七五年八月号、中央公論社、一二三ページ

(7) 同論文一一九ページ

(8) 例えば、饗庭孝男（「反歴史主義の文学」「文芸」一九七〇年七月号、河出書房新社）や川村二郎（「内部の季節の豊穣――1970年の小説」「文芸」一九七〇年十二月号、河出書房新社）のような「新人批評家」への反論として「内向の世代」を命名したとも考えられる。

(9) 饗庭孝男「ハイマートロスの文学（上）」「東京新聞」一九七〇年五月二十日付

(10) 上田三四二「「内向の世代」考」「群像」一九七三年四月号、講談社、二四三ページ

(11) 松原新一「「内向の世代」論の決算」、至文堂編「国文学――解釈と鑑賞」一九七八年八月号、至文堂、一一三ページ

(12) 饗庭孝男「ハイマートロスの文学（下）」「東京新聞」一九七〇年五月二十一日付

(13) 竹中智子「「黒井千次小論――「時間」を中心に」「主潮」第四号、清水文学会、一九七六年、四三ページ

(14) 森安理文「新世代にとっての「家」」、前掲「国文学――解釈と鑑賞」一九七八年八月号、三八ペー

ジ
(15) 磯田光一「時間の変容――黒井千次論」(「新潮」一九七八年五月号、新潮社)、高野斗志美「黒井千次論――日常に潜む死角・固い空間性のくさび」(前掲「国文学――解釈と鑑賞」一九七八年八月号)など。
(16) 鎌田慧「りんごと工場――黒井千次試論」、新日本文学会編「新日本文学」一九七四年十一月号、新日本文学会、三四―三九ページ
(17) 荻久保泰幸「「聖産業週間」黒井千次」、至文堂編「国文学――解釈と鑑賞」一九七三年五月号、至文堂、九一―九二ページ
(18) 「聖産業週間」からの引用は前掲「文芸」一九六八年三月号による。以下、引用はページ数だけを明記する。
(19) 千賀正之「「私」はどこに……――黒井千次作品論」、批評文学会編「批評文学」第三号、大光社、一九七一年、八〇―八九ページ
(20) 黒井千次「可能性と現実性――ある創作方法論」(一九六三年)、『仮構と日常』河出書房新社、一九七一年、五三ページ
(21) 黒井千次「自己実現へのノート」(一九七〇年)、同書三一ページ
(22) 坂部恵『「ふれる」ことの哲学――人称的世界とその根底』岩波書店、一九八三年、三七ページ
(23) 傳田光洋『皮膚感覚と人間のこころ』(新潮選書)、新潮社、二〇一三年、一四三ページ
(24) 小久保実「内部の豊饒」、至文堂編「国文学――解釈と鑑賞」一九七七年九月号、至文堂、一三二―一三三ページ
(25) 前田愛「空間の文学へ」(一九七九―八〇年)、『都市空間のなかの文学』(ちくま学芸文庫)、筑摩

書房、一九九二年、五九五ページ

(26) 前掲「自己実現へのノート」三一ページ

(27) 松永澄夫「自分が書き込まれた地図を描く」、松永澄夫編『私というものの成立』所収、勁草書房、一九九四年、三〇―三二ページ

(28) 大久保典夫「時代背景と文学の様相――文学世代の台頭」、前掲「国文学――解釈と鑑賞」一九七七年九月号、一三ページ

(29) 柄谷行人は「内向の世代」で「内面への道」が「外界への道」に通じることを論じる。柄谷行人「内面への道と外界への道（上）」「東京新聞」一九七一年四月九日付

(30) 前掲「可能性と現実性」五六―五七ページ

(31) 黒井千次「あとがき」『時の鎖』新潮社、一九七〇年、二七二ページ

(32) 前掲「「私」はどこに……」八五ページ

(33) ほかに「時間」と「時の鎖」を比較した論考として、前掲「反歴史主義の文学」も参照。饗庭は、時間の「連続」のなかに「非連続」として立ち現れる空間を構築する小説実験について論じる。

(34) 前掲「内部の季節の豊穣」、菊池章一「現代小説の饒舌と寡黙――庄司薫、後藤明生、佐木隆三、黒井千次らの作品をめぐって」、新日本文学会編「新日本文学」一九七〇年一月号、新日本文学会、一四七―一五五ページ

(35) 前掲「現代小説の饒舌と寡黙」一五四―一五五ページ

(36) 一九三二年に東京市で生まれた黒井千次は、四四年八月、長野県下高井郡平穏村の上林温泉に集団疎開した。

(37) 黒井千次／高井有一／宮原昭夫「座談会　少年時代と戦争」、三田文学編集部編「三田文学」第二期、

一九七三年二月号、三田文学会、八ページ
(38) 山本武利/川崎賢子/十重田裕一/宗像和重編『占領期雑誌資料大系 文学編第四巻「戦後」的問題系と文学 1948・8—1949・12』(岩波書店、二〇一〇年、一五三ページ)によれば、長部舜二郎は黒井千次(本名は長部舜二郎)の筆名の一つである。
(39) 長部舜二郎「地図」「蛍雪時代」一九四八年十二月号、旺文社、五七ページ
(40) 黒井千次「サークル時評 非安保闘争的小説群」、新日本文学会編「新日本文学」一九六一年六月号、新日本文学会、二一八—二一九ページ
(41) 原善は、「自己の空位」を埋めるあり方を「過去の記憶の再現」に求める。原善「〈内向の世代〉の内部と外部——黒井千次と秦恒平」、至文堂編「国文学——解釈と鑑賞」二〇〇六年六月号、至文堂、三四—三六ページ
(42) 黒井千次「間隙と虚偽」(一九七一年)、『彼と僕と非現実』講談社、一九七三年、五六—五七ページ
(43)「少年たちの戦場」に関しては第6章「疎開体験者の特別な「一証言」——高井有一「少年たちの戦場」からいまを」を参照。
(44) 黒井千次/山崎正和「(対談) わが戦後体験」、『戦後体験——なんにもなかったあの頃、右のポッケに〝希望〟があった』(別冊人生読本)、河出書房新社、一九八一年、二四一ページ
(45) 同記事二四二ページ
(46) 毎日新聞社編『学童疎開——国民学校から青空教室まで』(「別冊1億人の昭和史」)、毎日新聞社、一九七七年、二五一—二六三ページ
(47) 前掲「間隙と虚偽」五七—五八ページ

(48) 一九六〇年代から七〇年代の疎開体験者による発言を俯瞰すれば、〈疎開派〉のように疎開体験を原体験あるいは原点に据えるものが少なくない。代表的なものに、長須祥行「原点としての戦中学童の体験」(「現代の眼」一九七〇年九月号、現代評論社)一六二―一七一ページ。

(49) 前掲「可能性と現実性」五八ページ

(50) 石原慎太助/木村徳三/高見順/堀田善衛/三島由紀夫/村上兵衛/吉行淳之介「座談会 戦前派・戦中派・戦後派」「文芸」一九五六年七月号、河出書房、四八―四九ページ

(51) 座談会に「戦後派」として呼ばれた石原は、「きょうの座談会は完全に局外者でね、お聴きしていて非常に詰まらないんですよ」と苦情を呈する。堀田はこのような石原に向けて、戦争体験の有無によって生じる世代間の「断絶」をつなぎとめなければならないという。世代論がそもそも世代間の「断絶」を否定しないものである観点からすれば、両者の齟齬は、むしろ世代論そのものの存在基盤を象徴するものだろう。

(52) 奥野建男は、黒井千次など「原風景を持たない」作家の世代が一九七〇年前後に登場したと論じる。ここでの「原風景」とは、「自己形成空間」として機能しうるものである。奥野の論に従えば、疎開体験を原体験にすることで「自己形成」を確信した〈疎開派〉には、疎開体験と結び付く「原風景」が存在することになる。奥野建男『文学における原風景――原っぱ・洞窟の幻想 増補版』集英社、一九八九年、五―三六ページ参照

(53) 阿部昭/黒井千次/後藤明生/坂上弘/古井由吉「座談会 現代作家の条件」「文芸」一九七〇年三月号、河出書房新社、一九一―一九二ページ

(54) 黒井は、集団疎開体験者である自分の役割を「観察者」「表現者」と規定している。前掲「間隙と虚偽」五九ページ

(55) 「時の鎖」からの引用は前掲「新潮」一九六九年十一月号による。以下、引用はページ数だけを明記する。
(56) 前掲「隙間と虚偽」五九―六三ページ
(57) 前田愛は、「空間の文学」が作り上げる幻想性を分析した。前掲「空間の文学へ」五五五―六二八ページ参照。ただし、「空間の文学」の空間性が浮かび上がる際に交差しながら介入する時間性を見逃してはならない。
(58) 秋山駿／阿部昭／黒井千次／後藤明生／坂上弘／吉井由吉「座談会 現代作家の課題」「文芸」一九七〇年九月号、河出書房新社、二五七―二五八ページ
(59) クラウディア・ベンティーン『皮膚――文学史・身体イメージ・境界のディスクール』田邊玲子訳、法政大学出版局、二〇一四年、一七ページ
(60) 前掲『皮膚感覚と人間のこころ』一四三ページ

第5章　「不確かな私」のために召喚される疎開体験
——高井有一「北の河」

1　「北の河」と他者の死

本章と第6章「疎開体験者の特別な「一証言」——高井有一「少年たちの戦場」からいまを」では高井有一を取り上げる。これまで、「内向の世代」が論じられるなかで高井が注目されることはそれほどなかったと思われる。まず本章では、「内向の世代」を考えるうえでの高井の存在感と役割を検討するものである。

高井有一「北の河」(「犀」一九六五年夏号、犀の会) は同年の「文学界」十一月号の「同人雑誌推薦作」に転載され、一九六六年の第五十四回芥川賞を受賞した。この小説は新人作として発表当時から高い評価を受け、高井の代表作として位置づけられている。江藤淳は、「これは空襲で家を焼かれ、遠縁を頼って東北の田舎に疎開した母子の生活を、子である当時一五歳の「私」の眼から描いた作品」で、「確実に接近して来る冬に脅えて精神に異常を来し、ついに投身自殺を遂げる[1]」母の物語と紹介している。この評以後、「北の河」に関する先行研究のほとんどは疎開先での母の死の真相をめぐって展開してきたといえる。

具体的には、まず母が自殺する真相を母の内面に求め、その原因を、すべてを喪失した絶望や虚無感のなか、さらに到来する北国の冬への恐怖[2]や空襲による平穏な生活の喪失[3]にみる論がある。一方で、母を取り巻く環境の変化に死の真相を求める論考も存在していて、作中の時代背景となる戦争が母の悲劇をもたらしたとするもの[4]や、なじめない場所での生活環境が、疎開する前まで山手地域の小市民的生活を送っていた母に死をもたらしたとする論考[5]がある。これらの先行研究を整理すれば、母の死の真相について母の内面的要因から究明を試みるものと、母の外部的要因から究明を試みるものという対照的な二つのアプローチがあるといえる。

高井も自認するとおり、この小説は実際の体験に基づいて書いたもので、私小説に近いといっていい[6]。少年高井が遭遇した不可解な体験としての母の死を、二十年たった時点で大人高井が記憶から掘り起こし、その謎を解くために書いた小説として論じられてきた、と先行研究の傾向を要約できる。「北の河」の基調をなしているのが母の死の物語であることは確かだ。しかし、「北の河」から母の死の真相が読み取れる、という仮定をそのまま信用していいのだろうか。

「北の河」から母の自殺の真相が究明できるという仮定の正否を検証するために、当時の高井が、他者の死の真相や原因に関してどのように考えていたかを確認したい。高井は「北の河」発表の同時期に、十九歳で自殺した少女の日記や書簡を集めた遺稿集『悲濤』[7]に対する書評で他者の死に関して以下のように述べる。

長ながと書いて来たが、私はここで、一人の不幸な少女の日記から、その死の原因を探らうとしたのではない。人一人が死ぬ原因など、死んだ事のない人間には、決して解る筈のないものであらう。しかし私は、人が死んで行くその歩みに眼が惹かれ、それを自分なりに考へてみる事から抜けられないでゐる。この感想もさうした所から生まれたものである。[8]

他者の死の真相や原因など、しょせん他者には「決して解る筈のないもの」であると語っている。また高井は母の死について、母の死を小説に書きたい、書かなくてはならないと思いながらも挫折を繰り返し、それが「北の河」として結実するまで十数年の歳月がかかったといい、その理由を、「私が体験の意味を正確に把めてゐなかつたといふ一事に尽きるだらう。現実にまともに向き合ふ勇気をなかなか持てなかつたせゐだ、とも言へるかも知れない[9]」と打ち明けている。

高井は、「北の河」に書いたような体験が「その後の私のものの考へ方、感じ方にさまざまな形で影を落としてゐる[10]」と述べている。母の死を、自分の「ものの考へ方、感じ方」に影響を与えたものとして、あくまで自分との関わりのなかで認識している点を見逃してはならない。つまり高井は、母の死そのものよりも、そのような他者の死が自分にもたらした影響のほうに創作の重点を置いているのである。母の死の前後の事情を私小説のように詳細に回想しているのは、過去の母の死をありのままに書き残し、その真相を究明するためではない。母の死を書いている現時点の「私」が、「その後の私のものの考へ方、感じ方」に影響を及ぼした母の死そのものを探索するために回想したのである。「北の河」で問題視すべきなのは、作中での母の死の真相の究明ではなく、過去の母の死という出来事を回想していることの意味ではないだろうか。

本章では、高井にとっての「北の河」創作の意味を問い直す。なぜ疎開先での母の死の記憶を召喚し、小説として書かなければならなかったかをめぐって、一九六〇年代から七〇年代の文学状況に鑑みながら論述する。この過程で、主に以下の二つの点について論じたい。第一は「北の河」からうかがえる「内向の世代」高井の特徴であり、第二は「内向の世代」高井にとっての疎開体験の意味である。

2　疎開派か、「内向の世代」か

「北の河」の分析に入る前に、高井の文学史での位置を確認しておきたい。高井は二つのカテゴリーのなかで説明されてきた。一つ目は、第3章で論じた〈疎開派〉である。宮原昭夫は、〈疎開派〉としての文学創作にとって「自己を追求する私小説精神は大事[11]」と述べている。高井は、〈疎開派〉と規定されることと関連して以下のように述べている。

世代論に従へば、私は疎開派の一人ださうである。疎開の小説を幾つか書いたから、さう呼ばれるのは身から出た錆みたいなものであるが、たつたそれだけの言葉で、何か解つたやうな顔をされるのは、あまり愉快なものではない。[12]

引用にみるように高井は、自らを〈疎開派〉として位置づけることに対して違和感を表明した。〈疎開派〉が、昭和一桁生まれの世代に共通する戦争体験、特にその核となる疎開体験を、社会に向けて積極的に訴えかけながら登場したのに対して、高井はそのような自己主張にくみしていない。

二つ目のカテゴリーは「内向の世代」である。現在では高井は「内向の世代」の一員として当然のように扱われているが、実は「内向の世代」と命名された当初からそうだったわけではない。「内向の世代」の命名者である小田切秀雄は、「作家では古井由吉、後藤明生、黒井千次、阿部昭、柏原兵三、小川国夫その他、批評家では川村二郎、秋山駿、入江隆則、饗庭孝男、森川達也、柄谷行人そのほか[13]」と明確に名指しているが、ここに高井は含まれていない。小田切は別の文章で、第一次戦後派から五番目の文学的世代に小田実や高橋和巳とともに高井有一を挙げ[14]、次の六番目の世代を「内向の世代」としている。高橋や小田が「内向の世代」として扱われることはその後も決してない。

作家たちが自ら外部との関係を断ち切り、身近な日常の問題だけに没頭するような一九七〇年前後の傾向を糾弾するためになされたのが「内向の世代」という規定だった。ここで考えたいのは小田切による規定の是非ではない。そもそも「内向の世代」としてくくられていなかった高井有一が、なぜ現在ではその一員として受け止められているのかという点である。

高井は、後藤明生、古井由吉、そして第9章「疎開を読み替える——戦争体験、〈田舎と都会〉、そして坂上弘」で論じる坂上弘などとともに一九七七年に雑誌「文体」（平凡社、一九七七─八〇年）を発刊した。「文体」に関しては詳しく述べないが、「内向の世代」の後藤や古井とともに新たな雑誌の発刊に踏み出したという事実は、彼らの共通の問題意識と時代性を傍証しているだろう。七〇年前後の文壇の主流を形成していた「内向の世代」の特質を高井も有していて、それをほかの「内向の世代」作家たちが承認して「文体」の発刊に至ったといえる。〈疎開派〉に入れられることに違和感を示した高井は、自ら「内向の世代」の一人になっていったのである。

第4章で確認した「内向の世代」の規定をめぐる多様な言説を再び参照しながら、「内向の世代」としての高井の位置づけを確認しよう。小田切による「内向の世代」という命名を促したと思われる評論は、同じく「東京新聞」に掲載された、饗庭孝男「「ハイマートロス世代」の文学」[15]である。饗庭は「座談会 現代作家の条件」[16]（出席者は阿部昭、黒井千次、後藤明生、坂上弘、古井由吉）に触れながら、彼らを「帰るべき精神的故郷を喪った」「ハイマートロス世代」と規定し、その文学的特徴を「「私」の崩壊からの出発のための孤独な営為」にあるとしている。ここで注目すべき点は、新たな文学的特徴を有する作家群を、世代的な集まりとして規定している点である。「内向の世代」と命名した小田切も共通した認識を有していたといえるだろう。このような規定の仕方が特異なのは、その一段階前の「第三の新人」という命名と比較すれば一目瞭然である。饗庭や小田

―座談会―

現代作家の条件

出席者

阿部昭
黒井千次
後藤明生
坂上弘
古井由吉

阿部昭氏

社会的契機と個的な契機

編集部　戦後、作家が登場してくるケースを考えてみますと、俗に第一次戦後派といわれる作家群がその前の時代の文学を批判すると共に新しい文学理念をもって登場し、次に第三の新人といわれる作家たちがそのアンチテーゼといいますか、また別の文学理念をもって登場してくるということがあったと思います。そのあと純正アプレゲールの代表のような形で、石原慎太郎、開高健、大江健三郎というような方々が、やはり戦後世代の文学的主張をもって登場してこられたし、それを受け入れる側でもそういう問題意識をもって受け入れるというようなことがあったのではないかと思うわけです。こういうふうに外側から概括してしまうのは乱暴かもわかりませんが、いずれの場合も、何かその文学的主張といったようなものが、客観的に流通しているような感じがあったような気がします。

今日、ここにご出席いただいた方々は、いま文芸ジャーナリズムの上で大変活発な自立的な作品活動をされていて、実質的に日本文学の一部を背負っておられるように思いますが、どうも先ほど申上げたような文学的主張が普遍的に流通している面が弱いという印象をうけるわけです。それは一つには、時代との関連もありましょうが、ここにお出でになる方々は、会社勤めその他で生活を必然的に引き受けるということがあって、そのことが、作家としての自己のパブリックな立場を確認するということより、ひとりひとりの場所でコツコツと小説を書くというような方向に向っていかざるを得ないということがありはしないか、というふうにも思うわけです。そのことは結局、今までの人たちとは違う新しい作家像をイメージとしてお持ちになっているからではないか、という気もします。ちょっと挑発的に申し上げましたが、この文学外の問題に現代文学の重要な問題が隠されているように思いますので、まず、自分たちを客観的にどのように位置づけていられるか、うかがいたいと思います。

後藤　結局作品が世のなかに出るということですね。つまり、読まれるということの契機になるものですね。いま司会者が述べられた戦後の作家について言えば、第一次戦後派と第三の新人というのは、代表的なひとつのグループになっているわけですけれども、その出かたはわりと、社会的契機というものがはっきりしているわけですね。開高、石原、大江の三氏を見た場合も、社会的な契機というのは、はっきりしていると思うのです。だから個人的な契機によって、作品が世のなかに出るということは、ほんとうはあり得ないのだと僕は思うのです。やはり社会的なものがなければ、作品は表には出ないわけですね。それが僕らの場合は、非常に曖昧だということですね。にもかかわらず作品ははすでに出ているわけですね。だからほんとうは、社会的な契機がなければ出ないはずのものが、個

黒井千次氏　坂上弘氏　古井由吉氏　後藤明生氏

180

181　現代作家の条件

図11　阿部昭／黒井千次／後藤明生／坂上弘／古井由吉「座談会 現代作家の条件」「文芸」1970年3月号、河出書房新社、180―181ページ

切が俎上に載せている新人作家たちにはある種の世代的共通性が文学的特徴としてにじみ出ている、という共通認識があった。

　このような思潮を「脱イデオロギー」的「内向性」として警告しようとしたのが小田切だが、これに対して反論を展開したのが柄谷行人である。「内面への道と外界への道」[17]で柄谷は、小田切が指摘するような「内向性」が、単なる「自閉性」を意味するのではなく「実生活」に対して「リアリスティック」な「内面への道」を通じて、「外界への道」を切り開こうとする「方法的懐疑」によるものだと主張している。新しい世代による「内向性」を新しい試みとして評価しようとしたわけだが、ここで柄谷は、急激に変貌しつつある高度経済成長期の社会

という外部の「分かりにくさ」と正面から向かい合うため、社会すなわち外部を観察し、認識する主体としての「私」の「自己同一性」そのものが、彼らには疑わしく不安なものと感じられざるをえないと述べる。このような「内向の世代」の「私」をめぐる議論はその後も続き、上田三四二は「不確かな「私」をいぶかる声はこの文学世代に共通のものである[18]」と述べる。「私」の不安定性という「内向の世代」の特徴に関しては、「内向の世代」の作家自身も認めている。第4章で考察した黒井千次は、「座談会 現代作家の課題」（出席者は「現代作家の条件」出席者と秋山駿）で、「外界と内側の区分」がだんだん薄くなってくるような感覚が自分たちのリアルな「状況」ではないかと提言し、「外界が自分のなかにしみ込んでくるという感じが強くなっている[19]」と述べている。「外界」と明確に区分されているはずの「自分」の「内側」、つまり、「私」のなかに「外界」が染み込んでくるような事態は、認識主体「私」と認識対象「外界」との境界線が曖昧になり、外部を認識する「私」の「崩壊」（饗庭孝男）を導きかねない。つまり、「私」そのものが「不確かな私」（上田三四二）として認識されるようになる可能性を内包している。黒井の発言から、「内向の世代」の作家自身も、評論家によって導出された「不確かな私」という問題意識を共有していたことがうかがえる。黒井の「不確かな私」という問題は、「自己の空位」として導出できるものである。

用いる言葉は多様だが、「内向の世代」の「不確かな私」という問題は、批評家や作家が共有していた問題意識だった。その「不確かな私」の問題に、小説でもって取り組んだ新しい文学世代が「内向の世代」であるという認識を前提とするなら、そのような問題は高井有一の場合、どのように展開されているのだろうか。

3 「内向の世代」文学の「北の河」

前述したとおり、「北の河」に関する先行研究では作中の母の死の真相や原因をめぐっての論考が中心だった。そこで見落とされているのは「北の河」での回想による語りのはたらきである。「北の河」では記憶の召喚がどのようにおこなわれ、それが「内向の世代」文学の特徴としてどのように位置づけられるのかを検討する必要がある。

まず、回想による語りの特徴を示している箇所を引用する。

この時代から現在まで二十年が過ぎてゐる。しかし、それだけの時が過ぎて、私には東北の半歳が私に刻みつけたものが何であるのか、正確には判らない。ただ判るのは、体験が時間に洗はれてより鮮明に私の心に重く腰を据ゑてゐる事だけである。二十年の間に私は、母の死後私を引取ってくれた母方の祖父の死を始め、遺ったものの孤独を思ひ知る出来事に出会ったが、さういふ経験の度毎に母の死で終わった東北の生活の記憶が甦って、新しいものへ涙を流させなかった。かうした或いは人は強さと感じるかも知れぬ心の動きを、私は時に肌寒く思ふ事がある。
（七ページ）[20]

回想した母の死という事件の経緯をそのまま物語にするのではなく、そのような母の死を回想する主体「私」の存在を浮き彫りにした書き方であることが確認できる。「私」の関心は、「東北の半歳が私に刻みつけたもの」「体験が時間に洗はれてより鮮明に私の心に重く腰を据ゑてゐる事」にある。もし語り手が母の死の真相の究明に取り組んでいたならば、「東北の半歳」が、「私」にではなく、「母」に「刻みつけたもの」について書こうとしただろう。

父の死から疎開までの二年間、母は新しい境遇で、息子と二人きりではあるが前向きに生活していこうと決心していた。しかし、一九四五年四月十三日の空襲で生活の拠点だった家を丸ごと焼失してしまう。赤の他人に等しい東北の縁故に頼って死んだ夫の故郷への疎開を敢行する母だが、このような母の常に「怯える心」を当時の「私」は理解していなかったと書いている。「私」は、疎開時代に母のこしらえてくれた「この地方で焼き結びと呼ぶ焼いた握飯」をかじっている「私の姿」を思い浮かべながら、「母の影の色濃く蔽はれて鬱屈してゐた自分の気持の現はれを見るやうな気がする」（一四ページ）と語っている。ここで「見る」目線が向かうところは、母のほうではなく、

図12　高井有一『北の河』文藝春秋、1966年、カバー

「自分の姿」や「自分の気持」である。

疎開先での六カ月にわたる生活について母の死の経緯を中心に精密に書いているようでありながら、実は書かれている事件にとって現在だけでなく、そこから連想されるそれ以前の過去や未来の出来事も接続していて、物語が時系列に沿って想起されて書いてあるわけではない。書き手の実際の体験に基づいて書かれた、いわば単純な私小説のように読まれがちであるものの、物語の構造は母の死を中心点とし、それより過去のことや未来のことが語り手によって呼び出され、その求心点に向かって凝縮させられるように再配置されているのである。

河で洗はれてゐる馬を見ながら話した時、母が何かを独りで考へてゐるのに気付いて以来、私は意識して母を観るやうになって行った。母は、私がそれまで疑ひなく信じてゐたやうな私と総てを解り合ってゐる存在では決してないのを、私は初めて感じたのである。これに似た体験は、少年期から抜け出ようとする年代に誰でもが持つものかも知れないが、私の場合、当時の母の心理の状態が、他の人と大きく異ったものを齎したに違ひないと私は思ふ。後年、大学へ通ふ頃になって、私は、まだ両親が健在でゐる友人が親について話すのを聞いた時、その表面は皮肉さうな言葉の裏に彼の甘えを読み取って、秘かに蔑みを抱いた覚えがある。

（一一ページ）

母の死からみれば未来のことでありながら、語りの時点よりは過去のことになる「大学へ通ふ頃」の出来事を連想し、その出来事は「私と総てを解り合ってゐる存在では決してない」死ぬ前の母に関する回想へ収斂している。ここでは、そもそも母の死と直接的な関係を結んでいない出来事に対して、母の死との新たな関係づけが「私」によって施されている。このような記憶の再配置を通じて、かつての母の死という事件そのものではなく、「私と総てを解り合ってゐる存在では決してない」他者としての母の死を経験した十五歳の「私」と、その十五歳の「私」を回想している語りの現在の「私」が、どのように母の死を体験し、どのようにその体験を内面化してきたかを振り返っている。

「北の河」の主題は、単なる母の死の記録ではなく、語り手＝書き手、すなわち両者の背後に居座っている高井有一にとっての母の死、と書き直さなければならないだろう。とはいえ、小説のなかで母の死が「私」に与えた影響が具体的に提示されているわけではない。前述したように、語りの現在の「私」については「その後の私のものの考へ方、感じ方にさまざまな形で影を落としてゐる」くらいの記述しか見当たらない。これは「ものの考へ方、感じ方」に影響を与えてはいるものの、その影響が具体的にどのような作用と内容をもつものなのか、いまだ「私」にとっても不明だからではないだろうか。

「体験の意味を正確に把めてゐなかつた」ために完成まで十数年の歳月がかかった小説である点に関してはすでに述べたが、かといって「北の河」の完成をもって「体験の意味」を正確に捉えたというわけではない。「私と総てを解り合ってゐる存在では決してない」他者としての母が、「私」にとっての他者のまま死んでいくまでの経緯が描かれる。先行研究での母の死の真相が隠されているという仮定は、このわからなさに答えを与えようとするものといえる。しかし、母の死の真相はそもそも「私」にとっても「ものの考へ方、感じ方」への影響があったということ以上にはわからないもので、そのわからなさをわからないまま形象化した小説が「北の河」なのだ。高井にとって母の死は、前述の『悲濤』に対する書評からみられるように、決してわからない他者の死そのものとして認識されている。

大学にゐる頃から、私は何度も母を小説に書かうとして容易に果たさなかつた。余計な事にばかり筆を費やして、死のところまでたどり着けなかつたのである。やうやく書き上げたのは、死の年から数へて二十年後であつた。それだけの時間が、必然であつたのかどうか判らない。これを書いてしまはなくては先へ行けないと考へてゐたのは事実だが、書いた事がカタルシスになつたわけではない。(21)

この引用からは、「北の河」は母の死を書き上げるための作品だったことがうかがえるが、「これを書いてしまはなくては先へ行けない」という心情を披瀝している部分に注目したい。「北の河」の導入部は、三日前に行方不明になった母の遺骸が、町を貫いて流れる河の中州で発見された際の、語り手の内面描写から始まる。結末は、「胎児のような形で棺に納まった」母との「お別れ」の儀式である。

物語の始まりと終わりが母の死によって縁取られているわけだが、両者の詳細は非常に対照的である。導入部では「私」に母の死が人から通報されるだけで、「私」にとって、抽象的でわからない出来事としてしか書かれていない。しかし、結末の母の死は、「無漸に傷ついた」遺骸の描写を通じて提示される。母の遺骸を見た「私」は、「母は確実に死んで私の足許にゐる」(一九ページ)と述懐する。導入部では抽象的だった母の死が、遺骸の物質性と身体性をもって「私」の前に提示される。けれども、物質性を有する遺骸と向かい合う「私」が、ここで母の死の真相を理解することは決してない。ただ、母の死そのものが遺骸を通じて体現されているだけである。つまり、小説全体を通じて、母の死という事件は「私」にとって一貫してわからないままだ。しかし高井は、わかろうとしてそれにこだわり続けるかぎり「先へ行けない」と考えた。「北の河」の執筆を通じて「先へ行け」た高井は、「その後の私のものの考へ方、感じ方にさまざまな形で影を落としてゐる」母の死そのものの重さを、ようやく確認することができた。

要するに、わからない体験としての母の死を小説化した結果、そのわからなさが語りの現在の「私」の不確かさの核心であるという認識に高井はたどりついたのではないだろうか。「北の河」が回想による語りを通じて母の死の詳細を描写していながら、そのような描写の到達点が「私」への影響だと確認できるのは、回想する現時点の「私」という主体が、高井によって疑われていたからではないだろうか。母の死という求心点に収斂する回想の構造は、回想の対象である母の死ではなく、回想の主体である「私」について考えるために構築されたものである。母の死を確認する「私」を「北の河」が形象化しようとしたのであれば、それはほかの「内向の世代」作家と同じく、第4章で説明した「自己の空位」という問題=「不確かな私」という問題を、高井も共有していたからにちがいない。なぜなら、「私」は母の死の回想を通じて「私のものの考へ方、感じ方」への影響を確認し、回想する時点の「私」を凝視しているからだ。母の死をめぐる「私」への影響関係を確認しなければならない理由は、回想する「私」が確固たる主体として立ち上がっておらず、「不確かな私」としてしか認識されていないからだ。

「北の河」が「内向の世代」の小説になりうるのは、作中で回想する主体＝「私」が語りの現在において「不確かな私」と向かい合う営みのなかで、疎開時代の過去を召喚しているからである。

4　戦争体験と「わだつみの声のない世代」

秋山駿は「内向の世代」文学の特徴を、「分からない」小説であるところに見いだし、そのような「分からない」文学として結晶化する時代的必然性を論じる。端的に言えば、「内向の世代」の小説のわからなさは、社会を語る既存の言葉への違和感と不信感から、抽象化されて断片化された一九七〇年前後の社会と現実、そしてそのなかで生きている作家自らの生を懐疑する姿勢と関係する。[22]

秋山駿の言葉に従ってここまでの論を確認すれば、母の死のわからなさは、抽象化されて断片化された社会と現実のなかにある、語りの現在の「不確かな私」を生み出したことになる。ここまで、「北の河」が回想による語りを導入して一九四五年秋の疎開先で体験した母の死を書いた小説であることを確認し、それが高井有一の「不確かな私」という問題によるものであることを明らかにした。さらにここからは、「不確かな私」というものが認識される際に抽象化されて断片化された社会と現実の問題が、高井の場合はどの局面から摘出できるのかを考えたい。

黒井千次は、自分にとって「世界は敗戦後からはじまったという認識[23]」が強いと主張している。このような認識と関連し、十代の学生の身分で戦後民主主義時代をくぐり抜けた「世代」として、「どこを軸に自分をつかまえていいかわからない」「「私」のなさ[24]」について述べる。第4章でも言及したように、「内向の世代」を考えるときには一九七〇年前後の彼らの問題意識や文学的方法論、小説の作法などの共通性が考察の中心になってきたが、彼らのほとんどが昭和一桁生まれの世代で、過去にある種の類似する戦争体験や社会体験を有していたという事実に関しては意外と考慮されていない[25]。戦争を空襲や疎開を通じて体験し、中学一年生前後の頃に敗戦を迎え、敗戦直後の焼け跡を見渡しながら登校し、四六年の六・三・三制の学制改革という社会変動を当事者として体験した世代が、黒井の世代であり高井の世代である。高井と黒井は二人とも三二年生まれで、疎開体験（黒井は学童集団疎開だけ、高井は学童集団疎開と縁故疎開）を有している。

黒井の「世界は敗戦後からはじまった」という世代的認識は、彼にとって現実世界が、実際に「敗戦後」から始まった、ということを必ずしも意味しない。認識対象としての「世界」は「敗戦」以前にもちろんすでに存在するが、彼にとっての外部としての社会に対する認識の時間的起点が「敗戦後」にあると語っているのだ。「私」における外部「世界」への認識の起点として「敗戦後」を語ることで、「敗戦後」以前の「世界」、つまり戦時期や戦前と呼ばれるような「世界」を黒井が否定しているわけではないのだ。抽象化され断片化された「敗戦後」の社会と現実を小説で書く「内向の世代」だが、彼らが題材としてきたのは少年期の空襲体験（古井由吉）、引き揚げまでの朝鮮半島での幼年期（後藤明生）や、海軍将校として参戦した父（阿部昭）、縁故疎開（柏原兵三）や学童集団疎開（黒井千次、高井有一）体験などで、むしろ「敗戦」前、あるいは「敗戦」直後に深く関わる体験や記憶を描く場合が決して少なくない。

「内向の世代」にとっての「敗戦」前後の体験、つまり戦争体験の意味を考えるためには、認識対象としての外部の「世界」に対する、彼らの認識の世代的な特徴を理解する必要がある。遠丸立は、「内向の世代」の原体験は戦争ではなく、戦後になってそれぞれが体験した諸事件にあると論じる。[26]しかしながら、彼らが書いている「敗戦後」の諸事件は、最終的には戦争に直接関わる体験までさかのぼっていく場合が少なくない点を忘れてはならない。一つだけ例を挙げよう。古井由吉「円陣を組む女たち」のなかで、春先の公園で円陣を組んでいた少女たちが喚起した幻想的なイメージが最終的に呼び起こす情景は、空から落下してくる焼夷弾や炎から少年だった主人公を守るために円陣を組んだ母たちの身体である。[27]

秋山駿は、「内向の世代」の特徴の一つに、「日常への非現実の世界の導入[28]」を指摘する。ここでの「非現実の世界」が、しばしば彼らの戦争体験を媒介に招喚されていることはきわめて重要である。抽象化され断片化された社会と現実を、日常性の場面をもってありのままに描いているようでありながらも、実は「非現実の世界」としての彼ら「固有」の戦争体験が、その社会と現実に混交しているのである。

上田三四二は「内向の世代」にとっての戦争体験の意味を論じ、高井有一の文学から「この世代によせる共苦の感情が切実に感じられる」といい、疎開地での母の死を「彼自身の固有の戦争体験[29]」と指摘する。ただし、高井が〈疎開派〉とくくられることを拒否したという事実を忘れてはならないだろう。高井は自らの疎開体験を「彼固有の戦争体験」としながらも、それが疎開体験世代の「固有の戦争体験」として拡大して一般化されるのを拒否した。「不確かな私」にとっての疎開体験は、第3章で論じた〈疎開派〉のように普遍化や思想化[30]が試みられうるものではない。その体験が何だったかわからないからだ。つまり、高井にとってのわからない「非現実の世界」は彼の戦争体験としての疎開体験ということになるのである。これを正確にいえば、彼の戦時期の体験としての疎開体験とすべきだろう。第2章で論じたような一元化された「証言」に自らの体験が編入されるのを高井は拒否したともいえる。いうまでもなく、第4章で論じたように黒井千次も同様である。

高井にとっての「非現実の世界」としての戦争体験は、一九七〇年前後の時点での同世代的な外部認識とどのような関連があるのだろうか。高井とともに「犀」同人で「内向の世代」の作家として扱われることもある佐江衆一（一九三四年生まれ）は、「ぼくら」の世代はベトナム戦争が象徴する現実の「戦争とか貧困」に「危機感」を感じることができず、「平和への希望は存在しても、真理は存在しない」と述べている。「現実」に「主体的にかかわっている」ようにみえる、彼より上の世代の兵藤正之助（一九一九年生まれ）が出した批判への反論として書いた文章で佐江は、疎開で戦争を経験した世代、それに続く戦争を知らない世代にとって、兵藤の世代が当然視して疑わない主体、戦争や戦争体験に対する自覚的で能動的な関わりを可能にする主体そのものが危うく感じられ、このような「人間の内面の危機を日常性の中でさぐり出さねばならない[31]」ことが自らの使命だ、と述べる。上の世代が紡ぐ既存の言葉への違和感と不信感（秋山駿）を佐江は表明しているといえるだろう。

この論争は、前述した「東京新聞」紙上の「内向の世代」論争の核心を先取りしていると思われる。だがここで重要なのは、認識主体「私」の外部状況であり、認識対象となる戦争と戦争体験との距離が、世代的な共通体験に基づいて、上の世代と比較して問い直されているという点である。佐江や高井のような疎開体験者が提出した、自明化されてきた戦争体験に対する問い直しという作業は、「〝わだつみの声〟のない世代[32]」という言葉に端的に表れている。「わだつみの声の世代」による言葉を疑わずに受け入れ、それに基づいて自らの疎開体験を既存の言葉で思想化しようとしたのが〈疎開派〉であるならば、高井は自らを「わだつみの声のない世代」に属するとし、戦争体験に関する上の世代の言葉を疑い、言葉どおりの「彼固有の戦争体験」を語る言葉を紡ぎ出そうとしたのである。

高井は、戦争という言葉を聞くと疎開した半年のことを思い出すといい、日常の普通の考えの裏から疎開体験が「原体験」といえるほどににじみ出ていることを認めながらも、「あの時代とは縁を切りたい[33]」と宣言している。自分より上の世代がもっていた、日常感覚としての戦争に対する近接した距離感と比較して考えてみると、母の死を小説で書かないかぎり先へ進めない「不確かな私」は、いわば戦争に対する距離のとり方の問題から導出されるものだといえる。戦争に対する距離のとり方をめぐる言説、とりわけ「わだつみの声の世代」が提出しているような、外部状況としての戦争に密着している言葉への違和感や不信感から、高井はその現実に対する「非現実の世界」としての、彼個人の戦時期の体験としての疎開体験、疎開地での母の死を召喚しなければならなかったのではないだろうか。

5 「私」の疎開体験を凝視する

「北の河」が縁故疎開での体験に基づいて書いたものであるのに対して、高井有一には自らの集団疎開体験に基づいて書いた別の小説「少年たちの戦場」がある。この小説でも回想される疎開体験という語りは「北の河」と変わらず、集団疎開体験という戦争体験を「非現実の世界」として召喚している。戦争体験をめぐって、現実の「私」の内的葛藤、過去の体験そのものを問い直すと同時にその問い直しをおこなう主体と疎開体験との齟齬、「不確かな私」にとっての「固有の戦争体験」の伝達(不)可能性という問題が、「北の河」よりも鮮明に描かれている。「少年たちの戦場」は、戦争に対する距離のとり方の問題として導出される「不確かな私」というテーゼに、「北の河」よりも一層先鋭な思考と文学的方法論をもって取り組んだ小説である。高井の「不確かな私」という問題が戦争体験や疎開体験と深く関わっていることが端的に示されているといえるだろう。「少年たちの戦場」に関しては第6章で考察する。

外部状況としての戦争に対して主体的に関わりをもつことができない「不確かな私」は、疎開体験という「非現実の世界」を現実に導入することで「私」の「不確か」さを確かめようとする。これが「内向の世代」高井の文学的特徴である。現実の「不確かな私」を内省するために、疎開先での母の死という戦時期の体験を召喚した小説が「北の河」である。高井にとっての戦争体験は、わからない母の死としての「非現実の世界」だが、そこにわからなさがつきまとっているかぎり、例えば〈疎開派〉がおこなったような確固たる主体性に基づく体験の思想化の契機は訪れないだろう。その意味で高井にとって疎開体験は、「われら」疎開世代の戦争体験ではなく、一個人の戦争体験である。しかも、本人さえその体験の意味をめぐって悪戦苦闘を繰り返す、「私」の戦争体験である。その場合の「私」は、「われら」を主語とする総合化と一般化を常に相対化する。

注

(1) 江藤淳「文芸時評（下）」「朝日新聞」一九六五年十一月二十七日付
(2) 高橋一成「『北の河』の世界——亡き母への鎮魂歌」「秋田風土文学」第六号、秋田風土文学会、一九八五年、一九—二六ページ
(3) 小林八重子「「北の河」からの歳月」、日本民主主義文学会編「民主文学」二〇〇五年十一月号、日本民主主義文学会、一一八—一二七ページ
(4) 平瀬誠一「高井有一「北の河」」、日本民主主義文学会編「民主文学」二〇〇八年八月号、日本民主

主義文学会、一五二―一五七ページ
(5) 矢嶋直武「『北の河』論」、日本民主主義文学学会「民主文学」一九七三年十二月号、日本民主主義文学会、八八―九九ページ
(6) 高井有一「八月十五日の青い空」(一九九三年)、『昭和の歌 私の昭和』講談社、一九九六年、一一三ページ
(7) 福本まり子、福本正夫編『悲濤』(同和教育シリーズ)、部落問題研究所、一九六五年
(8) 高井有一「死へ行く道――「悲濤」を読む」「犀」一九六五年秋号、犀の会、二五ページ
(9) 高井有一「わが郷里」(二〇〇三年)、『夢か現か』筑摩書房、二〇〇六年、三三―三四ページ
(10) 高井有一「死ぬ者は死に、生きるものは生きる――あとがきに代えて」『作家の生き死』角川書店、一九九七年、二六二ページ
(11) 宮原昭夫「疎開派の精神追求」「読売新聞」一九六八年五月五日付
(12) 高井有一「芸談」(一九六九年)、『観察者の力』筑摩書房、一九七七年、一五ページ
(13) 小田切秀雄「現代文学の争点(上)」「東京新聞」一九七一年五月六日付
(14) 小田切秀雄「衛生無害のニヒリズム」、キアラの会編「風景」一九七一年十月号、悠々会、一〇ページ
(15) 前掲「ハイマートロス世代の文学(上・下)」
(16) 前掲「座談会 現代作家の条件」一八〇―二〇四ページ
(17) 柄谷行人「内面への道と外界への道(上・下)」「東京新聞」一九七一年四月九・十日付
(18) 前掲「「内向の世代」考」二四三ページ
(19) 前掲「座談会 現代作家の課題」二五七―二五八ページ

(20)「北の河」からの引用は前掲「犀」一九六五年夏号による。以下、引用はページ数だけを明記する。
(21)高井有一「霙と桜」(一九七五年)、前掲『観察者の力』六四ページ
(22)秋山駿「後藤明生「挟み撃ち」――内向の世代の文学とは何か」、朝日新聞社編「朝日ジャーナル」一九七四年二月八日号、朝日新聞社、五五―五七ページ
(23)前掲「座談会 現代作家の課題」二五八ページ
(24)同記事一九一―一九二ページ
(25)福間良明は「総力戦体制による戦争遂行は、世代による経験の決定的な相違を生み出す」といい、「世代の力学」を考える必要性を論じる。前掲「「戦争」をめぐる言説変容」一八六―一九二ページ参照
(26)遠丸立「内向の世代と『文体』」、前掲「国文学――解釈と鑑賞」一九七八年八月号、一一二―一一八ページ
(27)古井由吉『円陣を組む女たち』(一九六九年)、中央公論社、一九七〇年、一〇六―一〇八ページ
(28)松原新一/磯田光一/秋山駿『改訂増補版 戦後日本文学史・年表』講談社、一九七九年、四二二―四二三ページ
(29)上田三四二「高井有一 人と文学」、『柏原兵三・坂上弘・高井有一・古山高麗雄集』(「筑摩現代文学大系」第九十四巻)所収、筑摩書房、一九七七年、四九四―四九五ページ
(30)〈疎開派〉を代表するゆりはじめは、戦時期の「日本的な思想的出来事」として「特別攻撃隊」と「疎開に象徴されるような銃後の皆兵化」を併置し、戦争体験としての疎開体験の思想的意味を論じる。前掲『疎開の思想――銃後の小さな魂は何を見たか』九―二二ページ
(31)兵藤正之助「内面的な危機感への疑問」、佐江衆一「平和な時代への挑戦」。両方とも「犀」一九六

五年夏号、犀の会、七六―七八ページ

(32) 森本修一「〝わだつみの声〟のない世代より」(「短歌」一九六六年八月号、角川書店、五〇―六一ページ)での具体的な世代主張は以下のとおりである。「我々昭和五六七八九年頃に生まれた者は、学徒動員で戦場に駆り出され、傷つき、友を失った世代(わだつみの声の世代)と違って、戦争によってほとんど何らの傷を受けていない。我々にあるのは疎開・分列行進・防火訓練のような断片的想い出で、よく言われる学制の代わりめによって受けた学力低下や栄養失調による身長の伸びなかった事などは大した被害とも思われない」。高井はこの文章に共感したと述懐する。高井有一「戦後の明暗」(一九九三年)、前掲『昭和の歌 私の昭和』一一四―一一五ページ

(33) 高井有一「長過ぎた半年」(一九六八年)、前掲『観察者の力』一二九、一三〇ページ

第6章　疎開体験者の特別な「二証言」
——高井有一「少年たちの戦場」からいまを

1　想像力を動かす余地がない小説

高井有一は「北の河」発表の二年後の一九六七年に、学童集団疎開を素材にした長篇「少年たちの戦場」を「文学界」一九六七年十一月号（文藝春秋）に発表した。高井は四五年一月から三月末にかけて、二カ月程度の学童集団疎開を体験した。彼の体験は本人いわくほかの学寮に比べれば恵まれた環境で、期間自体も長いほうではなかった。[1] しかし、学童集団疎開体験によって「集団というものへの抜き難い嫌悪」[2]を抱くようになったとも述べている。

「少年たちの戦場」は、作中で語りの視点と時点が移動することによって学童集団疎開体験を重層的に書いた小説である。学童集団疎開のときの出来事を当時の疎開児童の語りを通じて描きながら、同じ出来事を引率教員の日記を通じて語る、という構成になっている。同一の事項を複数の視点によって書くような構成である。しかも、集団疎開から二十二年がたった一九六七年の、疎開児童が大人になっている作中の現時点の出来事も挿入されている。これは、学童集団疎開にまつわる多様な事柄を当事者である児童の視点だけに頼って語るような構成を、この小説は採用していないことを意味する。

発表当時の評論では、この小説の特異な構成に対する評価は否定的だった。小田切秀雄は「少年たち自身の印象や観察、教師の側の観察や意見、それから二十年後の現在、というように三つの次元を組み合わせながら進行させるという構成上のくふうをこしらえている」[3]という点に注目し、結論として「状況との鋭い緊張関係に進み入るか陥るかするだけの力をそなえていないと、小説としてはぐあいが悪い。その点を考え直す必要があった」[4]と述べている。[5]小島信夫はこの小説の構成上の特徴に対して「五代先生のあれ〔日記：引用者注〕があまり生きませんね」[6]といい、疎開当時のことと教師の日記が「両方書いてあるからかえって印象がうすく」なり、それによって読者は「想像力を動かす余地がなくなる」[7]と手厳しい批判をしている。はたしてこの小説は、読者が「想像力を動かす」ことを妨げる小説なのだろうか。

本章では、少国民世代の戦争体験とされる学童集団疎開を小説化した「少年たちの戦場」を取り上げる。高井が学童集団疎開体験者である点を念頭に置きながら、この小説の視点・時点の移動に着目し、その効果を解析する。そのうえで、「少年たちの戦場」にみられる高井の問題意識が二〇〇〇年代以降の現代にどのような可能性をもちえているのかを見届け、「想像力を動かす余地」に対する評価を再提出したい。

2　加害者を抱き締めて──視点の移動

自らも少国民世代であり、少国民という特異な世代に関する著述を幅広く展開した山中恒は、前掲『欲シガリマセン勝ツマデハ』で学童疎開についての史料と資料を網羅し、学童集団疎開とは何であったかを突き詰める。学童集団疎開での参加児童と教師の関係に対して山中は次のように書いている。

教師たちが、自分たちもまた被害者であったと回想したがる心情は、理解できる。しかし、食事の補充もできず、助けを求めようにも手紙は検閲され、小包は没収され、脱走もできず、ひたすら空腹に耐えながら、教師の行う〈皇国民の錬成〉を受け続けた子どもたちと、同列で被害者の席へ着くことはゆるされないだろう。[8]

「一種の「強制受容所」」体験、「兵営国家」の縮図」体験[9]と見なされた学童集団疎開について語る際、その直接的な実施対象であり引率される立場である「子どもたち」と、国家政策としての疎開政策に従って児童たちを引率する立場だった「教師」とが「同列で被害者の席へ着くことはゆるされない」と、両者の間に境界線を明確に引いている。ここで「被害者」が被った「被害」とは、戦争状況によって実施された学童集団疎開による「被害」のことを指すだろう。そこで「教師」には「被害者の席」が「ゆるされない」というのだ。

戦争という状況下で政府によって急遽立案・実施された学童集団疎開はそもそも戦争という状況と切り離して考えることはできない。敵という相手と（暴力的な手段をもって）戦うことが戦争の本質である。ところで、被害者が存在するということは、その相手、つまり加害者も存在しなければならない。前述の引用文で山中恒は加害者については言及していない。しかし、もし学童集団疎開でそれに参加した「子どもたち」には「被害者の席へ着くこと」が「ゆるされ」ているのであれば、「子どもたち」を引率していた「教師」たちに与えられている「席」とは何だろうか。

細井：（略）疎開学童だった者がこの十八年間抱きつづけてきた傷をどう処理したらよいのか。この問題は、当の疎開に同行した教師たちが、それをどう受け止め、現在どう考えているのか、ということにつながります。だれかが責任を感じていなければならない。教師たちが、いかに不当だと思おうとも私たちはまず教師に疎開での責任を問う必要があるのです。[10]

前述の引用は学童集団疎開の参加者による座談会からのものである。この座談会の副題「しわよせさせられた戦争被害者　それは集団疎開の学童だ」からわかるように、当時の「子どもたち」は大人になってからも自分たちのことを「被害者」と主張する。「被害」に対する「責任」を問う相手は、当時の「子どもたち」を引率していた「教師」になっている。「私たちはまず教師に疎開での責任を問う必要がある」と訴える「被害者」の言葉が突き付ける責任は、「加害責任」にほかならない。大人になった当時の疎開児童によって戦争体験としての学童集団疎開が考えられる際、「被害者」＝「子ども」⇕「加害者」＝「教師」という図式が成立しているのがわかる。実のところ、少国民世代が学童疎開を語る際、学童集団疎開に参加させた側＝教師、対、学童集団疎開に参加させられた側＝自分たち（少国民）世代、という図式が疑われた痕跡はほとんどないといっていい。[11] これは疎開当時のことだけではない。

「われわれぢやなくて、そいつは君だけの感慨だらう」

まだ笑ひを消さずに瀬戸は言つた。

「生徒は俺たちばかりぢやないさ。先生は、俺たちには天皇の御稜威と尽忠報国を教へたけど、後の奴等には平和と民主主義を教へたんだらう。断つとくが、俺はその事を非難するんぢやないぜ。教師つていふのはさういふ職業だからな。ただ俺は、死んだ人の事を、あんまり大袈裟に考へるのは可笑しいつて言ふんだよ」

「さうか、それが、実際的な考へ方といふものかね。俺のは感傷か」

氷川は呟いた。彼の気持は白けてゐた。

（七〇ページ[12]）

学童集団疎開をした自分たちの引率教員だった五代先生の死をきっかけに、大人になった当時の子どもたちが葬式で遭遇する。「少年たちの戦場」の主人公である氷川は、教師に対する自分だけの感慨を友人たちに話して共感を得ようとする。しかし、彼の感慨はついにほかの友人と共有されない。「君だけの感慨だらう」と一蹴される。

だが前述の引用文は、少国民世代にとっての教師に対する敵愾心が、単に戦時中の出来事だけに基づくものではないということを暗示する。生まれたときには始まっていた戦争に対し疑いを入れることができず、戦時中には「天皇の御稜威と尽忠報国」という理念を「教へ」られるがままに信じ込んでいた少国民世代[13]にとって、戦争に負けるやいなや以前の軍国主義などなかったかのように「平和と民主主義」を「教へた」ということに対する不信感が「教師」にある。言い換えれば一九四五年八月十五日を境に正反対の内容を堂々と教えることができる大人の「教師」を目の当たりにした少国民世代にとって、「教師」に代表される大人世代を信じることはできない[14]。第3章で言及したように、これは〈疎開派〉世代の大人世代に対する不信感と通じるものである。

一九九六年に再版された『少年たちの戦場』に寄せた文章のなかで「この小説を時

図13　高井有一『少年たちの戦場』文藝春秋、1968年、カバー

代の一証言として、そっと差し出したい気持ちが私にはある」[15]と高井有一は言っている。学童集団疎開の当事者である高井は小説のなかで「教師」をどのように描いているのか。作中の設定が「私の周辺の事実を、ほぼそのままに写している」「少年たちの戦場」を「時代の一証言として」提出したという高井の「証言」の内実を、小説から読み取ってみよう。

人間同士はさう簡単にお互ひの内心にまで踏み込んで理解するわけには行かないのは、確かな事だらう。相手が子供でも、たとひ六年近く育てて来た教へ子でも、それは同じに違ひない。だが、今の私には、そんな一般論は気休めにすらなりはしない。（略）

彼が焼跡へ行つてみたいなどと、何時もの彼に似合はしくない奇妙な事を言ひ出した時には、涙ぐみさうになるのを抑へるに苦しんだ。さうした言葉でしか自分の感情を表現出来ない彼が哀れだつた。彼と向き合つていたのは、僅か二十分足らずに過ぎなかつたろう。彼が消えるやうに去つた後の疲労は重かつた。これから先、彼はどうなつて行くのだらう。どうなるにしても、私は、硝子戸の内側から表を見るやうに、離れた場所から見護つて行く以外の事は出来ないだらう。私は彼の親ではなく、教師にしか過ぎないからだ。

（六五―六六ページ）

空襲で家全体が焼失したという知らせを氷川に伝える五代先生の「私は彼の親ではなく、教師にしか過ぎない」という言葉は、教師としての責任を放棄したようにみえなくもない。五代先生は私的な時間と空間が一切許されない二十四時間の共同生活を営む集団疎開で、教え子たちの一挙手一投足に対してすべての責任をとらなければならないはずの引率教員である。そのような立場の彼が、「離れた場所から見護つて行く以外の事は出来ない」という思いを抱いた理由はどこにあるのか。

この巨大な戦争の時代に、個人の努力がどれだけの効果を持ち得るだらう。逃げ出した二人の子供にしても、個々の細かい理由はどうあれ、時代の重みに耐へられなかつたのではないか。（一〇二ページ）

氷川と三ツ池の「二人の子供」が疎開寮から脱走を試みたことに対して、五代先生は一時的には理性を失って振る舞うが、皇国錬成の教育者にふさわしい暴力的な体罰をするわけではない。かわりに、「巨大な戦争の時代」の「重みに耐へられなかつたのではないか」と思い、脱走の直接的な原因になる「細かい理由」を追及するより、疎開という事態をもたらした「戦争」というものについて先生は考える。「巨大な戦争の時代」の「重みに耐へられなかつた」ための行動だったのではないかと察する先生のありようは、山中恒らが論じた「皇国民の錬成」の担い手としての軍国主義の教師像とは異質である。学童疎開体験者である高井が「一証言」として書き出した「少年たちの戦場」で、「皇国民の錬成」を担当する「教師」が「証言」されているとは言い難い。

ではなぜ、高井有一は少国民世代の「教師」に対する共通認識とは重ならない教師像を描いたのだろうか。この作品について高井は、「教師も所詮は只の人間に過ぎないという」[16]「認識」を「自分のものにする」ことが、学童集団疎開体験によって「強制」されたといっている。『少年たちの戦場』に五代先生の日記が挿入されている点からすれば、高井が「差し出したい」「一証言」は高井本人のことといえる少国民世代についてのものだけではなく、「教師」についてのものも含まれていることになる。この小説は「巨大な戦争の時代」の「重みに耐へられなかつた」存在が、「被害者」の「子どもたち」だけだったのかどうか、さらに、学童集団疎開で子どもたちと生活をともにした「教師」の場合はどうだったのか、という点に関する読者の「想像力を動かす」力を内包しているのだ。

戦後、引率教員による学童集団疎開の記録は数多く公表された。引率教員による記録のなかで最もよく知られる浜館菊雄『浮雲教室』では、「当時は、子供達も教師も共に平常の精神状態ではなかったのであろう[17]」と述懐している。「子どもたち」だけではなく「教師」たちもまた「時代」の「重みに耐へられなかつた」ため、「平常の精神状態ではなかった」と浜館は述べる。このような述懐に対して加害者席に立たされた「教師」の責任免除を申し立てるのは、被害者席が用意されているる高井にとってたやすいことである。しかし、高井はあえて被害者の立場を放棄したかのようにみえなくもない。加害対被害という二項対立が最も極端かつ暴力的な局面でぶつかり合う事態が戦争であるならば、戦後、加害責任の追及に徹底する立場は、高井にとっては戦争が象徴するような状態が、戦後も維持されたままであることを意味するのではないだろうか。

高井は子どもの戦争体験とされる学童集団疎開を通じて、また少国民世代と呼ばれる一人として、被害や加害といった次元を超え、そのような対立構造を生み出す戦争そのものを見透かしているのではないだろうか。この点と関連し、二〇〇〇年代以後の高井について考えたい。

3　被害者の「二証言」──大義名分を捨てる

第1章で触れたように、学童集団疎開が実施された際に、疎開児童の引率教員に求められたのは結局、兵士と同じものだった。それを一言でいうと「戦争に参加すること」である。「耐へられなかつた」「時代の重み」は、誰しもが戦争体制に協力するように強いられる「時代の重み」だろう。少国民世代にとってのそれは、子どもを戦闘に配置するために実施された集団疎開に参加することであり、引率教員にとっては応召者同様の決意で学童たちを導くこととして負荷されただろう。引率教員だった浜館がいっているように、「子供達も教師も共に平常の精神状態ではなかった」「巨大な戦争の時代」に気おされ、引率教員である前に一人の個人として、あくまでも他人である生徒に対してどうすることもできない無力感が、五代先生の「離れた場所から見護つて行く以外の事は出来ない」という日記の言葉の底辺に漂っている。

一個人としての「教師」の無力感に敏感だった高井が提出した「二証言」は、「被害者」＝「子ども」⇕「加害者」＝「教師」という関係のような、少国民世代が訴えて一般化した二項対立の考え方によるものではない。「教師」の目を作品の構造に盛り込むことで、書いた出来事が一方の立場に偏って解釈されることを阻止するはたらきを含むものである。「この巨大な戦争の時代」のなかをくぐり抜けてきた個人一人ひとりの姿に目を向けているからこそ、「加害者」であるはずの

「教師」の「加害者」像に収まりきらない心情を描くことができたといえる。

では、なぜ高井はそのように着目できたのだろうか。

黒井：（略）十年くらい前に書いていたときというのは、そのころの教師がみんな敵みたいな感じが強くてね、何となく……（笑）。その当時の教師の年というのは、今のわれわれぐらいだったりなんかして、似たような年ごろでうろうろしているとすれば、また別の思い出みたいなものがその教師に対して出てくるものがあるでしょう。だからもっと複雑になっちゃうんですよ。(18)

黒井千次は、昔は「教師がみんな敵みたいな感じが」強かったといいながらも、大人になってみると「また別の思い出みたいなものがその教師に対して出てくるもの」で、「もっと複雑になっちゃう」と述べている。この発言は「少年たちの戦場」の氷川が五代先生を「敵」として考えることができなくなった理由を黒井が代弁しているといっていい。「教師も所詮は只の人間に過ぎないという」「認識」を、黒井ももつようになったのだろう。「教師に対して」の「別の思い出みたいなもの」が感じられる「少年たちの戦場」を高井有一に書かせた背景にあったものは何なのか。

高井：ぼくなんか、大義名分をまず捨てたところから出発したみたいな感じがあるな。

（略）

宮原：戦争の悲惨さとか、そうなると何となく安心して書けるというところがあるでしょう。
高井：だからおれは疎開派なんていうのはいやなんだよ。
宮原：ああ、なるほど、そういうことなんだな。
黒井：あれはやはり、一種の大義名分だからね。大義名分だしやはり一種の社会学的分析というのかな、そういう手続きを経て出てくるものだろうからね。[19]

（傍点は引用者）

第３章で論じたように、宮原照夫は〈疎開派〉として名乗った作家である。この座談会で高井は「疎開派なんていうのはいやや」だと強く表明し、「疎開派」という世代的な区切りは結局「一種の大義名分」であり「社会学的分析」的な「手続き」によるものだとして、それを拒否している。「大義名分をまず捨てたところから出発した」というのは、集団疎開体験を語る際に図式化されている「被害者」＝「子ども」⇔「加害者」＝「教師」という考え方を「まず捨てた」ということだろう。〈疎開派〉として名乗った作家や評論家たちに共通しているのは、戦時中の教育に対する強烈な告発意識だった。[20]子どもの立場に徹底することで自分たちの体験を特権化して「この世の地獄を見た」[21]と主張することなく、ともに戦争という状況に巻き込まれざるをえなかった存在である引率教員に代表される大人のまなざしも小説に描かなければ、「時代の一証言」としては成り立たないのではないかと高井は感じたのだろう。「大義名分をまず捨てるところから出発した」という宣言は、同時に「大義名分」にこだわることで生じる二項対立の陥穽を乗り越えようとした、とも解釈できる。

座談会
少年時代と戦争
高井有一
黒井千次
宮原昭夫
— 6 —
— 7 —

図14　高井有一／黒井千次／宮原昭夫「座談会 少年時代と戦争」、三田文学編集部編「三田文学」第2期、1973年2月号、三田文学会、6―7ページ

「この世の地獄を見た」と自己主張するような学童集団疎開をテーマにしたほかの小説とは異なり、もっぱら子どもの立場だけに寄り添って当時の出来事を描くのではなく、先生の日記を通じて先生の立場も読者にのぞかせる「少年たちの戦場」は、集団疎開に参加することによって「この世の地獄を見た」のがはたして子どもたちだけだったのかどうかをめぐって「想像力を動かす余地」を提供する。高井が差し出した「一証言」は、自分たちを被害者としてだけ認識して自己主張する少国民世代の立場を強調するものでは決してない。「内向の世代」である坂上弘の言葉を借りれば、「客観的な眼」「優しくも孤独な眼」(22)をもって学童集団疎開、自らの疎開体験を凝視したうえでの「一証言」なのだ。

　福間良明は戦争体験にまつわる世代的な区分、特に年少者による年長者に対しての加害責任追及について、「年長者への「加害」批判は、ある意味、自らが指弾されない安逸な位置にあることを前提にしたものでもあった[23]」と述べる。ここでの「安逸な位置」が高井が拒否している「大義名分」であることはいうまでもない。被害対加害の二項対立という、既成の考え方だけでは語り／語られえないことに対する「一証言」として、「少年たちの戦場」は価値を保っている。それは、「各々の記憶は、固有の基盤と固有の論理とをもち、そうした記憶のせめぎ合いの中から新しい記憶が形成される[24]」という、二〇〇〇年代以後の戦争の記憶に関する研究が提起する問題意識ともつながる。

4　現代につなげる——時点の移動

「少年たちの戦場」の構造のもう一つの特徴は、疎開当時の出来事だけが描かれているのではなく、疎開児童たちが大人になった作中の現時点の物語も挿入される点である。これに関して高井は「解説」で、「「昭和四十二年　冬」と題した章を立てたのは、死んだ教師の遺稿を検討する形で、物語を現代に繋げたかったからである[25]」と述べている。かつての疎開での引率教員だった五代先生とほぼ同じ年齢に達している疎開児童たちの現時点での物語が挿入されることは、「現代に繋げ」る効果をもっているのだろうか。以下、「物語を現代に繋げたかった」とされる部分について考えたい。

「ぼく等を受け持つてゐた頃、先生は、今のぼく等よりも、三つ四つ上の年配だつたと思ふんだ。まだ若かつたんだ。それに加へて、あんな酷い時代だつたから、先生は、ぼく等の担任をしてゐた間に、忘れられない体験をしたのぢやないかな。先生が死ぬ前に会ひたがつた教へ子といふのは、きつとぼく等の内の誰かだと思ふ。ぼく等と先生とは、さういふ風に関係づけられてゐるんだよ。それなのに、告別式に顔だけ出して後は知らん顔では、何よりも、われわれ自身にとつて淋しい事ぢやないのか」

（六九―七〇ページ）

一九六七年の氷川は、五代先生と「あんな酷い時代」を過ごした者同士として「関係づけられてゐる」と言っている。小説と同時代の、疎開当時の学童による集団疎開をめぐる「証言」の類いを見渡すかぎり、教師も自分たちと同一の「忘れられない体験をしたのぢやないか」とする例は、ないに等しい。「教師」に対してどのように敵愾心が噴出しているのかに関しては前述したとおりである。

だが「少年たちの戦場」での氷川は、五代先生に敵愾心を打ち出したりはしない。二十二年後の氷川は五代先生の日記を読むことで「自分の気持が何時になく和んでゐる」（六七ページ）と感じる。それは「古い日記に刻まれた五代の心の揺れ動き」、つまり一個人としての悩みに出合ったからではないだろうか。集団疎開寮で暮らす教え子たちの前では責任者として頼もしく振る舞わなければならなかった五代先生だったが、日記のなかの五代先生は「あんな酷い時代」にいつも「心の揺れ動き」に悩んでいた一個人にすぎなかった。「現代」の氷川は、「巨大な戦争の時代」のなかで学童集団疎開の引率教員としての「教師」ではない、つまり一個人としてもがいている五代先生と「日記」を通して出会ったのである。

先生の日記に出て来る悩みにしてからが、今になつてみると、あの異常な時代に影響された平静でない感じ方の上に立つてゐるとしか思へない部分が相当ある。子供だつた俺たちにしたつて、形に現さないだけで、それと同じ感じ方をしてたに違ひないんだ。俺は、いや、俺ばかりぢやなく皆だらうが、そんな事はすつかり忘れちまつて、暢気に暮らしてるけども、根本の深い所では、あの時代に作られた感受性なり、意識なりが、そのまま腰を据ゑてゐるやうな気がして仕方がない。尤も、これを人に言へば、埒もない事だつて嗤はれるだらうけどね。俺だつて、ついこの間までは、こんな風に考へてもみなかつたんだから。（一〇三―一〇四ページ）

五代先生の日記を読むことによって、氷川は一個人としての五代先生が抱えた悩みに近寄っていく。重要なのは、当時の五代先生の立場に共感を寄せて「子供だつた俺たちにしたつて、形に現さないだけで、それと同じ感じ方をしてたに違ひない」と言っているように、体験をともにした「俺たち」少国民世代にまで考えが深まっていくということである。さらに「俺たち」に対する考えは、疎開当時についてのことだけにとどまらず、「そんな事はすつかり忘れちまつて、暢気に暮らしてるけども、根本の深い所では、あの時代に作られた感受性なり、意識なりが、そのまま腰を据ゑてゐるやうな気がして仕方がない」というように、作中の現時点にまでつながってくる。

かつての疎開学童はもう大人になり、「会社の出張で行つた土地の話であり、郊外に新しく建てた家の話」（六九ページ）をするのが当たり前になった年頃に達している一九六七年、氷川は五代先生の日記から当時の先生を思い出し、先生に見つめられていた自分のことを考え、当時の体験が自分にもたらした影響について思索する。こうした思考の過程を、藤田省三が説明するような戦前の体験を「「体験の思い出」の「苦労話」」として片づけ「物化」させるのではなく、問い直し問い直され続ける「世界（或は経験、或は物事）と人間との応答の関係」[26]として考えてみるのはどうだろうか。

この小説を「現代に繋げたかった」という高井の願いは、この点にある。かつての疎開体験を「体験の思い出の苦労話」として「物体」化させるのではなく、現在の自分を規定しているものとして掘り起こし、その意味を突き付けようとする「相互的な交渉」[27]の営みを、高井は氷川という集団疎開体験者を通して描いている。それは「昭和四十二年 冬」の章を挿入することで、かつての体験を「現代に繋げ」ようとする工夫に現れる。過去の体験ではなく、現在における過去の体験なのだ。このような問題意識が黒井にも確認できるのは前述のとおりである。

5　一個人の体験の重み——いまに向けて「翻訳」する

鶴見和子は「過去の忘れられない体験」が「のちの衝撃的な別の体験によって、問い直され、新しい意味をもたせる」のが「体験の相互翻訳(28)」であると述べた。では、「現代に繋げたかった」「一証言」として提出したこの小説に隠されている意義を「体験の相互翻訳」(もちろん、この概念は藤田省三の「相互的な交渉」ともつながるものである)という概念を用いて確認してみよう。

「あんな会では、当たり障りのない遣取りをするだけさ。何もかも楽しい思ひ出にしちまつてね。いくら同じ経験をしたと言つても、あれから二十年以上も経つてるんだよ。その間に、皆、銘々全く関係のない生活を積み上げて来たんだ。味はつた経験は同じでも、それの持つ重さや色合ひは、人によつて大変な差が出来てゐる筈だよ。さういふ事を一人一人真剣に話し始めたら、収拾がつかなくなつちまふ。だから、あの頃は苦しかつたが、時が過ぎればいい思ひ出だ、くらひの所で胡麻化して調子を合せる事にはなるさ。何時までも経験を共有出来るなんて事を、俺は信用出来ないな。自分の過去は、自分独りで引摺つて行くよりどうにも仕方がないんぢゃないか」

(二〇五ページ)

「経験を共有すること」に対して悲観的な氷川は、「自分の過去は、自分独りで引摺つて行くよりどうにも仕方がない」ものとして感じている。このような主人公の考え方は、高井自身の考え方に通じるものである。

私には、過去に執し、経験を語りたい気持が確かにあるが、同時に、私の過去、私の経験は所詮私一人ものであり、人に伝へられはしないだらうし、告白が真実性を持ち得るのは、さういふ伝達の断念に裏打ちされた時だらうと考えてゐる。調子に乗つたお喋りは、その根本のところを危うくするに違ひない。(29)

高井にとって彼の「過去」や「経験」とは、「所詮私一人のもの」であり「人にも伝へられはしない」と断言していることが前述の引用から確認できる。これは「内向の世代」の体験の捉え方の特徴でもある。高井有一という一個人の経験を他者と共有することに対しての悲観的な態度は、「状況」(小田切秀雄)に対して悲観的なだけであると否定されるべきものなのだろうか。

九・一一以後の一連の事態をテレヴィで見てゐて、私が何よりも衝撃を受けたのは、ニューヨークの高層ビルが、地に膝を突くやうな形で崩れ落ちる映像ではなく、テロへの報復として行はれたアフガン爆撃の光景であつた。米軍機は恣まに空を飛び、直径五百米の範囲を焼き尽くすといふ爆弾が、人の住む土地を貫いて爆発し、その響きが私を震撼させた。私は、鳩尾を固い拳で打たれたやうな痛みを覚え、思はぬ身体の反応に驚いた。(略)

血を流さずに済んだこの程度の〔空襲:引用者注〕体験は、むろん格別に言ひ立てるほどの事ではない。しかしそれは、掛け替へのない記憶として私の身体に刻まれ、戦火の映像の刺戟を受けたとき、痛みとなつて甦つたのだつたらう。(30)

かつては「自分の過去は、自分独りで引摺つて行くよりどうにも仕方がないんぢやないか」というように、経験の共有に対して否定的な考えの持ち主として氷川を描き出した高井は、約四十年後に「身辺の出来事に関はるくさぐさの思ひを書き綴るのはきつと楽しい」と考え、随筆の連載の依頼を受け入れ、その結果として『夢か現か』（筑摩書房、二〇〇六年）を刊行した。しかし、「かならずしも楽しい事ばかりではなかつた。その原因に戦争[31]」があったからである。ここで高井が言っている「戦争」が、執筆時にちょうど起きていた「戦争」のことだけを指すのではない点は注目に値する。

いまアメリカ大統領が、着々と実現しつつある、と強弁する〝イラク民主化〟と、むかしの日本が鼓吹した〝東亜新秩序〟が、同じ響きを伴つて聞こえる。[32]（傍点は引用者）

当時九・一一テロに対する報復としてアメリカが引き起こしていた「戦争」について語りながらも、高井はここで、子どものときの「戦争」のスローガンだった「東亜新秩序」を思い浮かべている。鶴見和子が、かつての戦争体験をほかの人と共有するアプローチとして「異なる体験を相互に翻訳して理解すること」にその可能性を見いだしている点はすでに紹介した。そのアプローチと前述の二つの引用文とを関連づけて考えるなら、いま世界のどこかで起きている他者の戦争に接した瞬間、自分の昔の空襲体験を身体の「痛み」とともに連想する高井は、個人の内面での体験の「翻訳」をおこなっているのではないだろうか。

前田愛は、「内向の世代」における「悔恨共同体」の「無化」「相対化」の特徴に加えて、「精神から身体へ」という「パラダイム変換」を挙げている。[33] 高井の「翻訳」のプロセスは、「痛み」が象徴するように身体感覚に基づいておこなわれる。これは、論理や理屈のような高い精神性に担保される思考過程を経て導出されるものではない。第4章の冒頭で説明したように、「悔恨共同体」の「自己批判」が形而上学的な精神性によるものである点からすれば、「内向の世代」高井が身体に訴えられる感覚に素直に向き合うことで成立する「翻訳」は、「悔恨共同体」の揺らぎを象徴する「内向の世代」的な特質をよく表すものといえる。「身体へ」の「パラダイム変換」は、自ら体験した戦争を通じて、他者が巻き込まれている戦争に「想像力を動かす余地」を提供する。むしろ同時に、戦争という同一の体験を媒介に新たな他者が発見される、ともいえるのではないだろうか。「告白が真実性を持ち得るのは、さういふ伝達の断念に裏打ちされた時だらうと考えてゐる」というように、体験の共有に悲観的にみえる高井の思考は、新しい戦争がまだ世界のどこかで起こる／起こっているかもしれない現代に新たな価値を獲得する。自分の戦争体験を自分だけのものとしてこれまでの長い人生に保ち続けてきた高井のこのような姿勢は、「私」のことに固執することを通じてやっと他者を見いだし、見いだされた他者の体験を自分の体験に基づいて「翻訳」して理解しようとし、かつ他者と「関係」を結ぼうとする契機を内包するものだと思われる。

「内向の世代」がもつ現代的な批評的観点の一つがここにあるといえるのではないだろうか。[34]

6 いまに、未来に想像力を

先述したように、「少年たちの戦場」は、当時の児童側の立場から書いた、学童集団疎開というテーマを扱ったほかの作品群とは異なり、引率教員の日記と子どもたちが大人になった作中の現時点の物語を挿入している。

このような構成上の特徴、いわば学童集団疎開小説の一般的な特徴として定着されていた視点(子どもの苦労を子どもの立場で描くこと)と、時点(疎開当時のことだけを描くこと)とを用いていないという高井によるこの構成上の特徴に注目して読み直してみると、次のような新しい読みの可能性が生まれる。第一に、視点の移動によって「被害者」=「子ども」対「加害者」=「教師」という、特に高井と同じ体験を有している世代にとっての固定観念が崩壊する可能性を読者に提供する。第二に、時点の移動によってかつての体験を思い出話として片づけるのではなく、絶え間なくその体験の意味を問い直してみる姿勢、つまり藤田がいう「戦後の経験」のための姿勢、鶴見がいう「翻訳」のための姿勢、としての意義が確認される。この二つの点からいえるのは、高井有一という作家の体験に対する慎重な態度である。

この作品についてかつていわれた「想像力を動かす余地がなくなる」という評は、現在、納得がいくものとしてはもはや読めなくなっている。体験の共有よりも個人の体験の重みのほうを重視した高井の問題意識は、逆説的にも、現在、われわれが生きているところから遠く離れたどこかでおこなわれている戦争についての想像力を喚起する力をもっている。「受身に現実の重みに耐えているような内面性」（小田切秀雄）は、何十年の時間の経過とともに熟され、しかし「物化」されず、「内面」に没頭するからこそ開かれうる外への道が存在することを、最も個人的な次元でありながら、最も確実なものである身体感覚をもって、高井は照らし出す。「悔恨共同体」の揺らぎは、過去に対する慎重な物腰を通じて、生きているいま、そして生きていく未来に向けて、それまで考えられたことがない新しい想像力を動かす余地を意味するものである。

注

（1）疎開体験と小説の関係について高井有一は以下のように語っている。「疎開の小説を書きたい、と私は一九五〇年代の末ごろから思い始めていたが、当初は、全体を二部に分け、ほぼ自分の体験に添って、前半を集団疎開、後半を縁故疎開とする計画であった。それが現在のような形に変わったのは、昭和三〇年代に入って相次いで出版された集団疎開の記録や回想記の類いを読むうちに、体験の枠内では到底捉えられないものがあるのに気付いたからであった」。高井有一「著者から読者へ――〈学童疎開〉体験者の一証言として」『少年たちの戦場』（講談社文芸文庫）、講談社、一九九六年、二三〇ページ。共同通信社の記者だった高井にとって小説家としてのスタートには、彼自身の二つの疎開体験（集団疎開と縁故疎開）が重要な位置を占めている。

（2）高井有一「家を離れて」（一九九三年）、前掲『昭和の歌 私の昭和』九三ページ

（3）小田切秀雄／小島信夫／埴谷雄高「創作合評」「群像」一九六七年十一月号、講談社、二五一ページ

（4）同論文二五二ページ

（5）小田切が「内向の世代」という名称を作り出した際に高井有一の名前は含まれていなかった。「北の河」ですでに芥川賞を受賞していた高井は、小田切にとって新人ではなかっただろう。しかしこの合評の言葉からみられるように、高井に対する小田切の問題意識と現在では「内向の世代」の作家の一人として高井が挙げられることとは、接点が確認できる。小田切は「受身に現実の重みに耐えているような内面性」（同論文二五一ページ）を高井に認めたうえで、そのような「内面性」に対して否定的かつ批判的である。

（6）同論文二五一ページ

（7）同論文二五二ページ。小島は次のようにいっている。「こういう形でこれだけの小説を書くという考えがそもそもすこし間違いじゃないか。それほど変わったことを考えているわけでもないし、先生も物語の叙述の方だけにしておけばむしろ五代先生のほうを想像してくるのだけれども、両方書いてあるからかえって印象がうすくなる。それから終戦後のああいうこともつなぎとして出てくるけれども、終戦後のことはなくても、いま二十年経っているのだから、そこから想像が出てくるけれど、これでは想像力を動かす余地がなくなるところがある」

（8）前掲『欲シガリマセン勝ツマデハ』五〇四ページ

（9）前掲「家の戦争体験」二五七ページ

（10）菅卓二／棗美紗子／細井久栄「座談会 学童集団疎開について――しわよせさせられた戦争被害者それは集団疎開の学童だ」「思想の科学」一九六三年七月号、思想の科学社、三六ページ

（11）当時の疎開児童に和解を求める引率教員の言葉は、引率教員が加害者席に立たされた立場を語るものである。「おとなの過ち、教師の過ちを許せまいまでも、なんとか薄らげよう、和らげよう、できたら消すように努力していただけないだろうか」（「学童疎開の意義」、学童疎開ちくさの会編「学童疎開ちくさ」第十八号、学童疎開ちくさの会、一九七九年、六ページ）

（12）「少年たちの戦場」からの引用は、「文学界」一九六七年十一月号（文藝春秋）による。以下、引用はページ数だけを明記する。

（13）戦前の初等教育を「ファシズム教育」と規定し、その論理や適用過程などを分析した研究として、長浜功『増補 教育の戦争責任――教育学者の思想と行動』（明石書店、一九八四年）、同『国民学校の研究――皇民化教育の実証的解明』（明石書店、一九八五年）が代表的である。

（14）集団疎開体験者による初めての小説（児童文学）である前掲の柴田道子『谷間の底から』（東都書房、一九五九年）以来、多様な文学や発言によって、戦後の民主主義思想に乗って戦前のことを忘れさせようとする教師と教育に対する不信感が訴えられている。第3章で取り上げた〈疎開派〉がその典型である。

（15）前掲「著者から読者へ」二三二―二三三ページ

（16）同論文二三一ページ

（17）浜館菊雄『浮雲教室――学童集団疎開の記録』黒潮社、一九五六年、八ページ

（18）前掲「座談会 少年時代と戦争」一一ページ

（19）同座談会一三ページ

（20）代表的なものとして、ゆりはじめ「戦中教育を告発する」、前掲『疎開の思想――銃後の小さな魂は何を見たか』など。

(21) 小林信彦「初版あとがき」『冬の神話』(角川文庫)、角川書店、一九七五年、二〇六ページ。この言葉は『冬の神話』が出版されて以来、集団疎開体験を語るたびに頻繁に引用されるようになった。
(22) 坂上弘「解説」、高井有一『少年たちの戦場』(旺文社文庫) 所収、旺文社、一九七六年、二一四ページ
(23) 前掲「「戦争」をめぐる言説変容」一九一ページ
(24) 吉田裕「文庫本のためのあとがき」『日本人の戦争観――戦後史のなかの変容』(岩波現代文庫)、岩波書店、二〇〇五年、二八五ページ
(25) 前掲「著者から読者へ」二三二ページ
(26) 藤田省三「戦後の議論の前提――経験について」(一九八一年)、『精神史的考察』(平凡社ライブラリー)、平凡社、二〇〇三年、二二二ページ
(27) 同論文二二二ページ
(28) 鶴見和子「新版によせて」、鶴見和子/牧瀬菊枝編著『母たちの戦争体験――ひき裂かれて』所収、麦秋社、一九七九年、二ページ
(29) 前掲「芸談」一七ページ
(30) 高井有一「記憶と身体」(二〇〇三年)、前掲『夢か現か』九ページ
(31) 高井有一「あとがき」、同書二三二ページ
(32) 高井有一「殺し、殺されるといふ事」(二〇〇六年)、同書二一三ページ
(33) 前掲「一九七〇年の文学状況」二三二ページ
(34) 中谷いずみは、疎開をテーマにした津島佑子『葦舟、飛んだ』(毎日新聞社、二〇一一年) を取り上げ、かつての日本の空襲や疎開が象徴する事態が、いま世界のどこかで生じていることを浮き彫り

にする小説とする（中谷いずみ「疎開――津島佑子『葦舟、飛んだ』」、石川巧／川口隆行編『戦争を〈読む〉』所収、ひつじ書房、二〇一三年、二〇七―二〇九ページ）。

第3部　〈田舎と都会〉をさまよう疎開

——石川達三・太宰治・坂上弘

第7章　暴き出される疎開と田舎
——石川達三「暗い嘆きの谷」

1　社会派作家の文法

第2章で考察したように、疎開体験をポジティブに捉えるものは受け入れ側の田舎に第二の故郷を見いだす。第3章では、〈疎開派〉が露呈した都会中心主義は疎開という事態を通して〈田舎と都会〉の関係を問い直す契機を提供する、ということを示した。本章では、疎開体験者ではない石川達三が描いた疎開について「暗い嘆きの谷」（「文学界」一九四九年三月―七月号、文藝春秋新社）を題材にして分析し、疎開の受け入れ側としての田舎をめぐる問題について考察する。

石川達三は、第一回の芥川賞受賞作でブラジル移民政策の実態を告発する「蒼氓」（「星座」一九三五年四月号、星座社）を嚆矢とし、小河内ダム建設問題を題材とした「日陰の村」（「新潮」一九三七年九月号、新潮社）、日教組（日本教職員組合）を大胆に描いて当時の教育界をめぐる諸問題に取り組んだ「人間の壁」（「朝日新聞」一九五七年八月二十三日―五九年四月十二日付）などを発表し、いわゆる「社会派」[1]小説の書き手としてその名を馳せた。

石川の「社会派」文学の特徴は、「新聞記事を質量ともに引きのばしたレポート」[2]「ジャーナリスティック」[3]という評価軸で理解されている。このような評価は、彼が小説で取り扱った社会問題の幅広さに起因するといえる。自らを「社会派」文学の書き手として位置づける石川の「正義感」も指摘される。[4]石川は、自身の「正義感」を貫くものを社会の「不健康な、不条理な、不合理な、あるいは軽薄な流れに対して、抗議しまたは警告する」[5]ような「精神」だと説明する。石川文学に対して「社会派」としての「正義感」を指摘する先行論は、社会問題を物語の素材に選択したことに着目するだけでなく、自らを積極的に「社会派」と位置づけようとする彼自身の意思表明とも連動しながら説得力をもって説明している。

「新聞記事」「レポート」「正義感」などのキーワードで「社会派」石川達三文学の特徴は要約される。「暗い嘆きの谷」も、以上の「社会派」文学の特質を引き継いだ小説である。この小説は一九四四年夏頃から敗戦直後までを時間軸に、長野県のある温泉地帯を空間軸に設定して、戦火を逃れて疎開してくる都会人と彼らを受け入れる村人をめぐる多様なエピソードを記録風に書いたものである。だが、この作品はいまだに石川達三文学全体のなかでは注目度が低く、先行論もきわめて少ない。

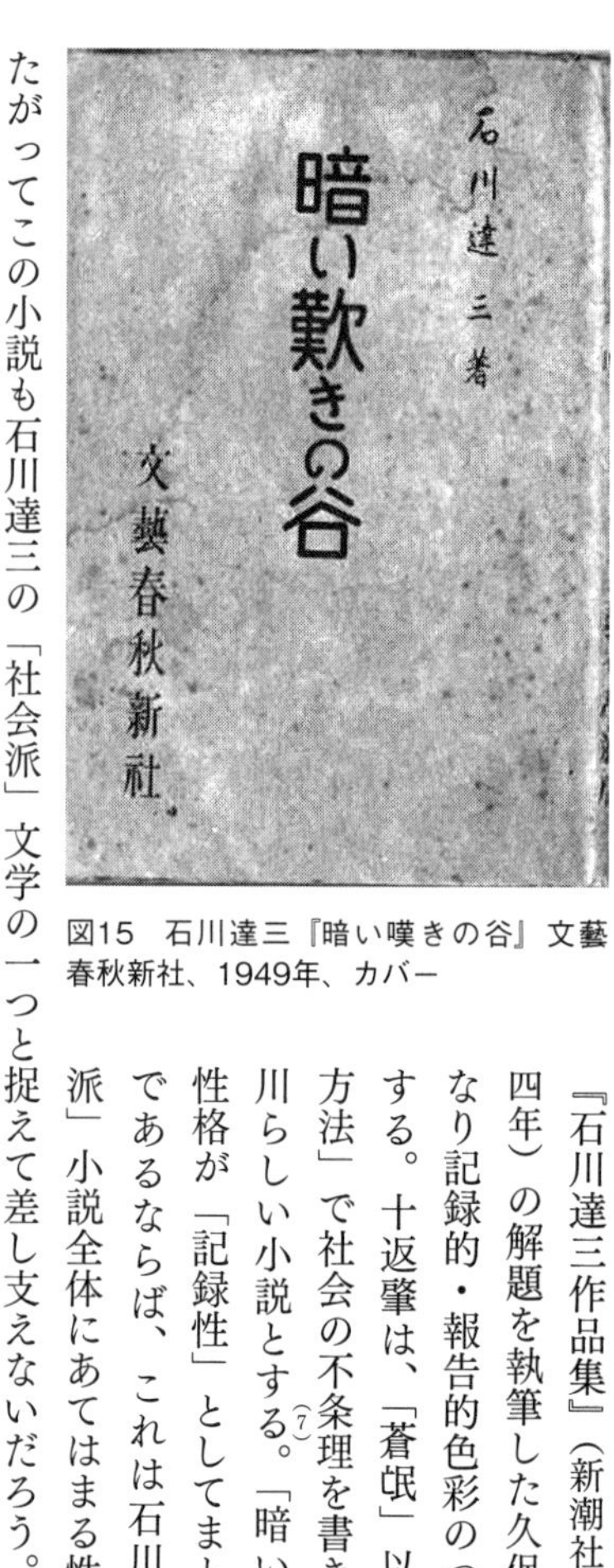

図15　石川達三『暗い嘆きの谷』文藝春秋新社、1949年、カバー

『石川達三作品集』（新潮社、一九七二—七四年）の解題を執筆した久保田正文は「かなり記録的・報告的色彩のつよい作品」[6]とする。十返肇は、「蒼氓」以来「記録的な方法」で社会の不条理を書き続けてきた石川らしい小説とする。[7]「暗い嘆きの谷」の性格が「記録性」としてまとめられるものであるならば、これは石川達三の「社会派」小説全体にあてはまる性質であり、したがってこの小説も石川達三の「社会派」文学の一つと捉えて差し支えないだろう。

さらにこの小説を「社会派」文学と見なしたうえで、作中でどのような「不条理」が「告発」されているのかを考察したものとして、神子島健の論考は注目に値する。神子島は、長野県芋井村（現在は長野市芋井地区）を舞台に展開する疎開の物語の実在性（リアリティー）を、社会学や歴史学の諸研究と照らし合わせながら考証する。[8]このような試みによって「暗い嘆きの谷」に描かれている疎開に対する理解が深化され、小説の「記録性」も裏づけられるだろう。

「暗い嘆きの谷」に関するこれらの先行研究で共通して論じられるような「記録性」が高い小説としての位置づけは、先に触れたように石川自らの主張や意見を根拠の一つとする論証過程を通じて提出されたものである。というのも、石川はこの小説に関して「記録にちかいもので、殊更な粉飾は施さなかった」といい、「私は日本におけるノン・フィクション文学の先輩であった[9]」と解説しているからだ。だが、この小説は決して「記録」そのものではない。川津誠が指摘しているように、石川達三の小説作法の基本は、記録そのものを求めるのではなく、「徹底的に調べた事実に寄り添って虚構化する[10]」ところにある。

本章では、「暗い嘆きの谷」の特徴といわれる「記録性」が、「虚構化」のプロセスを経て小説として組み立てられることで獲得できたものについて考察する。「暗い嘆きの谷」で描いている疎開の実状が「記録性」を有するのは、事実に近いことを記すと同時に、石川が「虚構化」を施したためであることを明らかにし、戦争末期の大規模な人口移動としての疎開を「記録にちかい」小説で形象化したことの意味を探りたい。

2 報道される戦争と疎開

「暗い嘆きの谷」に関する石川の解説を「後記」から確認しよう。

私はここに、都会人が落人のようになって寄り集まった小さな谷間をとりあげて見た。職業も生活も思想も、てんでに異なった数家族が同じ悲惨な境遇においこまれて、国家崩壊の時期をどのように生きていたか。これもまた一つの歴史である。(略)

このような疎開家族の（嘆きの谷〔ママ〕）は、日本中のいたるところにあっただろうと思う。疎開という事件は戦災という事件にも劣らない、悲惨きわまる歴史である。[11]

この小説が「記録にちかい」特徴を有する理由は、第2章で論じたように、戦争末期の日本本土に疎開の風景が「いたるところにあった」からである。石川はサイパン島が陥落し、差し迫る本土各都市への戦略爆撃に備えて防空対策を急遽講じつつある戦時期に、安全な土地を求めて集まってくる「疎開家族」が形成した「小さな谷間」の疎開村を取り上げることによって、戦争末期の急迫した状況下の疎開の「歴史」を小説に盛り込もうとした。歴史とは過去に起こった変遷や発展などの過程を記述するものだろうが、そこで記述される内容は実際にあった事柄、つまり事実でなければならない。その事実に対しては、記述された歴史を共有している人々の間でその歴史記述に関する評価や意見がある程度、一致したり合意を得たりしなければ、事実と歴史の間で亀裂が生じてしまう。つまり、歴史として認められなくなる。

前述の引用文で注意しなければならないのは、石川が社会に提出しようとしている疎開の「歴史」が、小説を発表した一九四九年の同時代にはまだ合意されていたものではなかったという点である。同時代の疎開に関する新聞報道を概観すれば、「疎開学童の友情 宿は私たちの家を 修学旅行に来た村の子に」（「朝日新聞」一九四九年三月九日付）、「疎開地で交歓」（「朝日新聞」一九四九年八月十五日付）の見出しにみられるように、疎開をきっかけに出会うことができた都会の子どもと田舎の子どもが敗戦後もなお交流を続けている様子が報じられている。

さらに、疎開を契機に縁を結んだ〈田舎と都会〉の出合いを美談とするといった、第2章で記したように疎開をポジティブに捉える語りは、一九四九年以後の戦後メディアで疎開についての報道

八年前の恩がえし

疎開学童と農村を結ぶ話

あの時、お宅へ遊びに

福島県の谷あいの町、野沢へ

訪ねてきた一青年

おもわぬ来客

家庭

図16　疎開児童だった子どもが疎開地の農村に感謝を伝えに訪れたことを伝える新聞記事（出典：「八年前の恩がえし 学童疎開と農村を結ぶ話」「朝日新聞」1953年11月12日付）

の典型を形作った。「八年前の恩返し 疎開学童と村を結ぶ話」（「朝日新聞」一九五三年十一月十二日付）、「思い出の疎開地 招待受け鳴子（宮城）へ」（「朝日新聞」一九六五年九月二十二日付）、「ここは故郷 山形へ疎開児里帰り」（「毎日新聞」一九七四年七月二十八日付）、「疎開児童故郷長野へ 四十年ぶり平和の碑を建立」（「読売新聞」一九八四年九月十日付）など、〈田舎と都会〉の温情に満ちた出合いを強調する報道が続く。

戦後メディアで定着した、受け入れ側の農村を第二の故郷と見なし、そこの住民や文化と疎開してきた都会人との友情・交流を美談として伝播する言説は、実は疎開をおこなっていた戦時期から形成されていたとみるべきである。というのは、学童疎開に限っていえば、都会から疎開した子どもと田舎で疎開を受け入れる子どもとの間の友情

が教育方針として強調されたからである。疎開した子どもに対する教育指針を記した「集団疎開学童ノ教育ニ関スル件」（文部省、一九四四年八月二十二日）は、疎開地でおこなう教育の留意事項に「疎開学童ト地元学童トノ友交ニ留意シ相互ニ謙譲ト親和ヲ以テ共励切磋セシムルコト[12]」と記している。「学童集団疎開ニ於ケル教育要綱」（文部省、一九四四年十一月二十日）では、疎開児童を疎開地の風土と伝統に即して錬成することを要求し、「疎開地方ハ学童ニトリ第二ノ故郷[13]」としている。

学童集団疎開は、アメリカ軍の戦略爆撃の標的になりにくい田舎に子どもを移住させ、都市では味わえない美しい大自然に囲まれた環境で、次代の戦力である子ども、つまり少国民を保持・鍛錬していく教育が、理想的に実践されうると期待されたものだった。「学童集団疎開ニ於ケル教育要綱」を再び参照すれば、学童集団疎開の意義について「学童集団疎開ハ重要都市ノ防衛力ヲ強化スルト共ニ次代ヲ荷フ皇国民ノ基礎的錬成ヲ全ウシ聖戦目的ノ完遂ニ寄与スルヲ以テ趣旨トス[14]」と記している。

戦時期の疎開が契機となって大自然の美に目覚めた疎開児童が第二の故郷として疎開地と縁を結び、疎開地の人々と戦後まで持続する暖かな交流を美談として報じる言説。それは戦時期にその原型を形成し、戦後に広く伝播していった。第1部と第2部では主に疎開体験を戦争体験とする捉え方をめぐって考察した。だが、疎開体験を〈田舎と都会〉の出合いとする捉え方が、実は並行して存在する事実を看過してはならない。どちらの捉え方がより正しいかといった観点で両者を裁断するのは的外れだろう。この併存関係をどのように考えるかが問題だ。

石川達三が「暗い嘆きの谷」で取り上げる事実はどのようなものなのだろうか。

疎開者の仲間が行かない時は、白石夫人の娘は一人きりで村童の仲間にはいらなくてはならない。都会風な繊細な姿をした少女は村の子にいじめられるので一人では行きたがらず、母がすすめて身支度をさせてやると、鞄をかけて玄関の柱につかまったまま忍び泣きをしているのであった。母はお三時のお汁粉の約束をしたり、ホットケーキをこしらえてやる約束をしたりして漸く娘を送り出してやるのであるが、釣橋を渡って行く小さな姿が、さびしそうな決意を見せてすたすたと歩いてゆくのを見ると、涙が流れた。そのたび毎に沖縄やフィリピンの戦況が思い出された。戦争が、この少女をこんな辛い眼に遭わせているのであった。

（二五八―二五九ページ）[15]

ここでは、村の子どもによる疎開の子どもに対してのいじめがほのめかされている。これは前述した戦時期・戦後に連続するメディア報道での言説内容と程遠いものである。「忍び泣き」する「娘」の疎開生活の日常は、「村の子」によるいじめを我慢しなければならないものだ。そのような「娘」と一緒に疎開している「母」は、登校する「娘」の後ろ姿を見ながら「涙」を流す。「母」と「娘」は「涙」の感情でつながり、「辛い眼」による苦痛を分かち合っている。「娘」の「忍び泣き」が「戦争」という「辛い眼」に起因するのと同様に、いじめをこらえようとする「娘」に「涙」を流す「母」の「辛い眼」も、「戦争」に起因するものである。そもそも田舎への移住が引っ越しではなく疎開と呼ばれなければならない理由には、「戦争」という背景がある。

前述した〈田舎と都会〉の出合いを美談とする報道と、右の「暗い嘆きの谷」からの引用文を比較して考えれば、報道の語りは疎開してきた都会人を受け入れてくれたありがたい田舎を「第二ノ故郷」に祭り上げるかわりに、その背景にある戦争を不可視化する。「暗い嘆きの谷」では疎開という事態の本質、つまり疎開は戦争のためにおこなわれたという事実が的確に捉えられている。生活の本拠地から田舎に逃げ出すしかなかった都会人の苦境が、戦争を原因とすることを明示している。

疎開による〈田舎と都会〉の出合いを単なる美談としてしか報じないメディア言説は、疎開政策の本質をそぎ落としたものであるといわざるをえないだろう。疎開が国家政策として実施されているまさにその最中だった一九四五年一月号「都市問題」では、「国土計画」と「国防目的」の両者を同時に達成するために「東京大阪の如き過大都市の疎開の必要は今日の常識となつてゐるが、此際之を強調して主張したい[16]」と記している。そこでは、「必要」とされる「疎開」を「人口疎開」「施設疎開」「建物疎開」の三つに分けて説明する。「人口疎開」は「都市施設機能を以ては処理困難なる過剰人口を疎開」させること、「施設疎開」は「官庁学校工場会社等の諸施設を地方に分散させること」、「建物疎開」は「市街地に於ける建築物の除却整理を行つて」「空地造成をなす」こと。そして、「施設疎開」は「必然的に多数人口の疎開を伴ふ」ことで、同様に「建物疎開」も「家屋の取毀し」による「人口の移転移勤」を伴うことになると説明している。[17]

つまり、疎開政策の要諦は人口の移動にある。政府が第一に乗り出した「人口疎開」政策は、学童集団疎開の推進と縁故疎開の勧奨だった。疎開は、あくまで都市の防空体制を強化することで戦争体制を維持するために考案されたものだった。戦後の疎開を報じる言説は、疎開をもたらした戦争との関係性を捨象している。

疎開と戦争を切り離して考えることはできない。「暗い嘆きの谷」の「また一つの歴史」としての「記録性」は、戦時期の疎開政策のもくろみをまともに受け継いだメディア報道の偏りを暴き出している。

3 記録される疎開／記録されない疎開

「暗い嘆きの谷」の引用に戻ろう。白石真二郎は、県庁の役人の紹介で広田尚正が経営する温泉宿へ家族を疎開させた。「白石夫人」と「娘」の境遇はいわば家族ぐるみの縁故疎開といっていい。

戦時期・戦後の京都での建物疎開を多角的に研究した論考では、疎開という研究課題への学際的アプローチの必要性を提起している。防空作戦としては結果的に失敗したことから、総力戦体制下の国民動員の実態解明という歴史学的課題のなかで疎開についての研究は長年除外されてきた。その一方で、戦後復興事業による都市空間の変容の分析という建築学・都市計画論的課題では、疎開に関する研究を非常に重視してきた[18]。そうした経緯から疎開研究は、単一の学問分野の方法論だけでは分析し難い課題とされており、この点に関連して疎開研究の困難さの一つに体験者の「語りにくさ」が挙げられている。川口朋子はその原因に、研究対象地域の京都の地域コミュニティーとしての閉鎖性が作用している可能性があると指摘し、その論拠として疎開を機に他地域に移住し、疎開前の居住地域との関係が薄れた者は、疎開した不運や苦労をはっきり訴える傾向があることに触れている。[19]

山中恒は、発表された縁故疎開の語りの多くは客観性が欠如しているとし、その理由として「へたにつっこむと、家族・縁戚関係に亀裂を生じ、あとの手当てがつかないことになりかねない」[20]という要因に言及する。また、「暗い嘆きの谷」の「白石夫人」の疎開では、白石真二郎が家族を親戚や親類ではなく県庁の役人の斡旋を通じて長野県に疎開させたのは、頼れる血縁関係の縁故が見つからなかったからという解釈が成り立つ。見慣れない土地での不自由な生活や、村の子どもによる「娘」へのいじめに対して表向きに抗議することができない立場に置かれているにもかかわらず、疎開生活の苦難への不満を語ることは、恩恵を受けた役人はもちろん、都市から逃げ出してきた赤の他人に居住空間を貸してくれている広田への恩知らずな行為になりかねない。疎開体験者の体験の「語りにくさ」には、以上のような要因が複雑に絡み合っているとみるべきである。どんな苦労があったにせよ、疎開させてもらったことだけで生命の恩人なのだ。

配給がほとんどない味噌を調達するために、温泉宿に疎開している夫人たちは「癇癪もち」の女将「君枝夫人」の機嫌をとらなければならない立場にある。しかし「白石夫人」だけは直接帳場へ味噌をもらいにいき、「頼みたい事は率直にたのんだ」。さらに温泉宿の一年分の味噌の仕込みの日も、他の「疎開家族」は自分たちを受け入れてくれたことへの恩返しのつもりで総出の手伝いをするが、「白石夫人」はそこに参加せず、温泉宿から離れた部落へ草履を買いに足を運ぶ。同じ立場であるはずの「疎開家族」での疎開人としての振る舞いや考えの差を、石川は意識的に書き記す。総力戦体制での配給問題を都市と農村を包括する地域秩序の変容のなかで捉える際に、悪化する食糧難で都市民が生活を維持するためには頼れる縁故が田舎にあるか否かが死活問題となる。一方で農民にとっては、かつてルサンチマンの対象だった都市民よりも自らが優位に立つことになる。[21]「暗い嘆きの谷」では、食糧にまつわる日常の出来事が緊張した非日常と化する瞬間を、主に「白石夫人」以外の疎開者を通じて描き出す。農民よりも劣位に立つようになった「疎開夫人」の境遇が浮き彫りになるのは、疎開によって極端化された〈田舎と都会〉間の秩序変容から無縁な位置で振る舞っているように映る「白石夫人」を対比的に描いているからだろう。

しかし、「白石夫人」は、村の子にいじめられている「娘」を子ども同士での〈田舎と都会〉の間の秩序変容の空間へ編入させようとしている「母」でもある点を忘れてはならない。「涙」を流さずにはいられない苦痛を味わいながらも、いままで安住していた秩序が突然崩れ、「娘」が直面する疎開の生活空間そのものを「白石夫人」は真正面から批判して破壊しようとしているわけではない。温泉宿の味噌仕込みの「大騒ぎを他所に見て、幼い子供の手を曳き」ながら彼女が向かうのは「三丁」離れた部落で、草履の買い出しにいく。この「老婆」の草履が「白石夫人」は「好きで」わざわざ買いに行き、「子供の足が痛くないようにボロ切れを鼻緒に巻いて」もらったという場面がある。単に子どもの足を案じる「母」の姿と読まれがちだが、子どもの疎開生活で足が痛くなるほど歩かなければならないのは登校の路程、つまり通学路である。子どもの登校用の草履と、「三升ばかりのメリケン粉」を農村から購入する「白石夫人」は、疎開によって直面した戦時下の

〈田舎と都会〉間の新たな秩序そのものに対して、特に批判的であったり抵抗しようとしたりはしていない。

「暗い嘆きの谷」に描かれているエピソードそのものから、〈田舎と都会〉を対比するような描写を確認することは可能だが、小説の語りはそのような対比を批判するものではない。神子島健は、石川達三が自分自身がそうである疎開者の目線[22]から現地の人々を冷ややかに描いているといいながらも、作中の多様なエピソードはそのような図式を裏切る様相をみせてもいるとする。[23]本章の立場からすれば、この小説は〈田舎と都会〉の不穏な出合いといえる疎開に巻き込まれた都会と田舎の人々とを、まるで一方からもう一方を断罪するように書いてはいない。「白石夫人」の流動的な立場は〈田舎と都会〉のいずれのコミュニティーにも近寄ることができると同時に、どちらのコミュニティーにも完全に所属することはない。このように創出された「白石夫人」は、〈田舎と都会〉の関係そのものを照らし出すプリズムのような役割を果たしているのである。

4　石川達三の「歴史」と「記録性」

「後記」に戻れば、石川がこの小説で試みたのは、疎開の「一つの歴史」を書くことである。「このような疎開家族の（嘆きの谷）は、日本中のいたるところにあっただろうと思う」という文章から、「白石夫人」を含めた「疎開家族」全体の物語に「一つの歴史」としての現実性を石川は確保しようとしたことがわかる。「一つの歴史」と関連してさらにいえば、「後記」では「軍隊と官僚との紊乱した姿があらわれ、右翼団体の奇怪な片影もあらわれている」と書いているが、これはすべて旅館宿の主人である広田尚正を指しているだろう。「頭山満を親分と頼む一種の壮士気質」でありながら「物欲に強い男」である彼は、採算に合わないという理由で最初に疎開していた集団疎開児童を追い払う、薄情で私利私欲に目がくらんだ人物である。広田は実在の人物をモデルとしているが、[24]信州の僻村の外で敗戦が色濃くなっていく戦況をものともせず、官庁の役人や軍部の将校との宴会でごまをすり、戦時下の統制物資を容易に入手するためのコネを拡大していく。広田が戦争末期の、社会の末端まで疲弊した状況を象徴していることは間違いないだろう。[25]

「後記」で「このような疎開家族（略）は、日本中のいたるところにあっただろう」というとき、疎開家族の嘆きの一次的原因に広田夫婦の横暴が存在していることを考えれば、石川は広田夫婦のような、大きな状況としての戦争とは無関係に、ただ身近な環境が変化した場合にだけ反応し、それに便乗して欲を満たすことに没頭する者も「日本中のいたるところにあっただろう」と思っていたにちがいない。しかし、縁故疎開の語りの客観性の問題、そして疎開体験者の「語りにくさ」の問題を考慮すれば、このような事情が信頼できるものとして記録されることは非常に難しいと判断できる。繰り返すが、生命の恩人を裏切る行為になるからだ。

ここでは、「暗い嘆きの谷」が描いている疎開・疎開人の実状がある程度の客観性を保持している点を指摘しておく。例えば疎開・疎開人に対する最初の総合的報告書である米国戦略爆撃調査団（United States Strategic Bombing Survey：ＵＳＳＢＳ）による「報告書」の第十四章「戦略爆撃が日本人の戦意に及ぼした影響」(以下、「影響」と略記)との比較を通じて、それは少なからず確認できる。[26]「影響」は受け入れ側と疎開者との間に「摩擦がなかったとは確信できない」と記しており、また「非公式および文書の証拠資料は非常に著しい摩擦を示す傾向がある」[27]ことを指摘している。「著しい摩擦」に対して詳細には報告していないものの、疎開と戦略爆撃の影響について、空襲を恐れてあるいは実際の災害のために住居を離れた疎開人を、弱体化した日本と日本人の戦意を象徴するものとして分析している「影響」の性格を考慮すれば、そのような「摩擦」も低下した戦意の現れとして捉えていると考えていいだろう。そもそも防空体制の強化を図るためのものだった疎開による移住が、むしろ連日の空襲で破壊されつつある都会の現状についての情報を疎開地の田舎に流すことになり、結果的に日本全土の戦意を低下させることになったというのが「影響」の要点である。勝者側から敗者側の敗北の原因やその影響を徹底的に究明することが「報告書」の作成動機である点を考慮しながら、それが日本の疎開に関する現在確認できるかぎりの最初の膨大な公式記録である事実を見据えれば、例えば疎開地での食糧をめぐる争いが主に「婦人」の間で起こったと記してある部分は、「暗い嘆きの谷」の食糧をめぐる女性同士の葛藤とうまく対応する。この小説を、「影響」のような実際に疎開人を調査・分析した記録と比較すれば、「社会派」小説としての「記録性」が確認できる。石川が「一つの歴史」と自認する理由も解明できる。

日本側による疎開事情に関する調査はどのようなものだったのだろうか。戦時中に調査され終戦直後に刊行されたものをみてみよう。

当初は疎開方針が間違つてゐた為第一着に金持が疎開して闇買ひその他の悪い風習を作つた。田舎の人々の疎開者を待つ心持も様々だが、最初は田舎の純真な気持で来る人々を気の毒に思ひ、同情心を以て迎へたい人達も金持ちの悪い気風で冷却された。百姓は自分で米を作りながら供出が厳しく、充分に食べられず困つてゐる。そに(ママ)加へて疎開者がこんなに増加しては悪くすると農村に畑荒し、掠奪や土地の争議など起ることを地方が心配してゐる。併し一面では田舎の人々が都会から来る人々にもいろ〳〵の種類があること、その人々の事情や心持を解しないことをも反省することが必要だ。

疎開者問題を考へるには先づ疎開者が田舎に落付く心持があるか、どんな生活をして行くかが大切である。(略)疎開者と地元の融和問題には、疎開者が農村の勤労生活の認識を深めることが大切である。[28]

「疎開者問題」が何なのかを明記してはいないものの、引用文からして疎開に起因する〈田舎と都会〉間の葛藤や軋轢の問題である可能性は十分考えられるだろう。引用の調査は、「疎開者問題」と呼ばれるからこそ、都会人と田舎の人々が「融和」するためには「疎開者が田舎に落付く心持」が「大切」と結論づけている。何よりも、「影響」と同様に疎開によって生じる〈田舎と都会〉の「摩擦」をほのめかしている調査結果であることは間違いない。

要するに、アメリカ軍と日本の両者による実情調査は、疎開が〈田舎と都会〉の関係に「摩擦」をもたらしたということを物語るものである。石川達三はこのような「摩擦」を具体的に描写している。そこで描いているのは女性同士の食糧をめぐる陰湿な闘争だ。「暗い嘆きの谷」で石川は「記録性」を有する小説、「一つの歴史」を差し出す小説の形象化に成功したといえるだろう。

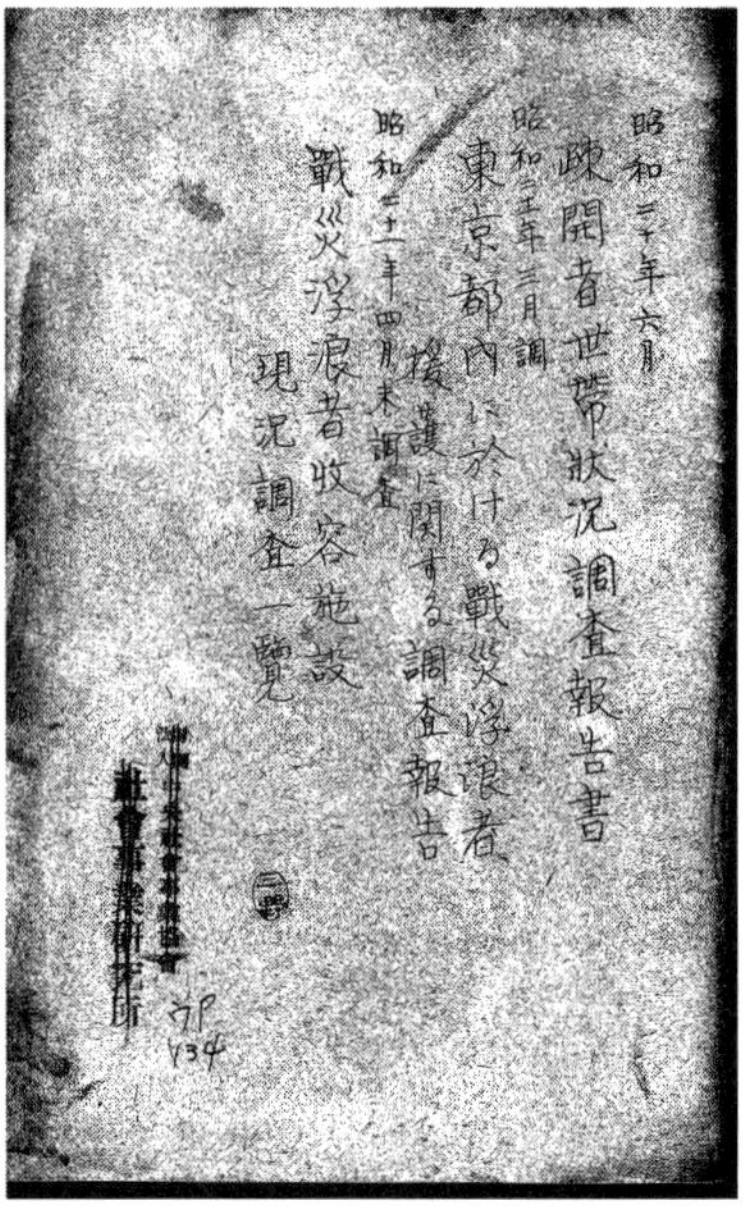
昭和二十年六月
疎開者世帯状況調査報告書
昭和二十一年三月調
東京都内に於ける戦災浮浪者援護に関する調査報告
昭和二十一年四月末調査
戦災浮浪者収容施設現況調査一覧

図17　敗戦直後に刊行された疎開者の世帯状況に関する調査報告書
（出典：『疎開者世帯状況調査報告書』中央社会事業協会社会事業研究所、1946年、表紙）

5　疎開から田舎の「真実」を暴き出す

ここまで、「暗い嘆きの谷」にある疎開の「一つの歴史」の、その「記録性」を確認した。以下では小説化のための「虚構化」を通じて達成される「記録性」をめぐって、石川にとっての「虚構化」と疎開を小説の題材にすることがどのように関係するのかを考察する。

石川の『経験的小説論』を参照すれば、彼は小説で「真実を真実のまま」には書かず、「真実以上の真実」を感じさせる創作を試みたことになる。このことと関連し、彼が強調する作業は「表現」である。石川は、「あるがままの真実」を材料とし、それを再構成・再配置する「虚構化」すなわち「表現」を通じて「真実以上の真実」を構築するというのが小説家としての任務だと主張する[29]。

石川にとって「真実をあるがままに描く」「描写」は、「真実」だけを表すにすぎない。ここで注意すべきなのは、彼は「真実」という言葉でその問題にこだわっているが、「描写」の客観性は「真実」の有無ではなく、「事実」を的確に表しているか否かによるという点である。ところで、「真実」とはどのようなものだろうか。「事実」が実際にあった事柄を指しているのに対して、「真実」とは嘘ではないこと、偽りではないことというようにしか定義できないものだろう。

石川の「暗い嘆きの谷」の「表現」は単に「事実」を記録する営為を超え、「事実」についての解釈に基づく「真実」を打ち立てようとする営みとつながる。彼が「表現」する疎開の「歴史」を読む場合、客観的な「事実」だけではなく、それに付着している主観的な「真実」をどのように打ち立てているのかに注意しなければならない。「社会派」の石川が作り上げた物語が保持する「記録性」、それを担保する「事実」は、究極的に「真実（以上の真実）」を押し出すためのものなのだ。

「暗い嘆きの谷」に戻ろう。疎開を取り上げることで究極的に浮上させようとした「真実」とはどのようなものだろうか。

広田は荒川さんに工場を貸し宿舎を貸しメタン瓦斯を使わせて、毎月数千円の収入を得られる予定であった。国家が崩壊に瀕し、人間の命がいつまで保たれるかもわからない時代にありながら、しかも彼は色欲と物欲とに執着して悠然と晩酌をたのしみ投網をたのしんでいた。宴会の席に出ると軍人や役人にむかって、天下の形勢を語り国策も論じて大言壮語するのであるが、彼の心の中には国家も国民も、戦争すらもなくて、ただ一筋の欲に貫かれて生きていた。大言壮語は彼の趣味にすぎなかった。

（二六二ページ）

「ただ一筋の欲に貫かれて」生きている広田尚正にとって、「国家も国民も」総力戦体制の防空体制に徹している「戦争」は一儲けのための手段にすぎない。広田は「荒川さん」の建物疎開に応じて収入を得ようとしていて、そもそも学童集団疎開児童を温泉宿から追い払ったのも、悪化する戦況を予想し、頼れる田舎の親類などいない疎開家族に宿を貸して収入を得る企みがあったからである。石川は広田のような者が「日本中のいたるところにあった」と考えていただろう。

実は石川は、広田が象徴するような者の存在に関して「暗い嘆きの谷」を執筆する以前から警戒の声を発しようとしていた。戦時期の混沌とした社会情勢に便乗して「一筋の欲に貫かれて生きていた」田舎の人々を告発するような文章を寄稿したが、なぜかその内容抜きで掲載されたということを「遺書」(30)という自伝的小説に記している。この小説は「毎日新聞」から「娯楽的で明るいもの」という連載小説の依頼に応じて書いたものだが、連載には至らなかった。

「遺書」は、疎開している家族宛ての遺書という設定で書かれている。このような家族の状況は実際の石川の経歴と一致するところでもある。「遺書」の第三回「枯枝（二）」は、「私はある雑誌社の依頼に応じて農村事情観察のため千葉県へ出かけた」と始まるが、雑誌社に提出した記事は、「戦争を金で勘定している」田舎を告発するものだった。しかし、彼の「報告書」は「肝腎な点をすべて削除」して掲載されていたと書かれている。

ここでの「報告書」と考えられるのが、「農村を訪ねて」（「文藝春秋」一九三七年十一月号、文藝春秋）である。導入部が「戦争の波紋を追うて、千葉県の田舎へ行って見た」となっていて、「遺書」の内容から推定できる執筆時期も一致する。「この危険を報告しなくては私の作家としての使命は終わらない」と、「遺書」で「報告書」に言及する理由を告げている。

以上の「遺書」と「報告書」からして、石川は「暗い嘆きの谷」を執筆した一九四九年からさかのぼって三七年頃から、「戦争を金で勘定している」田舎に対して批判的だったと考えられる。「暗い嘆きの谷」で広田という人物が「戦争を金で勘定している」堕落した農村の現実の一つの象徴だという点と関連し、彼のなかには戦争に対して無関心で非協力的な田舎という問題認識が、「暗い嘆きの谷」の十年以上前からあったことがわかる。

この点からして、「暗い嘆きの谷」の舞台が疎開地の田舎であることから、堕落した田舎という「真実」を告発するのに好都合の題材として、疎開地の田舎の「事実」を採択したと解釈することも可能だろう。「日本中のいたるところにあっただろうと思う」疎開村は「事実」である。同様に、広田のように「戦争を金で勘定している」者とその温床としての田舎については、「遺書」や「報告書」から読み取れるように、石川は「事実」に基づく「真実」と考えていた。しかし「報告書」は石川の書いたとおりに公開に至らず、田舎を告発する彼の意見は公共の「事実」にならなかった。そこで石川としては、自らの手によって疲弊した田舎という「真実」を打ち立てなければならなかった。「暗い嘆きの谷」で戦時期の日本と日本人を「表現」しなければならない「作家としての使命」は実のところ、疎開の「事実」に基づいて、「戦争を金で勘定している」田舎の「真実」を訴えかけるところにあった。

　ここで告発される田舎は、疎開という事態に限定された、疎開の受け入れ側としての農村だけを指すものではないだろう。疎開が始まる以前から日本に散在していた「戦争を金で勘定している」堕落した、前近代的な共同体を指す。石川が疎開を小説に書いたのは、「戦争を金で勘定している」田舎の堕落を総体的に暴き出すための格好の題材だったからである。いうまでもなく、田舎が堕落したと判断される裏面には、都会が物差しとして作用している。

　石川は戦時期の疎開の「事実」に基づく「表現」を通じて「記録性」を達成することで、「戦争を金で勘定している」田舎という「真実」を暴き出そうとした。このようなプロセス全体を俯瞰していえるのは、〈田舎と都会〉の関係そのものを浮上させる疎開という事態の批評性であり、それが触発する〈田舎と都会〉へのまなざしである。

6 〈田舎と都会〉を考える

「遺書」の「枯枝（一）」で石川は、「敵はアメリカではなくて日本の社会の中にかくれて居るのではないか、〈以上を改稿して〉お前たちはこの父の嘆きをよく覚えて居てもらいたい[31]」と書いた。「戦争の末期、都市は焼かれ、児童は地方に逃れ、食糧も衣類も何もかもが乏しくなり、人心は極度に荒廃したあの時期[32]」、国家の直面している難問に対して石川は「配給の不備」「言論の不自由」「政治当国の菲才無力」「国内宣伝の拙劣」による「民衆の道義心の低下」を挙げるが[33]、これらを日本社会のなかの敵と仮定すれば、「暗い嘆きの谷」は「配給の不備」という「敵」を、疎開という事態を通じて取り上げた小説になるだろう。石川の論理に従えば、日本は「敵」に負けたことになり、「配給の不備」は敗戦の原因と直結する。一方、石川は疎開している家族への「遺書」に「戦争は社会の欠落を暴露する」と書いた。そのような「欠落」とは、挙国一致して遂行しなければならない戦争に非協力的で、「戦争を金で勘定している」疲弊した田舎であった。

一九四九年、日本社会の内部にある「欠落」という「敵」に負けた四年前の戦争を思い浮かべながら、石川は「暗い嘆きの谷」の執筆に取り組んだと考えられる。〈田舎と都会〉の間の秩序に急激な変化をもたらした疎開という事態の「事実」は、以前から石川が抱いていた、戦争態勢に非協力的な田舎という彼にとっての「真実」を打ち立てるための題材だった。この「真実」は、石川にとっては敗戦の原因とつながるものなのだ。本章で実証までは至らなかったが、疎開に関する調査で日本人の低下した戦意を見いだし、戦意低下と敗戦の因果関係を証明するための「報告書」を作成したアメリカ軍と占領軍にとって、この小説が検閲を免れうるような内容と見なされることは想像に難くない。

疎開の「事実」を「記録」することで、疎開によって現前化した農村の疲弊ぶりを浮上させ、究極的に分離・対立した〈田舎と都会〉の関係に敗戦の原因を見いだすのが一九四九年に書かれた「暗い嘆きの谷」の本懐である。

「後記」で「国民の生活と運命とが、あれほどきびしく国家と結びついていたことは未だかつてなかった」と書いているが、これにあてはまるのが都会から疎開した人々であり、「心の中には国家も国民も、戦争すらもなくて、ただ一筋の欲に貫かれて生きていた」広田尚正に田舎を代弁させる。そして、両者の境界を自由自在に往来する「白石夫人」を配置することで、疎開を契機に短期間で劇的に可視化された〈田舎と都会〉をめぐる関係を、「暗い嘆きの谷」は提示する。

この小説は疎開という事態がもつ批評性を浮かび上がらせた。それは疎開する都会対疎開される田舎、つまり〈田舎と都会〉の関係を考えるための場を提供する疎開のことである。

注

(1) 石川達三は「社会派」と呼ばれる作品の主題に関して次のように述べている。「現実の社会で生起した或る事象、或る事件に取材して、その社会的なまたは政治的な、あるいは人生的な意味を追求し批判し抗議する、という風なものであった」(石川達三『経験的小説論』文藝春秋、一九七〇年、二三四─二三五ページ)

(2)遠丸立「遠心的告発と時代の暗部からの声」、至文堂編「国文学──解釈と鑑賞」一九七六年八月号、至文堂、一八─二六ページ

(3)中野好夫「石川達三 人と文学」、石川達三『石川達三集』(「日本文学全集」第四十八巻)所収、筑摩書房、一九七〇年、四六四─四八八ページ

(4)利沢行夫「石川達三における文学の意味」(前掲「国文学──解釈と鑑賞」一九七六年八月号)、森田溥「石川達三と生地横手」(至文堂編「国文学──解釈と鑑賞」二〇〇五年四月号、至文堂、三八─四六ページ)、平野勝重「解題」(荒井武美ほか編『長野県文学全集 第一期 小説編 第七巻 昭和20年代1』所収、郷土出版社、一九八八年、四八六─四九〇ページ)など

(5)前掲『経験的小説論』一一八ページ

(6)久保田正文『石川達三論』永田書房、一九七二年、一九七─一九八ページ

(7)十返肇「解説」、石川達三『暗い嘆きの谷』(角川文庫)所収、角川書店、一九五七年、一〇二ページ

(8)神子島健「終戦期長野の山村疎開の諸相──石川達三「暗い嘆きの谷」を読む」、「相関社会科学」編集委員会編「相関社会科学」第十八号、東京大学大学院総合文化研究科国際社会科学専攻、二〇〇八年、一六─三一ページ

(9)石川達三「後記」、前掲『暗い嘆きの谷』九九ページ

(10)川津誠「戦時下の石川達三」、前掲「国文学──解釈と鑑賞」二〇〇五年四月号、二七─三二ペー

ジ

(11) 前掲「後記」九八ページ

(12) 全国疎開学童連絡協議会編『学童疎開の記録 三』大空社、一九九四年、二八ページ

(13) 前掲『欲シガリマセン勝ツマデハ』三八〇―三八三ページ

(14) 同書三八一ページ

(15) 「暗い嘆きの谷」からの引用は石川達三『暗い嘆きの谷』(「石川達三作品集」第二十四巻)、新潮社、一九七四年)による。引用はページ数だけを明記する。

(16) 高田保馬「国土計画的都市整備の問題」、東京市政調査会編「都市問題」一九四五年二月号、東京市政調査会、二―六ページ

(17) 武居高四郎「都市疎開問題」、同誌六―七三ページ参照

(18) 川口朋子『建物疎開と都市防空――「非戦災都市」京都の戦中・戦後』(プリミエ・コレクション)、京都大学学術出版会、二〇一四年、四―七ページ

(19) 同書二七三―二七四ページ

(20) 前掲『欲シガリマセン勝ツマデハ』五四一ページ

(21) 黒川みどり「地域・疎開・配給――〈都市と農村〉再考」、前掲『日常生活の中の総力戦』所収、三三ページ

(22) ただし石川達三は、一九四五年四月に家族だけを長野県に疎開させ、自身は東京で自炊生活をした。

(23) 前掲「終戦期長野の山村疎開の諸相」二九ページ

(24) 芋井地区戦後五十年誌編集委員会編『芋井地区戦後五十年誌』(芋井地区連合区長会、一九九九年)には、温泉経営者である「右翼の竹内さん」と書いてある(四ページ)。この文献では、小説の

舞台・登場人物・エピソードなどの事実関係を詳しく検証している。ただし、石川達三が直接疎開してきて書いた小説が「暗い嘆きの谷」であるとされているが（一〇ページ）、調べた限りでは、石川が直接疎開したとする略歴や記述などは見あたらない。

(25) 広田の言動が戦争末期を覆っていた「闇の論理」を象徴しているのであれば、彼の私的エゴイズムは逆説的に、彼が信じてやまない日本の勝利といった「国家のタテマエ」を下から掘り崩していくことになるだろう。吉田裕『アジア・太平洋戦争——シリーズ日本近現代史6』（岩波新書）、岩波書店、二〇〇七年、二〇一—二〇三ページ

(26) 「影響」は全十二章と付録と覚書で構成されている。『東京大空襲・戦災誌』編集委員会編『東京大空襲・戦災誌』第五巻（〔都民の空襲体験記録集〕、東京空襲を記録する会、一九七四年）などで部分的に翻訳されていて、全訳は合衆国戦略爆撃調査団戦意調査部編『日本人の戦意に与えた戦略爆撃の効果』（広島平和センター、一九八八年）で確認できる。「影響」の資料的価値については、粟屋憲太郎「資料問題」（粟屋憲太郎編『敗戦直後の政治と社会』〔資料日本現代史〕第二巻所収、大月書店、一九八〇年）や梶原康久「下関空襲と「銃後」の市民——米国戦略爆撃調査団・下関面接調査の分析」（梅光学院大学地域文化研究所編「地域文化研究」第二十六号、梅光学院大学地域文化研究所、二〇一一年）を参照。両方とも、敗戦直後の民衆意識と生活の実相を知るうえでの貴重な資料と評価している。

(27) 前掲『東京大空襲・戦災誌』第五巻、四七九—四八〇ページ

(28) 小澤一「山梨県に於ける疎開者世帯状況調査概要」、中央社会事業協会社会事業研究所『疎開者世帯状況調査報告書』所収、中央社会事業協会社会事業研究所、一九四六年、九三—九四ページ。「あとがき」では、「戦争中の調査であった」が「編輯中に終戦」となり、「調査者の努力に報ゆる意味か

ら纏めてみた」と記してある一方で、「終戦後に於ても疎開者の問題は当分残されてゐる」(一四一ページ)と指摘される。今後、終戦直後に実施した疎開関連調査に関する資料調査が要求される。

(29)前掲『経験的小説論』八二―九三ページ

(30)「遺書」に関しては浜野健三郎『評伝 石川達三の世界』(文藝春秋、一九七六年、一五一―一六七ページ)に詳しい。『評伝 石川達三の世界』は連載五回分の原稿(棒ゲラ二回分、原稿三回分)を収録している。ただし、掲載情報は不明。本章の「遺書」からの引用は『評伝 石川達三の世界』による。

(31)同書一五五ページ

(32)前掲『経験的小説論』六六ページ

(33)石川達三「作家は直言すべし」「文学報国」一九四四年八月一日号、日本文学報国会。引用は石川達三『徴用日記その他』(銀河叢書)、幻戯書房、二〇一五年、一二一―一二三ページ。

第8章　東京がら疎開すて来だ「津軽人」が言ってまった…
──太宰治「十五年間」「やんぬる哉」など

1　太宰治の「疎開文学」

本章では、疎開体験者である太宰治が書いた小説から導出できる〈田舎と都会〉の問題について考えたい。

一九四五年三月の東京大空襲を経験した太宰は、妻子を妻の実家がある甲府に疎開させておき、四月に自身も甲府に疎開した。だが七月に甲府空襲にあって再び焼け出され、故郷の津軽地方に再疎開した。再疎開先の津軽で敗戦を迎えた太宰は、四六年十一月に約一年三カ月の疎開生活を経て東京へ戻った。(1)

太宰はこのような甲府から津軽への疎開の経緯を「十五年間」(「文化展望」一九四六年四月号、三帆書房)で次のように記している。

その間に私は二度も罹災してゐた。「お伽草紙」を書き上げて、その印税の前借をして私たちはたうとう津軽の生家へ来てしまつた。

甲府で二度目の災害を被り、行くところが無くなつて、私たち親子四人は津軽に向つて出発したのだが、それからたつぷり四昼夜かかつて、やうやくの事で津軽の生家にたどりついたのである。さうして、その途中の困難は、かなりのものであつた。(略)

けれども、もう死んだつて、故郷で死ぬのだから仕合せなはうかも知れないと思つてゐた。さうしてまもなく日本の無条件降伏である。

(第八巻、五六—五七ページ[2])

紅野謙介は、前述の引用でみられるような太宰の体験を「難民」体験とし、その「移動の軌跡をテクストに忠実に[3]」たどる。ここでの「移動の記憶」は疎開体験と直接関わっている。太宰の疎開体験を論じる際は、主として「移動」のプロセスに焦点が当たってきた。「たづねびと」(「東北文学」一九四六年十一月号、河北新報社)や「薄明」(『薄明』新紀元社、一九四六年)のような小説で「難民」としての、あるいは「疎開者」としての「移動の記憶」が劇的に形象化されているからだろう。

しかし、太宰は疎開体験の「移動」のプロセスだけを小説化したわけではない。故郷津軽に「疎開者」として住み着いてからの様々なエピソードも小説に書いた。例えば単行本『冬の花火』（中央公論社、一九四七年）では、「庭」（「新小説」一九四六年一月号、春陽堂）、「やんぬる哉」（「月刊読売」一九四六年三月号、読売新聞社）、「親といふ二字」（「新風」一九四六年一月号、大阪新聞社東京支社）、「嘘」（「新潮」一九四六年二月号、新潮社）、「雀」（「思潮」一九四六年九月号、昭森社）といった五編の短篇を収録しているが、これらは「津軽通信」というタイトルの連作集にまとめられている。「津軽通信」は敗戦直前の一九四五年七月末から四六年十一月初めにかけて、太宰が疎開生活のさなかに執筆した。五編のいずれにも作中の「私」が津軽に疎開していることを明記しているか、あるいは暗示しているような叙述がみられる。[4]

図18　太宰治『冬の花火』中央公論社、1947年、カバー
（出典：太宰治『冬の花火──中央公論社版』〔名著初版本複刻太宰治文学館〕、日本近代文学館、1992年）

「津軽通信」に対する研究が本格的になされているとは言い難い。相馬明文は「津軽通信」に関して、「五編のいずれも作中の〈私〉を疎開時の太宰治と同一視することはできないが、小説の内容に近いできごとはあったに違いない」とし、「津軽通信」がまともに取り上げられていない研究状況を指摘しながら「今後重要度を増していく連作集で読解が期待される」[5]と述べている。相馬の「小説の内容に近いできご

と」という指摘は、太宰の疎開体験と小説の内容が何らかの関連性をもっていることを示唆している。

太宰の疎開体験との関連で先行研究をみてみよう。相馬正一は敗戦後の第一作である「パンドラの匣」(「河北新報」一九四五年十月二十二日―四六年一月七日付、河北新報社)を中心に、疎開生活によって培養された太宰の戦後思想としての「無頼派（リベルタン）」宣言の意味を論じる。(6) 山崎正純は、「人間としての主体性の質を、経済行為の担い手たり得るかの一点によって決定されてしまう」存在としての「疎開者」のありようを、戯曲「冬の花火」(「展望」一九四六年六月号、筑摩書房)を中心に論じる。(7) 太宰の疎開体験の意味を論じる際、「冬の花火」と「春の枯葉」(「人間」一九四六年九月号、鎌倉文庫)という戯曲に言及するのが常である。それは塚越和夫の言葉を借りれば、「どちらも津軽地方のある村という設定で、疎開者が主人公もしくはその相手役になっている点」(8) に起因すると思われるが、その一方で太宰の戯曲という希少性と「疎開者」という設定がうまく絡み合っている点も指摘できる。(9) 太宰の疎開体験がより具体的に論じられるようになったのは二〇〇〇年代以後のことで、例えば山口俊雄はそれまでの移動の経緯だけに焦点を絞った論に対し、移動したあと、つまり疎開したあとの太宰の心境や思想の変化に注目する。(10)

以上のような先行研究を概観すれば、太宰の疎開体験との関連で三つの問題点が指摘できる。第一は、太宰の戦後思想(「無頼派（リベルタン）」宣言、「桃源郷」追求の思想的背景など)(11) の究明に偏っていること。第二は、すでにある程度通説化している太宰の戦後思想論を維持・補修するようにして、いくつかのテキストに集中した論が再生産されていること。第三は、ダザイオサムという作家名が発するアウラから一歩離れて考えれば、疎開という事態に関する理解を深めるためのテキストとしての読解可能性が見逃されていること。疎開についての研究は主に学童の集団疎開を中心になされていて、太宰の場合のような、いわば縁故に頼る疎開、大人の疎開に関する研究は進んでいない。太宰の「疎開文学」[12]に着目することで、太宰文学に関する理解にとどまらず、疎開という事態に関する理解も一歩前進できると思われる。

2 発見される出自、「津軽人」

太宰の戦後思想の表明の書として「苦悩の年鑑」[13](「新文芸」一九四六年六月号、虹書房)とともによく取り上げられるのが「十五年間」である。「「サロン思想」に陥っていく戦後日本社会に〈道徳の煩悶〉を促していこうとする心構え」としての「無頼派(リベルタン)」宣言の意味を「十五年間」から読み取ろうとする論考[14]がある。これは、言葉は異なるが「下降した所にあるもっとも素朴な〈人々の原像〉」を「切り捨てられなかった」太宰の心情を「十五年間」から拾い上げた論考[15]の基調を受け継いだものといえる。「十五年間」で宣言された太宰の思想とはどのようなものだったかという点に関する議論はいくつか確認できるが、そのような思想宣言の背景に潜んでいる太宰個人の体験として何が重要なのかについての議論は具体的に展開されていない。前者の議論では「「津軽の百姓」を心の拠り所[16]」としたがゆえに、そのような宣言が可能だったと述べられているにもかかわらずである。

「十五年間」の冒頭で「津軽の百姓」としての出自を確認している部分をみてみよう。

私はもう十五年間も故郷から離れてゐたのだが、故郷はべつだん変つてゐない。さうしてまた、その故郷の野原を歩きまはつてゐる私も、ただの津軽人である。十五年間も東京で暮してゐながら、一向に都会人らしく無いのである。首筋太く鈍重な、私はやはり百姓である。いつたい私は東京で、どんな生活をして来たのだらう。ちつとも、あか抜けてやしないぢやないか。私は不思議な気がした。

（第八巻、三七―三八ページ）

十五年間「故郷」から「離れてゐた」自分は、「やはり」「故郷」を本拠地とする「百姓」「津軽人」だと言明している。「やはり」「津軽人である」と念を押しているような書き方になっているのは、この小説を「東京八景」（「文学界」一九四一年一月号、文藝春秋社）という「五年くらい前」に書いた「回想記」だけでは「何か足りないやうな気」がして書いたものだからだろう。「「東京八景」以後の大戦時の生活」を「補足」し、「私の田舎臭い本質を窮めたい」（第八巻、三八ページ）という動機から「十五年間」の構想が始まり、そこで「私」は「やはり津軽人である」と自己の出自を確認する。

発表時期から考えると「「東京八景」以後」とは一九四一年以後であり、「五年くらい前」に書いたのが「東京八景」だから、「十五年間」を書いたのは四六年になる。「回想記」として五年前に発表した「東京八景」だけでは何が「足りない」と太宰は思ったのだろうか。「東京八景」の場面から考えてみよう。

十年以前、はじめて東京に住んだ時には、この〔東京の：引用者注〕地図を買ひ求める事さへ恥ずかしく、人に、田舎者と嘲られはせぬかと幾度となく躊躇した後、たうとう一部、うむと決意し、ことさらに乱暴な自嘲の口調で買ひ求め、それを懐中し荒んだ歩きかたで下宿へ帰つた。
（第三巻、二七四ページ）

「田舎者」と「嘲られる」のを恐れ、方言を隠し「乱暴な自嘲の口調」で「地図」を「買ひ求め」た、「十年以前、はじめて東京に住んだ時」の逸話を語っている。しかし、それから十五年たった時点の「十五年間」では堂々と「田舎者の私」（第八巻、五八ページ）、つまり津軽出身という出自を語るようになっている。太宰は、「東京八景」の時点ではできなかった何かに気づいたために「何か足りない」と感じた。見逃してはならないのは、「東京八景」発表以前と以後の線引きの軸として、「大戦の辛苦」の体験、すなわち戦争体験が喚起される部分である。それは先行研究でも確認しているとおり、「移動」としての疎開体験ともいえる。「東京に住んだ時」には表出することができなかった「何か足りない」点とは、「津軽人」としての出自とつながる。津軽に疎開してきてから「東京八景」のときの「足りない」「何か」が自覚されてきたのだ。

このような「田舎者」「津軽人」の出自は、「十五年間」をもってはじめて言いだしているわけではない。自分を「津軽人」として発見した最初の経緯に関して、「私は或る出版社から旅費をもらひ、津軽旅行を企てた。(略)自分の身も、いつどのやうな事になるかわからぬ。いまのうちに自分の生まれて育つた津軽を、よく見て置かうと思い立つたのである」(第八巻、五四―五五ページ)と「十五年間」に記している。この「津軽旅行」の結実が「津軽」(『津軽』〔「新風土記叢書」第七編〕、小山書店、一九四四年)である。

「津軽」と関連し、「津軽旅行」にとって重要だったのは「「津軽のつたなさ」の発見」だったと指摘している。[17]「津軽のつたなさ」については、「津軽」で、津軽の「要領の悪さ」という言葉で表れる。

もうこの辺から、何だか、津軽ではないやうな気がするのである。津軽の不幸な宿命は、ここには無い。あの、津軽特有の「要領の悪さ」は、もはやこの辺には無い。(略)所謂文化的である。ばかな傲慢な心は持つてゐない。(第六巻、二七二ページ)

もともと秋田領だったといわれる深浦付近の風景を眺めながら、太宰は「津軽特有」の性質としては「要領の悪さ」を、それと背馳するものとしては「文化」を挙げる。「私のこれまでの要領の悪かつた生涯」(第六巻、二九四ページ)と言っているように「津軽旅行」で発見した「要領の悪さ」は、そのまま太宰自身の「生涯」を規定する性質でもあった。

「津軽旅行」で発見した「津軽人」太宰治は、「津軽人」らしい「要領の悪さ」や「つたなさ」を特性としている。それらは「文化的」ではない性質のものである。太宰が「津軽人」と「田舎者」とをほぼ同一の意味として使っていることを考えると、「はじめて東京に住んだ時」に「田舎者と嘲られはせぬか」と恐れていたのは、「津軽人」としての「要領の悪さ」「つたさな」を「嘲られはせぬか」と恐れていたことになる。

「東京」という都会に住んでいるからこそ、田舎出身の「津軽人」の出自をカミングアウトするか否かは悩みの種になってしまう。これはそのまま、〈田舎と都会〉が二項対立的でありながら相互依存的であるという関係性を映し出す。都会に対しての田舎、田舎に対しての都会。その関係性に目を向けさせるのが疎開という事態なのだ。

3 旅人ではなく疎開者として

「津軽」執筆のために「津軽旅行」をした太宰は、その際「旅人」として津軽特有の「要領の悪さ」を発見した。では、「要領の悪さ」を再び発見する「十五年間」ではどうだろうか。「十五年間」で「津軽人」の出自を語る部分を確認したい。

私は、やはり、「文化」といふものを全然知らない頭の悪い津軽の百姓でしか無いのかも知れない。雪靴をはいて、雪路を歩いてゐる私の姿は、まさに田舎者そのものである。しかし、私はこれからこそ、この田舎者の要領の悪さ、拙劣さ、のみ込みの鈍さ、単純な疑問でもつて、押し通してみたいと思つてゐる。いまの私が、自身にたよるところがありとすれば、ただその「津軽の百姓」の一点である。

　十五年間、私は故郷から離れてゐたが、故郷も変らないいし、また、私も一向に都会人らしく垢抜けてゐないし、いや、いよいよ田舎臭く野暮つたくなるばかりである。「サロン思想」は、いよいよ私と遠くなる。

（第八巻、五九ページ）


「津軽」と比べると、「津軽の百姓」[18]と規定しながらも「「文化」といふものを全然知らない」点をより強調する記述をしているのがわかる。それは、「「サロン思想」は、いよいよ私と遠くなる」という部分と呼応する。「田舎臭く野暮つたくなるばかり」である「津軽人」にとって「サロン思想」が「遠くなる」のは、そもそも「文化」を「全然知らない」「津軽人」だからだと、太宰は書いている。

　太宰がいう「サロン思想」が具体的に何を指すのかについては明らかにされていない。では「文化」に関してはどうか。

　結局、私がこの旅行で見つけたものは「津軽のつたなさ」といふものであつた。拙劣さである。不器用さである。文化の表現方法の無い戸惑ひである。私はまた、自身にもそれを感じた。けれども同時に私は、それに健康を感じた。ここから、何かしら全然あたらしい文化（私は、文化といふ言葉に、ぞつとする。むかしは文花と書いたやうである。）そんなものが、生れるのではなからうか。愛情のあたらしい表現が生れるのではなからうか。私は、自分の血の中の純粋の津軽気質に、自信に似たものを感じて帰京したのである。つまり私は、津軽には文化なんてものは無く、したがつて津軽人の私の少しも文化人では無かつたといふ事を発見してせいせいしたのである。それ以後の私の作品は、少し変つたやうな気がする。（第八巻、五五ページ）

「津軽旅行」で「見つけたもの」として「津軽のつたなさ」「拙劣さ」「不器用さ」などを列挙し、最後に「文化の表現方法の無い戸惑ひ」を挙げるが、その「戸惑ひ」から「健康を感じ」、「あたらしい文化」への期待を表明している。「文化」がない「津軽の百姓」としての出自を発見して表明することは、「津軽」における「あたらしい文化」への期待のそれであると同時に、「津軽人」である自分自身への期待の表明にもなるだろう。

すでに「津軽」執筆で発見した「津軽人」としての出自を「十五年間」で再「発見」しているのは、単に津軽に戻ったことに起因するのではない。「れいの戦災をかうむり」「津軽の生家にもぐり込んで」「居候といふ身分」（第八巻、三七ページ）、つまり「疎開者」としての立場を明らかにしながら「十五年間」は始まる。「津軽通信」と疎開体験との関連性についてはすでに触れたが、「十五年間」でも「疎開者」という身分を明確に表している。

「十五年間」というテキストの背景にある疎開を無視することはできない。以下、「疎開者」太宰が疎開の実態をどのように描いているのかを考察するために、「津軽通信」の「やんぬる哉」を取り上げて分析する。

4　疎開体験の語りにくさ

旅行とは、いつかは旅行先から生活の本拠地に戻ってくるのを前提とする。しかし疎開はそうはならない。生き残るため余儀なくされた選択として、生活の本拠地から逃げ出すのが疎開だからだ。太宰の「旅人」としての津軽行きと「疎開者」としての津軽行きに関する論としては、「津軽」のときに築き上げたその土地に対する幻想のようなものが疎開体験によって打ち砕かれたとする論調が主である。[19]一九四四年の「津軽旅行」で味わったのが「甘美な体験」だったのは確かだろう。しかし、疎開後の太宰の「田舎」津軽に対する失望や批判といった先行研究の結論が、「疎開者」としての太宰が実際に描いた疎開の実態に関する考慮なしで出されている点も指摘しなければならない。

「やんぬる哉」は、東京から疎開してきた女性と受け入れ側の女性との間で交わされる疎開という事態をめぐる議論を、受け入れ側の女性の夫である「中学校の同級生」の「医者」が「私」に語るという構図になっている。この小説は太宰の思想宣言を追跡しようとする立場からよく論じられているように、津軽というトポスに対する幻想の崩壊が描かれているようにもみえがちだが、事態はそう単純ではない。

小説での、都会からの「疎開者」が受け入れ側つまり田舎について訴える言い分をみてみよう。

都会から疎開して来た人はたいてい焼け出されの組で、それはもう焼かれてみなければわからないもので、ずいぶんの損害を受けてゐるのです。それがまあ多少のゆかりをたよつて田舎へ逃げて来て、何も悪い事をして逃げて来たわけでもないのに肩身を狭くして、何事を忍び、少しづゝでも再出発の準備をしようと思つてゐるのに、田舎の人たちは薄情なものです。私たちだつて、ただでものを食べさせていただかうとは思つてゐません、畑の仕事でも何でも、うんと手伝はせてもらはうと思つてゐるのに、そのお手伝ひも迷惑、ただもう、ごくつぶし扱ひにして相談にも何も乗つてくれないし、（略）都会の成金どもが闇値段を吊り上げて田舎の平和を乱すなんておつしやる。

（第八巻、六六―六七ページ）

受け入れ側は「焼け出されの組」の「疎開者」を、「迷惑」で「ごくつぶし」の「田舎の平和を乱す」侵入者として扱う、と非難している。

では、田舎の都会に対する言い分をみてみよう。

それは結局、あなた自身に創意と工夫が無いからだ、（略）政府はただちに罹災者に対してお見舞ひを差上げてゐる筈だし、公債やら保険やらをも簡単にお金にかへてあげてゐるやうだ。それに、全く文字どほりの着のみ着のままといふ罹災者は一人も無く、まづたいていは荷物の

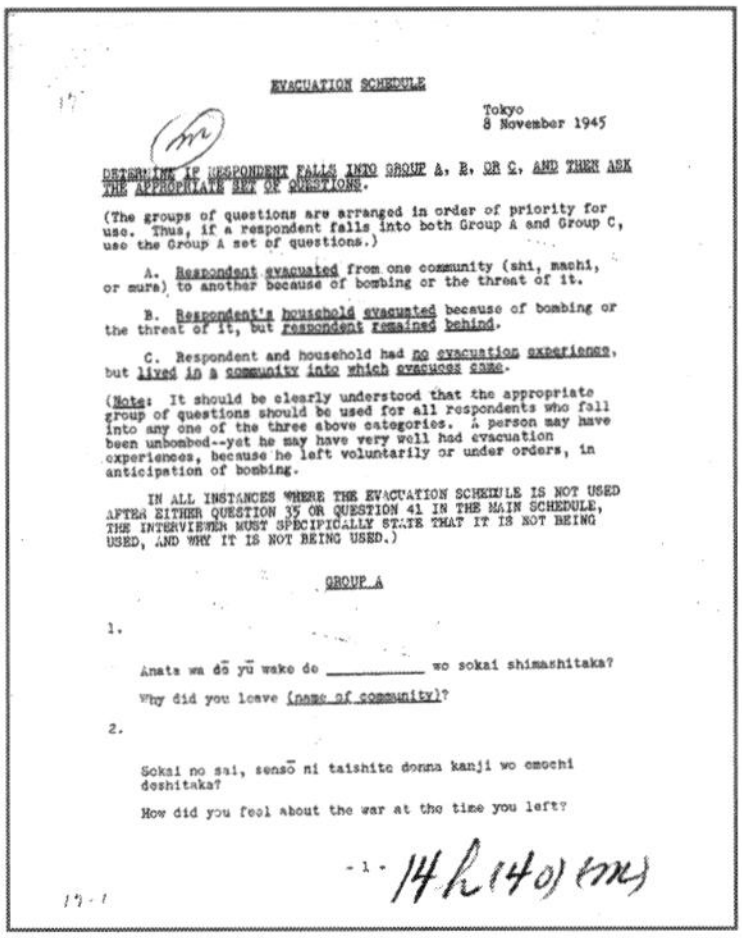

四個や五個はどこかに疎開させてゐて、当分の衣料その他に不自由は無いものの如くに見受けられる。それだけのお金や品物が残つてゐたら、なに、あとはその人の創意と工夫で、なんとかやつて行けるものだ、田舎のお百姓さんたちにたよらず、立派に自力で更生の道を切りひらいて行くべきだと思ふ。

（第八巻、六八ページ）

EVACUATION SCHEDULE

Tokyo
8 November 1945

DETERMINE IF RESPONDENT FALLS INTO GROUP A, B, OR C, AND THEN ASK THE APPROPRIATE SET OF QUESTIONS.

(The groups of questions are arranged in order of priority for use. Thus, if a respondent falls into both Group A and Group C, use the Group A set of questions.)

A. Respondent evacuated from one community (shi, machi, or mura) to another because of bombing or the threat of it.

B. Respondent's household evacuated because of bombing or the threat of it, but respondent remained behind.

C. Respondent and household had no evacuation experience, but lived in a community into which evacuees came.

(Note: It should be clearly understood that the appropriate group of questions should be used for all respondents who fall into any one of the three above categories. A person may have been unbombed--yet he may have very well had evacuation experiences, because he left voluntarily or under orders, in anticipation of bombing.

IN ALL INSTANCES WHERE THE EVACUATION SCHEDULE IS NOT USED AFTER EITHER QUESTION 35 OR QUESTION 41 IN THE MAIN SCHEDULE, THE INTERVIEWER MUST SPECIFICALLY STATE THAT IT IS NOT BEING USED, AND WHY IT IS NOT BEING USED.)

GROUP A

1.

Anata wa dō yū wake de ____________ wo sokai shimashitaka?

Why did you leave (name of community)?

2.

Sokai no sai, sensō ni taishite donna kanji wo omochi deshitaka?

How did you feel about the war at the time you left?

-1- 14 h (1401) (mn)

図19　疎開者に対するUSSBSの報告書の一部
（出典：Records of the U.S. Strategic Bombing Survey= 米国戦略爆撃調査団文書 ;Entry 41, Pacific Survey Reports and Supporting Records 1928-1947.）

以上の引用に関して、「戦時中に罹災者への迅速な「お見舞ひ」や補償をしたとも思えない」「医者が無知であったことを露呈していることは、明らか」とする論[20]があるが、ここでは当時の人々が「政府」の対「罹災者」政策についてどのように感じ、どのように考えたかを重視したい。この点と関連し、分析の端緒を提供する資料として、第7章でも取り上げた米軍戦略爆撃調査団（USSBS）による「報告書」から再び引用する。

一般に直接調査団に提出されたような公式の見解は、疎開者の受入れに関する応答者の正式の陳述とより多く一致するのであるが、非公式および文書の証拠資料は非常に著しい摩擦を示す傾向がある。[21]

地方住民と東京その他爆撃を受けた地区からの疎開者との間の争いは米不足のために一般的であった。（略）疎開者は戦争犠牲者として十分同情を受ける資格があるものと思ってやって来た。（略）争いは不愉快な形をとり、主として婦人の間に起こった。[22]

「やんぬる哉」は、疎開のもたらした一面を的確に捉えている。学童の集団疎開以外の疎開であり、「やんぬる哉」のように大人が縁故に頼って田舎に疎開するケース、つまり大人の縁故疎開[23]に関する研究が難しいのは、何よりも「史料」が「少ない[24]」からである。しかし、人数の面で疎開の大多数を占めているのは縁故に頼る疎開のほうであり、疎開関連研究で縁故疎開に関する考察は欠かせないものである。疎開の当事者たちに対して調査し、調査結果を記録した数少ない資料の一つである「報告書」で確認できるのは、第一に疎開の当事者から提出された「公式」の見解と「非公式」の見解にはずれが存在し、「非公式」の見解では「疎開者」と「受け入れ側」間の「著しい摩擦」を示している点、第二にそのような「争い」は「主として婦人の間で起こった」という点である。「やんぬる哉」が、「婦人」二人の疎開当事者同士の「著しい争い」を的確に描写している小説なのは言をまたない。[25]

「やんぬる哉」の「争い」の場面で、「医者」は受け入れ側のほうが「正論」だと結論づける。続いて最後の場面で「大きなカボチヤを三つ荒縄でくくつて背負ひ、汗だくで歩いてくるおかみさん」を見つけた「私」は「たいていは、あんなひどいものなんですからね。創意も工夫もありやしない」というが、「それは、すなわち、細君御帰宅」だったのである。そこで「私」は「やんぬる哉」（第八巻、六九ページ）と呟きながら小説が終わる。

ここで「津軽」へ再び戻りたい。

だいぶ弘前の悪口を言つたが、これは弘前に対する憎悪ではなく、作者自身の反省である。私は津軽の人である。私の先祖は代々、津軽藩の百姓であつた。謂はば純潔種の津軽人である。だから少しも遠慮無く、このやうな津軽の悪口を言ふのである。他国の人が、もし私のこのやうな悪口を聞いて、さうして安易に津軽を見くびつたら、私はやつぱり不愉快に思ふだろう。

（第六巻、一五四ページ）

二回にわたる津軽行きから生じた津軽認識の性格は異なるものの、前述の引用での「私は津軽の人である」という出自の発見そのものに何かの変化が生じたとは言い難い。「津軽人」だから「自身の反省」で「悪口」を語りうる立場だと自己認識している太宰の文章だからといって、「やんぬる哉」において自分の故郷であり疎開先である津軽と津軽人に対する「悪口」のように聞こえなくもない台詞を「悪口」とうのみにし、その内容を信じ込んでいいのだろうか。都会の東京から田舎に疎開してきた一方で、疎開先が自分の故郷でもある「私」が、「津軽人」の「医者」夫婦に何か批判を抱いているのなら、そうした批判の矛先は結局自己に向かい、「津軽人」の「悪口」は「自身の反省」をせざるをえない契機を内包するものである点を看過してはならない。「十五年間」で「サロン文化」批判を展開している太宰が、「太宰治とか称する、この妙に気取つた男」(第八巻、四五ページ)を最後の批判の的と想定している事実を想起してもいい。「津軽人」としての出自を背負いながら何かを批判しているようにみえる太宰だが、そのような批判の主体としての自分と、批判の対象としての自分を明確に区別したうえで批判しているのではない。「津軽人」としての出自をもっておこなっている彼の批判の声は、一方的な肯定や否定に走るような単純なものではないだろう。

「やんぬる哉」に戻ると、田舎出身の「津軽人」でありながら都会からの「疎開者」でもある「私」が図らずも発してしまった「やんぬる哉」が、単に受け入れ側「津軽人」「医者」夫婦に対する揶揄の声であり、そこから批判の主体として立ち上がった「私」が「医者」夫婦に象徴される津軽・田舎への批判をあらわにしている、という読みには修正の余地がある。この小説の主人公は津軽に疎開している「私」である。しかし、展開している物語は「私」の体験ではなく、他人の体験によるもので、他人の体験を「私」が語るというふうに工夫されている。疎開をめぐる会話が本格的に進むと、まるでその存在は消し去られたかのように「私」は物語の背後に隠れる。そして最後の場面になって再び「私」は登場する。疎開をめぐる「争い」に関して、直接には「私」は一言の意見も発しない。よって「争い」に関して一方に肩入れするような描写はみられない。さらに、作中の「私」の「やんぬる哉」を伴って発せられた言葉ではなく、声にならない独白の言葉として書いている点を考慮しなければならない。これらはすべて太宰が工夫したものにちがいないだろう。なぜなら、「やんぬる哉」は小説の題名にもなっていて、小説の主題を示唆する言葉だと考えられるからだ。

「疎開文学」としての「やんぬる哉」の意味は、このように一方的な解釈を拒否する「やんぬる哉」という言葉の力学に潜んでいる。「報告書」からみられるように、「非常に著しい摩擦」は「非公式」な「証拠資料」として記されているだけである。「著しい摩擦」の当事者である都会の疎開者と田舎の受け入れ側とに対して太宰は、一方だけを肯定したり否定したりすることはできない。疎開者でありながら受け入れ側の出身であり、受け入れ側の者でありながら疎開しているという〈田舎と都会〉のどちらにも属しながら、しかし同時にいずれにも属さない太宰の立ち位置は、どこに肩入れするにせよ結果的には「自身の反省」に帰着する、という非常に不安定かつ不確かなものだからだ。ここでの「自己の反省」は同時に、自己の出自や人生に関わる〈田舎と都会〉をひっくるめて批判することにならざるをえない。

「非常に著しい摩擦」を語る「見解」が公式化せず、「非公式」の「証拠資料」になってしまう理由を「やんぬる哉」は語ってくれる。親戚などの縁故を頼って疎開した疎開人が自分たちの命を守ってくれて、かつ食糧を提供してくれた受け入れ側を批判するのは、恩知らずの行為になるからである。[26]「やんぬる哉」の工夫された語りの構造は、疎開体験を語ることの難しさを語り、体験の語りにくさを露呈するものである。

5　田舎ありきの都会／都会ありきの田舎

田舎出身でありながら都会から疎開してきた「やんぬる哉」の「私」は、〈田舎と都会〉の言い分を黙って聞いている。「十五年間」「津軽」と比較してわかるように、何も変わっていない津軽に戻ってきた自分も何も変わっていないからこそ、太宰の目は疎開という事態によって生じた現実をより客観的に捉えることができたといえる。[27] そのような太宰の視線は「やんぬる哉」における女性同士の葛藤の描写から確認できる。そして、小説「やんぬる哉」の最後の「私」の言葉「やんぬる哉」は、何も変わっていない「田舎者」の自分なのに余計な言葉を心の中で口走ってしまったという自嘲の台詞としても読めると考えられる。

さらにいえば、「小説の内容に近いできごとはあったに違いない」太宰が、「非公式」資料の「非常に著しい摩擦」を「やんぬる哉」に書いて公式のものにしてしまったという解釈は成り立つだろうか。「津軽出身」だからこそ「津軽のつたなさ」に対しても批判ができる彼は、同じく東京からの疎開人だからこそ「薄情」な田舎に対しても批判できるのである。しかし、最終的に「私」は、そして太宰は、どちらに対しても明確な言葉で批判することはできない。

太宰は、疎開体験の語りにくさを小説で形象化した。疎開は語りにくい戦時期の体験である。公式／非公式を問わず「史料」が「少ない」理由はこの点とも関連するだろう。逃げ出してきた

「私」を受け入れてくれた感謝すべき故郷に対して、「薄情」だと愚痴をこぼすことこそ「薄情なもの」になりかねない。太宰治が描いた疎開には、戦争末期の緊迫したときに空襲から命を守るために移動を余儀なくされる疎開人の、衝突する立ち位置が見え隠れしている。「やんぬる哉」の「私」は、〈田舎と都会〉の葛藤を可視化した疎開について安易に語ることなど許されていない。こうしてみると「私」が象徴する疎開体験の語りにくさは、〈田舎と都会〉の関係に隠れている、田舎を語る／都会を語る際に陥りかねない自己撞着の罠を暗示すると考えられる。田舎に対しての都会／都会に対しての田舎とは、田舎ありきの都会／都会ありきの田舎でもあるからだ。

疎開の受け入れ側に該当する田舎に対する着目は、最近活発に研究されてはいるものの問題提起にとどまる場合が多く、また、子どもの疎開体験の枠を超えられない場合がほとんどである。だが、本章で全体を取り上げることはできなかったが、例えば「津軽通信」での疎開に着目した考察は、太宰文学の理解の深化とともに、〈田舎と都会〉の関係そのものを浮き彫りにした疎開という事態に関するさらなる考察の可能性を提示するだろう。[28]

注

（1）山内祥史『太宰治の年譜』大修館書店、二〇一二年、二七六―三〇六ページ

（2）太宰治の小説からの引用は『太宰治全集』（筑摩書房、一九八九―九二年）による。引用は同全集の巻数とページ数だけを明記する。

(3)紅野謙介「難民の記憶——戦争を生きる太宰治」、学灯社編「国文学——解釈と教材の研究」二〇〇二年十二月号、学灯社、二八—四一ページ

(4)「津軽通信」五編での、津軽へ疎開してきた「私」についての記述は以下のとおりである。

「庭」:「東京の家は爆弾でこはされ、甲府市の妻の実家に移転したが、この家が、こんどは焼夷弾でまるやけになつたので、私と妻と五歳の女児と二歳の男児と四人が、津軽の私の生まれた家に行かざるを得なくなつた」(第八巻、三ページ)

「やんぬる哉」:「こちら(津軽)へ来てから、昔の小学校時代の友人が、ちよいちよい訪ねて来てくれる」(第八巻、六三ページ)

「親といふ二字」:「私が二度も罹災して、たうとう津軽の兄の家へ逃げ込んで居候といふ身分になつたのであるが」(第八巻、九ページ)

「嘘」:「私は焼け出されて津軽の生家の居候になり、鬱々として楽しまず、ひよつこり訪ねて来た小学時代の同級生でいまはこの町の名誉職の人に向つて、そのやうな八つ当たりの愚論を吐いた」(第八巻、二四ページ)

「雀」:「この津軽へ来たのは、八月」(第八巻、九七ページ)

(5)相馬明文『太宰治の表現空間』(近代文学研究叢刊)、和泉書院、二〇一〇年、二四六—二四七ページ

(6)相馬正一「太宰治の疎開生活」、至文堂編「国文学——解釈と鑑賞」一九八八年六月号、至文堂、四八—五三ページ

(7)山崎正純「疎開する太宰治——疎開者小説の可能性」「言語文化学研究 日本語日本文学編」第四号、大阪府立大学人間社会学部言語文化学科、二〇〇九年、一—一二ページ

（8）塚越和夫「冬の花火・春の枯葉」、学灯社編「国文学――解釈と教材の研究」一九八七年一月号、学灯社、一三二ページ

（9）あるいは次のような述懐の影響も考えられる。「「冬の花火」「春の枯葉」の二つの戯曲は〔昭和：引用者注〕二一年前半の収穫である。この頃太宰はよく兄の本棚から戯曲集を借りてきて読んでいた」。津島美知子『回想の太宰治』（初版：一九七八年）、（講談社文芸文庫）、講談社、二〇〇八年、六三ページ

（10）山口俊雄「疎開・戦後――移動が太宰に見せたもの」、安藤宏編著『展望 太宰治』所収、ぎょうせい、二〇〇九年、九九―一一五ページ

（11）安藤宏「太宰治・「冬の花火」論」「上智大学国文学科紀要」第十号、上智大学国文学科、一九九三年、一三一―一四四ページ

（12）「彼ら〔疎開したことがある文学者たち：引用者注〕が、戦後、自らの疎開体験をもとに書いた小説・詩歌など（場合によっては、手記・日記類も含めて）を、私は、「疎開文学」と呼んでみたいのである」。丸川浩「獅子文六の疎開小説――疎開文学論ノート（1）」「山陽女子短期大学研究紀要」第三十一号、山陽女子短期大学、二〇一〇年、一ページ。本書は、丸川の「疎開文学」概念を導入するものである。

（13）「苦悩の年鑑」で太宰の戦後思想の表明としてもっとも有名なのは以下の部分である。「まつたく新しい思潮の台頭を待望する。それを言ひ出すには、何よりもまづ、「勇気」を要する。私のいま夢想する境涯は、フランスのモラリストたちの感覚と基調とし、その倫理の儀表を天皇に置き、我等の生活は自給自足のアナキズム風の桃源である」（第八巻、八二ページ）

（14）厳大漢「太宰治・〈道徳の煩悶〉を促す心構えの表明――「十五年間」論」、昭和文学会編「昭和文

学研究」第五十四号、笠間書院、二〇〇七年、三七―三八ページ
(15)三谷憲正「太宰治の時代と「十五年間」」「稿本近代文学」第七号、筑波大学日本文学会近代部会、一九八四年、七三ページ
(16)前掲「太宰治・〈道徳の煩悶〉を促す心構えの表明」三八ページ
(17)荻久保泰幸／東郷克美／渡部芳紀「鼎談 昭和20年～23年の太宰治をどう読むか」、至文堂編「国文学――解釈と鑑賞」一九九八年六月号、至文堂、一六―三五ページ
(18)「百姓」という出自について太宰は次のように記している。「私の生れた家には、誇るべき系図も何も無い。どこからか流れて来て、この津軽の北端に土着した百姓が、私たちの祖先なのに違ひない」(第八巻、七四ページ)
(19)例えば、安藤宏「太宰治・戦中から戦後へ」(東京大学国語国文学会編「国語と国文学」一九八九年五月号、至文堂)一一〇―一一一ページがある。
(20)戸松泉「「やんぬる哉」考――語り手「私」の〈詐術〉」、和泉書院編「太宰治研究」第十三輯、和泉書院、二〇〇五年、七〇ページ
(21)「米軍戦略爆撃調査団報告書№14　日本人の戦意に及ぼした戦略爆撃の影響」、前掲『東京大空襲・戦災誌』第五巻所収、四八〇ページ
(22)同報告書四九一ページ
(23)ゆりはじめは子どもの疎開を縁故疎開、集団疎開、疎開残留の三つに区分し、縁故疎開について次のように述べている。「学童疎開の中でむしろ数量的に主流を占める者たちがいた縁故にたより田舎へ移り住んだとき見たものは、日本の田舎、その古い土俗の神が支配している一昔前の農村の不気味さであったのだ」(前掲『疎開の思想――銃後の小さな魂は何を見たか』一二三―四四ページ)。これは

少国民世代の疎開に関するものではあるが、疎開の形態を三つに分けたゆりはじめの考えは、人口移動の疎開全般にもあてはまるだろう。

(24) 前掲「終戦期長野の山村疎開の諸相」一七ページ。疎開の研究は学童集団疎開に集中している。

(25)「苦悩の年鑑」の次の部分を引用しておく。「後世に於いて、私たちのこの時代の思潮を探るに当り、所謂「歴史家」の書よりも、私たちのいつも書いてゐるやうな一個人の片々たる生活描写のはうが、たよりになる場合があるかも知れない。馬鹿にならないものである」(第八巻、七二ページ)

(26) 本書の語る主体の不安定さと語りにくさという概念に関しては、飯田祐子『彼女たちの文学――語りにくさと読まれること』(名古屋大学出版会、二〇一六年)を参考にした。

(27) 相馬正一は次のように述べている。「当時の太宰が衣食住の問題に煩わされることがなかったからこそ、それだけ冷静に客観的に日本の実状を眺めることができたとも言えるのである」。相馬正一『評伝 太宰治』第三部、筑摩書房、一九八五年、二四五ページ

(28) 原田津は次のように記している。「集団疎開には、二つの別世界の、異常な事態での接触という、いわば〝文化史的〟意味があったのだ」(原田津『都市よ驕るな――《農業近代化》批判』サイマル出版会、一九七二年、一三ページ)。これは、「集団疎開」が代表する疎開という事態を通じて、〈田舎と都会〉という「二つの別世界」の「接触」の「文化史的」意味を指摘する文章である。疎開の「文化史的」意味と関連し、黒川みどりは次のように述べる。「都市では、食糧難が進行するなかで生活を支持するためには「田舎の縁故」の有無が重要な要素を占めるようになる。それは都市住民にとって、農村住民が、自分たちの死活問題に関わる位置を占めるにいたったということであり、農民にとっては従来のルサンチマンの対象であった都市住民よりも、自らが優位に立ったことを意味した」(前掲「地域・疎開・配給」三三ページ)

第9章　疎開を読み替える
――戦争体験、〈田舎と都会〉、そして坂上弘

1　二〇二〇年代の疎開の記憶、その所在は？

〈疎開〉という語に接した際、人々はどのようなイメージをもつのか。

二〇一九年現在、〈疎開〉という語を「とどこおりなく通じること」や「軍隊で部隊相互の距離間隔を開くこと」として覚えている人はまれだろう。戦後という時代との関係で〈疎開〉の項を引くと、都市の防空政策の一環としての「地方農村部への移住である人員の疎開と、官庁・学校・工場などの施設の疎開、重要施設を防護し類焼を防ぐための建物の取り壊しを意味する建物疎開の三種をさしていた」(1)とある。戦後の〈疎開〉という語は、空襲の被害に備えて人や物を分散する意味

合いで定着した。
アジア・太平洋戦争期の空襲にまつわる銃後の戦争体験を語る場合を除けばほぼ口にされなくなった〈疎開〉という語が日本社会に再登場するのは、二〇一一年三月十一日に発生した東日本大震災のあとである。二〇一一年六月二十四日、福島県郡山市の小・中学生十四人と保護者は、空間放射線量が年間一ミリシーベルト以下の安全な環境での教育実施を要求し、避難を求める裁判を福島地方裁判所郡山支部に申し立てた。これが通称〈ふくしま集団疎開裁判〉である。一三年四月二十四日に仙台高等裁判所は可処分要求を却下したが、現在は「脱被ばく実現ネット」として「子ども達を被ばくから守り安全な場所での教育」を実現するための社会運動を展開している。[2]
ふくしま集団疎開裁判の会が刊行したブックレットを開いてみると、「『子どもの命を救う』ことは国の最低限の道徳的責務です。人権保障すらなかったかつての軍国主義国家日本でも、また全体主義国家ソ連でも行ったことです。ましてや、憲法で国に「子どもたちを安全な環境で教育を受けさせる」義務を定め、世界の先進国・経済大国となった今日のわが国でそれができない理由がありません」[3]と記している。過去の「軍国主義国家日本」がおこなった「子どもの命を救う」政策とは、戦時期から戦後直後にわたって実施された学童集団疎開だろう。被害に備えて人と物を分散することを指す語としてより広く使われる〈避難〉ではなく、アジア・太平洋戦争の歴史と記憶に直結する〈疎開〉という語が目の前に現れたのだ。ここでは、過去の「軍国主義国家」から現代の「世界の先進国・経済大国」へと発展してきたことを踏まえ、かつて「軍国主義国家」の時代でさえ可能だった政策が現代日本で実施できないはずがないという思考回路がはたらいている。そして、「軍国主義国家日本」と「世界の先進国・経済大国」は一直線に結び付けられてしまい、「軍国主義国家日本」が実施した疎開政策がどのようなものであり、「世界の先進国・経済大国」へ至るまでに疎開の記憶をどのように語ってきたのかに関しては不問に付されている印象を受ける。

断っておくが、安全な場所で教育を受ける権利を主張する子どもたちの声に対し、異議を提出しようとするつもりはない。「お願いしたいことは一つだけです。子どもたちを守ってください。子どもたちは僕たちの未来ですよね、この国の未来ですよね[4]」という切実な訴えには耳を傾けなければならないだろう。だが、「子どもたち」が自らの存在を「僕たち」という日本人の「未来」、「この国」の「われら」の「未来」と自己認識して捉えているかどうかはまた別の問題である。「友達とずっと一緒にいられるように、学校や学年ごとでの集団疎開を実現してほしい」と繰り返し訴える子どもたちの声は、はたして「僕たち」「この国」の「未来」という自己認識のうえに発せられたものといえるだろうか。

「軍国主義国家」と「先進国・経済大国」を一直線に結び付けることで疎開政策の正当性を訴えている前述の言葉を前にして立ち止まらざるをえないのは、疎開と疎開児童に対する認識が戦時期の認識と似通っているからだ。避難要求の主体である子どもたちの声[5]が大人によって、「この国」の「未来」に関わる声にまで格上げさせられる言説の構造は、「軍国主義国家」で語られていた疎開に関する言説を連想させる。

やがてはその大切な運命を僕らの肩にになふために

僕らは遠く日本中の山野にちらばつていく
けふ僕らは祖国の少年
祖国のけふの決戦にあづかり得ない小さな国民
僕らは疎開する
さらば僕らは元気に出発する
僕らは祖国の遠い将来にむかつて元気に出発する！(6)

三好達治の詩「僕らは疎開する」の一部である。日本国は一九四四年六月三十日に「学童疎開促進要綱」を閣議決定し、子どもの集団疎開を国家政策として正式に採択した。引き続き同年七月十日「帝都学童集団疎開実施細目」を通牒し、政策の具体化を図る。引用の詩が掲載された七月二十三日は、学童集団疎開の本格的な実施の目前だった。この詩がこれから疎開しなければならない子どもやわが子を疎開させなければならない大人の父兄に向けて、疎開政策への協調を促すために作られたものである点には疑いの余地がない。「祖国の遠い将来」「大切な運命」を「肩にになふために」「僕ら」子どもは疎開しなければならないと三好は唱えている。空襲の被害に備えて子どもを分散させるために進められた疎開だが、「祖国のけふの決戦」に備えて子どもを分散させるのは、疎開する子どもが「肩になふ」「運命」がすなわち「決戦」での勝利であることを意味するからだろう。

三好と一人称複数の語り手「僕ら」とは一致しない。疎開の主体であるはずの「僕ら」と疎開政策に沿った言説の主体とは不一致でありながらも、不一致そのものが「大切な運命」「祖国の遠い将来」という挙国的で絶対的と見なされる価値によって不可視化してしまう。この構造は、ふくしま集団疎開で反復されている。丸川浩は東日本大震災を契機に〈疎開〉という語が復活することに関連し、「集団疎開の実現を求める子どもたちの声にも少なからず危惧を抱かざるを得ない[7]」といい、戦時期の縁故疎開や集団疎開の悲惨さが繰り返される可能性に言及している。これは、「軍国主義国家」と「先進国・経済大国」とを安易に結び付ける思考によって〈疎開〉という語が無批判的に復権する戦後日本の状況に対する危惧にほかならない。

要するに、被害に備えて人と物を分散させる意味を指す語としてより一般的に使われる〈避難〉ではなく、「軍国主義国家」がおこなったアジア・太平洋戦争の歴史と不可分の〈疎開〉が復活するような戦後日本の状況を読み替えるためには、戦時期から戦後にかけて〈疎開〉にどのような意味合いやイメージが植え付けられながら語られたかを、時代をさかのぼって検討しなければならないだろう。ひょっとすると、植え付けられたイメージを相対化するような別の語りが存在していたかもしれない。そうであるならば、その批評性について考えるのも無意味ではないだろう。

2　われらの戦争体験、子どもの戦争体験

アジア・太平洋戦争でなされた〈疎開〉といえば、大都市の国民学校初等科三年生から六年生を

図20　学童集団疎開について紹介した「週刊少国民」の表紙
（出典：「週刊少国民」1944年10月8日号、朝日新聞社）

引率教員とともに郊外の農村や山村に移住させた〈疎開〉、学童疎開を連想するだろう。しかし実は、「学童疎開促進要綱」によれば学童疎開は縁故疎開を原則とし、縁故疎開が困難な児童に対しては勧奨による集団疎開を実施する、と明確に定めていた。裏返せば〈疎開〉＝学童疎開＝学童集団疎開というイメージの連鎖が、〈避難〉の意の〈疎開〉という語を閣議決定で使用した一九四四年の時点で起こったとはいえないことになる。あえて図式化すれば、〈疎開〉＝縁故疎開＋縁故疎開困難児童の集団疎開、となるだろうか。あくまでも疎開政策立案当初に重視したのは、空襲の危険が比較的低い地域に居住する親類や知人に頼って移住する縁故疎開だった。

しかし縁故疎開に関する本格的な研究は、実のところ足踏み状態であるといわざるをえない。この点に関して、以下の文章はヒントを与えてくれる。

いままで世上で論じられて来た疎開に関する記録と回顧は主として学童集団疎開に集中して

いる。これにははっきりとした理由があった。その一つは、四六時中教師との面接の機会が多く記録そのものに対する指導がゆきとどいていたので、後日多くの当時の資料が出て来ている関係から論じやすいこと。いくらか変型したとはいえ学校および学級がそのままのかたちで都市から農村へ移り住んだというだけの物理的現象であった、などがあげられるだろう。[8]

黒川みどりも指摘するとおり、「疎開という経験を綴った」数多い記録のなかでもとりわけ多数を占めているのは「学童集団疎開」に関する類いのもので、「引率にあたった教師たちの回想」を皮切りに、学童集団疎開の「経験世代が成人してその体験をある程度客観視できるようになった一九七〇年代以後、とりわけ八〇年代に多く刊行されている」[9]。特に一九八六年に発足した全国学童疎開連絡協議会による展示活動や刊行物は、学童集団疎開をめぐる研究に拍車をかけた。けれども、学童疎開に対する原則的な指針として定められ、学童集団疎開よりも多数の児童が移住したはずの縁故疎開を、集団疎開と同一の比重をもって取り上げたり、集団疎開から独立して俎上に載せたりすることはきわめて少なかった。[10]

ここで、子どもの疎開に関する研究を集団疎開を中心におこなった現状を、別の角度から考えてみよう。

「学童疎開」を日本現代史の立場から記述した論文があるかないか、筆者は知らないが、この特異な戦争政策の立案経緯と、そのイデオロギー的背景とは、歴史家にいちどは調べてほしい問題である。本書に記述されたところからも、それが一種の「強制収容所」であり、「兵営国家」の縮図であることが、まざまざと浮かんでくるが、小学生時代に、そうした分裂的体験をしたことが、現在の二十代の人々に、いかなる意味をもったかということも、おそらく、こんご思想史の一問題となるかも知れない。[11]

橋川文三が「学童疎開」に対して集団疎開だけを想定していたのは、「学童疎開」を「強制収容所」や「「兵営国家」の縮図」に例えているように、個人ではなく集団の体験と捉えているところからみて明らかである。重要なのは、「特異な戦争政策」に巻き込まれた集団疎開体験を戦争体験と捉えているところである。

竹内好は、「戦争体験論にとっての当面の課題」である「世代差」「個人差」を克服して「共通項」を見いだすためには「学童疎開を、教師の目と、父母の目と、学童の目とから同時にとらえうる方法の発見」が要求されると述べる。[12]これは、「教師」「父母」「学童」というそれぞれの「世代差」「個人差」への直視なしには「共通項」の発見はできないという問題意識をはらむものだろう。橋川も竹内も、「学童疎開」を学童集団疎開として想定していて、戦後日本では歴史的にも思想史的にもきわめて重要な論点の一つとして考えられていたのである。

橋川の文章は、もともとは鶴見和子・牧瀬菊枝編『ひき裂かれて――母の戦争体験』(筑摩書房、一九五九年)に対する書評として書いたものである。『ひき裂かれて』は黒須つる子「学童疎開」というつづりを掲載していて、橋川が『ひき裂かれて』のなかで注目したのも、この「学童疎開」

だった。これは竹内が「世代差」「個人差」の問題を持ち出している点とも呼応している。竹内が戦争体験論における「新しいワク組が必要」[13]だと主張したのも、以上のような思想史的文脈から理解しなければならない[14]。

『ひき裂かれて』の新版が刊行されるのは一九七九年だが、メインタイトルとサブタイトルが置き換えられ、『母たちの戦争体験――ひき裂かれて』（麦秋社）となっている。構成の変更のほかに目につくのは、鶴見和子「新版によせて」を巻頭に収録している点である。鶴見は七九年の「今日」に「戦争体験」を「共有」し「伝達」するための二つの方法を提示している。「第一は、異なる体験を相互に翻訳して理解すること」、「第二は、個別的な戦争体験の普遍化」である。「戦争体験」がメインタイトルに刻まれるように変わったことと、「新版によせて」での「戦争体験」の「共有」「伝達」の強調からみれば、新版刊行に際して『ひき裂かれて』にどのような意味を付与して、どのような期待を寄せたかは一目瞭然である。「軍国主義国家」がおこなった戦争の歴史的・思想的普遍化という課題と関連して浮上した「学童疎開」の意味合いが、七九年新版の際に一層強固になったといえる。しかしそれは、逆説的だが「世代差」「個人差」に取り組んだうえでそれを克服することにはたどりついていない戦争体験論の思想史的状況を照らし出すことでもあった。別の言い方をすれば、「個人差」「世代差」という、「学童疎開」への着目によってようやく獲得した細分化・微分化を要する先行課題を前にして、統合化・積分化を企図することで、戦後の戦争体験論に内在していた問題が露出したともいえるだろう。

『母たちの戦争体験』刊行の二年前、丸山眞男は敗戦後新たに登場した知識人共同体を「悔恨共同体」と名づけ、「戦争直後の知識人に共有して流れていた感情は」「自己批判」[15]だったと指摘した。ここでの「過去への悔恨」における「過去」は、戦争体験を指している。成田龍一は「悔恨共同体」の概念を軸に、戦後日本の知識人層の生成や相対化のダイナミズムを解明している。そこでは大きく三つの層に、すなわち「戦前世代」「戦中世代」「少国民世代」と振り分けているが、「悔恨共同体」の最も若い層が「少国民世代」である。一九四五年の敗戦を六歳から十五歳で迎えた子どもたちが、はるかに上の世代に属する「戦前世代」と同一線上に位置づけられ、戦争体験が核心となる「過去への悔恨」の念を抱いたとしたら、そこで想定できる「少国民世代」の戦争体験は、橋川文三の言葉を借りれば、「強制収容所」「「兵営国家」の縮図」体験としての学童集団疎開体験にほかならない。

戦時期の「少国民」は、戦場で「たたかつてをられる兵隊さん」の「あとをうけついで」「大東亜を築いていく」[16]使命を大人が付与した存在であった。鹿野政直は民衆史の立場から、「される側」の視点と「にとって」の視点の導入で弱者の主体性が回復できるといっているが、被害者としての弱者にとっての主体性の回復は、「される側」であり続けることなどありえず、常に「する側」としての立ち位置に転じうる可能性を悟らせる力学の有効性を提唱したものだろう。鹿野は、戦場で戦う大人の志が付与「される側」だったかつての「少国民」が、「自分の加害性を凝視」し、自らの戦争体験とは何であったかを「自己検証」した好例として山中恒「ボクラ少国民」シリーズ（全六巻、辺境社、一九七四―八〇年）を挙げている。[17]山中恒がおこなった「自己検証」は、大人が無垢な存在と認識していた子どもではなく、自らを軍国少年・少女として自己改造していった「少国民」の過去を掘り起こし、「過去への悔恨」に支えられた「少国民世代」形成の知的営為を現出させた。「ボクラ少国民」は、「悔恨共同体」としての「少国民世代」の確立を告げるものである。

前掲『欲シガリマセン勝ツマデハ』（「ボクラ少国民」第四部）は、少国民の疎開体験を戦争体験として取り上げている。特記すべきは、疎開児童を引率した教師への責任追及の姿勢が一貫している点である。教師には「〈皇国民〉の錬成を担ったという戦争責任が厳然として存在するからである[18]」と指摘している。だが、教師に対する責任追及は、山中恒独自のスタンスではなく、集団疎開の体験者の多くが共有するものだった[19]。集団疎開体験者が開いた座談会では、「疎開学童」の「傷」の「責任」は「教師たち」にあり、「いかに不当だと思おうとも私たちはまず教師に疎開での責任を問う必要がある[20]」と発言している。

敗戦後、「軍国主義国家」の教師をかつての生徒は、「狂気と暴虐」の「軍国主義教育」を「少国民」の前で体現し、「ファシズムの先兵として君臨」していた敵として糾弾する[21]。「被害を受けた「少国民」の側からの事実の掘り起こし」を通じて「軍国主義教師」の摘発を訴えかけるとき、加害者教師対被害者生徒という図式が成立する[22]。かつての「軍国主義国家」の教育を受けた側、つまり「少国民世代」が、「少国民」として自己を定位するためには、「軍国主義国家」の教育を授ける側である教師という他者を敵として定位しなければならなかったといえるだろう。

実のところ、「ボクラ少国民」シリーズを貫いているのは一九四五年八月十五日以後に素早く「占領軍」を「進駐軍」と呼び、「敗戦」を「終戦」と呼んだ「彼ら」大人に対する不信感と敵愾心である[23]。味方と敵の戦いによって成立する戦争のメカニズムに沿って、「かれら（教師を含んだ）大人」を敵として見立てることで、戦争体験が定立され、それについて思考できるようになったのではないだろうか。[24]「ボクラ少国民」を「悔恨共同体」の「少国民世代」に編入するためには、「ボクラ」の戦争体験が必要なのだ。

「ボクラ」の戦争体験が語られるとき、「軍国主義国家」は「狂気の時代」と規定される。「狂気の時代」の被害者と自らを位置づけた「少国民世代」が、「『疎開』に象徴されるような銃後の皆兵化」を「特別攻撃隊による決死的攻撃」と同列に「狂気の時代」を象徴する「思想的出来事」として並べた途端、ほかの戦争体験との「個人差」「世代差」は克服され、子どもたちの戦争体験はその上位の範疇の戦争体験という「共通項」に編入できるようになったのだろう。しかし同時に、自らの世代を「悔恨共同体」として仕上げるための努力は、浮上した「個人差」「世代差」を抹殺する力学を有していた点を忘れてはならない。被害者＝加害者としての主体の回復が、被害対加害という二項対立でありながら、戦争のメカニズムに明らかな相互依存の理屈のうえに成り立つものである以上、それを支えている相手側の加害者（＝被害者）の主体性も同時に回復しなければならなかったのだ。

3 われらの出会い、〈田舎と都会〉の出合い

自らの学童集団疎開体験から小説『冬の神話』（講談社、一九六六年）を書いた小林信彦は、当時

の「六年生と三年生でかなり記憶が違うらしい」と体験者同士の「世代差」「個人差」に触れながら、「〈集団疎開〉は、とりもなおさず、戦争そのものであった」[25]と述べている。ここで注目したいのは、「いまや中年太りしてきた「疎開学童」たちと「純朴な」農民たちとの交歓を称える新聞の文章は、「ヨイコ」と猫撫で声で呼んだ戦時中の新聞記事と奇妙に似通ったところがある」[26]と述べ、戦後に流通した学童疎開関連のメディア報道のトーンに異議を表明する感覚である。

小林信彦の違和感は、戦後日本で長々と報じられていた「軍国主義国家」の学童疎開言説全般にあてはまるものであった。第8章でも触れたが、いくつか新聞の見出しだけを拾っても、「疎開学童の友情　宿は私たちの家を　修学旅行に来た村の子に」（「朝日新聞」一九四九年三月九日付）、「八年前の恩返し　疎開学童と村を結ぶ話」（「朝日新聞」一九五三年十一月十三日付）、「思い出の疎開地　招待受け鳴子（宮城）へ」（「朝日新聞」一九六五年九月二十二日付）、「ここは故郷　山形へ疎開児里帰り」（「毎日新聞」一九七四年七月二十八日付）、「疎開児童故郷長野へ　四十年ぶり平和の碑を建立」（「読売新聞」一九八四年九月十日付）など、都市と農村の温情に満ちた出合いの美談として、学童集団疎開体験を祭り上げるものが見られた。[27]

実は、疎開の受け入れ先だった農村側を第二の故郷と見なし、疎開していた都市側との友情や交流を美しい事例として伝播する言説は、疎開の当時から流布していた。西條八十「疎開のぼくらは元気です」は、以下のように書いている。

父さん、母さん、ごきげんよう、

けさもニコニコお日様が
むかひの山にのぼります、
出来た田舎の友だちと
仲よく学校へいく途は
栗がこぼれて鵙の声、
疎開のぼくらは元気です。(28)

疎開のぼくらは元氣です　西條八十

父さん、母さん、ごきげんよう、
けさもニコニコお日様が
むかひの山にのぼります、
出來た田舎の友だちと
仲よく學校へいく途は
栗がこぼれて鵙の聲、
疎開のぼくらは元氣です。

父さん、母さん、ごきげんよう、
こちらの今日のお三時は
金時いもです、ふかし立て、
東京へ一本あげたいな
明日の日曜は先生と
史蹟めぐりへ遠足がけ、
疎開のぼくらは元氣です。

父さん、母さん、ごきげんよう、
お寺の庭に月が出りや、
みんなで默禱、おたがひに、
かならずりつぱな國民に
なると誓つて手を握り、
[illegible]をならべて眠ります。
疎開のぼくらは元氣です。

図21　西條八十「疎開のぼくらは元気です」（出典：「週刊少国民」1944年12月3日号、朝日新聞社、2ページ）

都市では享受することができない自然の美景を「栗がこぼれて鵙の声」というイメージを通じて喚起し、疎開児童が恵まれた自然環境のなかで出会った「田舎の友だちと」「仲よく」暮らしている情景を読者に呼び起こし、詩題どおりの「疎開のぼくらは元気です」というメッセージを伝えようとしている。

ここでの「田舎」の「栗がこぼれて鵙の声」が聞こえる自然の美景は、戦後の報道にみられる「故郷」「里」としての疎開地のイメージの原型である。「学童集団疎開ニ於ケル教育要綱」(文部省、一九四四年十一月十六日。以下、「教育要綱」と略記)は、疎開地の風土と伝統に即して錬成することを要求し、「疎開地方ハ学童ニトリ第二ノ故郷」であると記している。[29] 戦時期の疎開が契機になって大自然の美に目覚めた都市からの疎開児童が田舎の疎開地と縁を結び、交流が持続することをほほ笑ましい美談として報じる言説を、戦時期・戦後を問わずメディアが拡散していたのである。

児童文化の一元化を目指して発足した日本少国民文化協会の機関誌「少国民文化」一九四四年十月号は、学童疎開特集記事が誌面の半分を占めている。企画の趣旨では、「我々は防空上の必要から、又とない国民教育の新しき建設の機会に恵まれたわけである」、「将来の国民教育に決定的に新しい光を投げる[30]」機会と説明し、空襲の被害に備えて国民学校児童を都会から田舎に分散させる疎開政策が、教育の面でも転換点になると期待していたことがわかる。「日本人本来の生活の真面目を生かし、装飾的な表皮的な、都会文化といふもの丶垢を洗ひ落して、たくましい物心一如の生活」が実現できる疎開こそ「真の教育のための絶好の機会[31]」であり、「山野海辺の美しい景観のなかに身を置くことによつて自から薫化を被るであらう疎開学童児童」は「祝福」されなければなら

ない存在とされたのだ。(32)

疎開を契機に田舎と都会の間で結ぶ「厚い情誼」に「極めて日本的な、心と心との結び合ふしつかりした連帯(33)」を描く論説を合わせて考えれば、戦時期から敗戦後にわたって流布していた疎開によって生じた〈田舎と都会〉の出合いを美談とする語りの背後には「極めて日本的な」「日本人本来の生活」への憧憬のような心情がはたらいているのがわかる。そのような心情に支えられながら、疎開先に「故郷」「里」を発見する戦後の語りは皇后が疎開児童に「下賜」した、「つきの〔次の〕世をせおふ〔背負う〕へき身そたくましくたたしく〔正しく〕のひよ〔伸びよ〕さと〔里〕にうつりて」（〔 〕は引用者注）が詠んでいる疎開学童への「思ひ」から一歩も脱していないといわざるをえない。

この「御歌」は、一九四四年の皇太子（平成期の天皇）の誕生日（十二月二十三日）に、疎開児童に対する「御慰問のビスケット」とともに「軍国主義国家日本」の母たる「皇后」から集団疎開児童に「下賜」されたもので、「疎開学童のうへを思ひて」詠まれた（「朝日新聞」一九四四年十二月二十三日付）。ここでの「疎開学童のうへ」は、ひもじさに耐えなければならない子どもの境遇を指

感激をこめて
御菓子を謹製
疎開学童のお姉さん奉仕

図22　ビスケット製造報道
（出典：「感激をこめて 御菓子を謹製」「朝日新聞」1944年12月23日付）

す。逸見勝亮は、「困苦欠乏ニ耐エ」る「皇国ノ道ノ修練道場」たる「疎開学寮」を形成するように呼びかけていた「教育要綱」の本義と、ひもじさを解消して「困苦欠乏」に耐えるべき少国民の「修練」を妨げる「ビスケット」の「下賜」との矛盾を解消する装置として「御歌」は機能していて、その効果を裏づけるかのように集団疎開の回想で「恩賜のビスケット」に触れた部分だけは例外なく温かい感情にあふれていると論証する[34]。

『ひき裂かれて』は「学童疎開」を「家族と別れて」というテーマに分類している。疎開児童にとって「家族と別れて」生活する疎開は母の不在に直結する体験にちがいない。「皇后」の「ビスケット」は、不在の母を代替して疎開児童の空腹を満たしてくれただろう。最も原初的な身体的欲望である食欲を満たしてくれた食べ物とともに「代替の母」から送られた言葉であるからこそ、「御歌」は「教育要綱」との矛盾を相殺してしまう。肝心なのは、疎開地を「第二ノ故郷」とする「教育要綱」と「さとにうつりて」「たくましくたたしく」成長することを要請する「御歌」両方に垣間見られる、都会からの疎開児童を受け入れる田舎に、近代化によって失われた日本の「故郷」を見いだそうとする情念である。

「さと」が「故郷」として発見されなければならないという考え方は、人間生命体の生存を支える食べ物を生産する土の労働としての農に対して敬意を払うべきだ、という考え方につながる。あるいは、ニニギノミコトの天孫降臨神話が伝えている稲穂に対する一種の信仰心とも関連するかもしれない。いずれにせよ、子どもにとって生命維持のための食べ物の供給は、母親という存在なしでは考えられない。疎開児童にとって「皇后」という「代替の母」からもらった「ビスケット」は、ひもじさを満たすレベルをはるかに超え、食糧の欠乏と度重なる勤労奉仕にさいなまれている自らの生存や生命そのものの根源の再確認として機能したのではないだろうか。そこで土の労働のトポスであり稲穂の産地である「田舎」の「さと」が詠われるのならば、再確認した自らの生存や生命と同等の強度をもって「田舎」をも（再）発見することになるだろう。だからこそ、「恩賜のビスケット」に触れた回想が「暖かい」感情にあふれるのであり、なおかつ「田舎と都会の出会い」を「暖かい」感情で回想し、疎開先の「田舎」を「故郷」と見なす力学がはたらいているのである。

以上の言説を別の角度から考えてみたい。

第二にはこの本の読者を、もっぱら五年六年の大きな生徒の中に、求めようと私はしている。（略）それが今回のごとき絶大の機会に恵まれて、せっかく新鮮なる印象の中に入り浸っておりながら、ただ言葉の供給が足りないばかりに、われとわが思想を導いて進むべき手段を欠くとすれば、損失は決して当人たちだけのものでない。それゆえに自分はまずこの年頃の学童のために、社会と人生とを周囲の事物の間から、覚えて行くような路を開きたいと思うのである。[35]

「疎開学童の読物が足りぬ」ことへの憂慮から執筆された柳田国男『村と学童』[36]（朝日新聞社、一九四五年）の「はしがき」である。「今回のごとき絶大の機会」が疎開を指していることは明白だ。「はじめての土地に入って」「いままではただ言葉としてのみ聴いていた観察」「理解」を、「またと得がたい今度の機会において、十分に体得させせたいという願いを私は持っている」[37]という彼の物言いは、疎開地の「田園こそ日本人の生命のふるさと」であり、そこで得られる最も有意義な教育は「自然の観察[38]」であるとする言説と共鳴している。

柳田民俗学の成果を優れた教育材料として評価するものはいくつかあるが[39]、これらの論に共通しているのは、優れた教育教材として『村と学童』に言及している部分である。読者を疎開児童（具体的には、「五年六年の大きな生徒」）に定め、「日本人の衣・食・住の変遷をさりげなく教えているのである。それも教材論として構造化されている[40]」。ここで考えたいのは、なぜ空襲の被害に備えて都会から子どもが田舎へ移住した疎開を機に、柳田の教育者としての本領が発揮されたのかについてである。

一九四五年前後の柳田の関心は「決戦場ではなく、疎開地のこどものわびしい暮らしの方向へ向けられその戦争受難者に強靱な歴史認識・社会認識を与えようとすることで戦争に協力[41]」したという指摘がある。国家政策として推進された疎開政策の正当性を学問的に裏づけるかのような書物をわざわざ読者を限定してまで執筆した点と、前節でみたように結果的に疎開体験が子どもに戦争体験として刻印されるようになった点とを照らし合わせれば、戦争協力の面があることは否めない。「疎開地方ハ学童ニトリ第二ノ故郷」と定めた「教育要綱」の要望を強化するように、疎開という絶大の教育機会を効果的に活用することで疎開児童が「一人前の日本人」になると柳田が考えていたならば、「つきの世をせおふへき身」の日本の子どもは疎開を機に「さとにうつりて」、「一人前の日本人」に「たくましくたたしく」成長する「絶大の機会」に恵まれることになるだろう。『村と学童』は、皇后の「御歌」に盛り込まれていた願望をわかりやすく言語化している。

では、「たくましくたたしく」成長した「一人前の日本人」に託されたのは、どのような未来なのか。日本少国民文化協会が製作・発表した「愛国いろはかるた」選定委員の一人に柳田も名を連ねている。応募した約二十六万句から絞った四十七句のなかから「委員会で苦心推敲」したものに「ろ　炉端で聞く　先祖の話」[42]がある。この句の選定や「苦心推敲」で柳田がどこまで介入したかを立証する材料はないが、少なくともここで『先祖の話』（筑摩書房、一九四六年三月）に言及せずにはいられない。『村と学童』直後の柳田の仕事と思われる『先祖の話』は、日本の祖霊信仰の学問的な解明に取り組んだものである。そこでは「生まれ替り」が「事実」として信じられていた事例を詳しく紹介し、「生まれ替り」の立証によって「七生報国」を信じうる日本人は「幸福」であると結んでいる。一九四五年四月上旬から五月下旬の間に完成した『先祖の話』を、同時代のアジア・太平洋戦争のコンテキストから切り離して考えることはできない。

それはこれからさらに確かめてみなければ、そうとも否とも言えないことであろうが、少なくとも人があの世をそう遥かなる国とも考えず、一念の力によってあまたたび、この世と交通することができるのみか、さらに改めてまた立ち帰り、次々の人生を営むことも不能ではないと考えていなかったら、七生報国という願いは我々の胸に、浮ばなかったろうとまでは誰にでも考えられる。広瀬中佐がこれを最後の言葉として、旅順の閉塞船に上ったときには、すでにこの辞句が若い学徒の間に、著名なものとなっていたことは事実である。（略）同じ体験が今度はまた、至誠純情なる多数の若者によって、次々と積み重ねられた。そうしていよいよこの

四つの文字をもって、単なる文学を超越した、国民生活の一つの目標としているのである。(43)

アジア・太平洋戦争で「多数の若者によって」体当たり攻撃が実現されていた同時期、日露戦争の軍神・広瀬武夫中佐が詠んだ詩の「七生報国」に言及しながら「七生報国」を「国民生活の一つの目標」としていると述べている以上、『先祖の話』全体にわたって網羅されている歴史的・民俗的事例の終着点は「七生報国」の正当化だったとしかいいようがない。

「自序」（一九四五年十月）で、「自ら判断させようとしなかった教育」の「禍根」から、「国民をそれぞれに賢明ならしめる道は、学問より他にない」と、柳田は自ら『先祖の話』の目的を説明している。(44)それは一言でいえば「国民」に対する「教育」だろう。「多くの世人がほんの皮一重の裡に、持って忘れようとしている子供の記憶は、このわずかな機縁によっていくらでも呼び醒まされ」ることを執筆の「動機」と説明しているが、『先祖の話』によって「子供の記憶」が「呼び醒まされ」る時点では、読者はすでに「子供」から成長した非「子供」すなわち大人だと想定している。その大人は、「このたびの超非常時局」すなわちアジア・太平洋戦争を

図23　広瀬中佐像と「七生報国」をともに描いた図
（出典：有馬成甫『軍神広瀬中佐伝』広瀬神社建設奉賛会、1935年、表紙）

体験した子どもの成長した姿である。『先祖の話』は大人向けの「教育」という動機をもっているといっていい。

このように、『先祖の話』と戦争との関係性を見定めたうえで、『村と学童』と戦争との関係性も検討しよう。『村と学童』の「三角は飛ぶ」は日本の屋根の形や機能の変遷を説明したものだが、時代に応じて「改良」されてきた屋根の歴史に言及しながら、以下のように呼びかける。

私たち日本人の生活は、考えてみると毎日の改良であった。（略）敵の空襲というような、前には考えておくことのできなかった危険と不安とが、大きいのから小さいのまで、幾つもあるということがよく判って来たのである。新たにこれに応ずる改良を、しなければならぬ人は皆さんである。どこに親たちの苦心した点があるかを知るとともに、別にまたどの部分がまだ十分でなかったかを、見究めるだけの目と判断とを、自ら養うように心がけなければならない。[45]

「敵の空襲」による被害に備えて人と物を分散させる疎開が防空政策の一環だった事実を想起しながら引用文を読み直してみると、「親たちの苦心」による現段階の防空体制には「十分」ではない部分があり、それを「改良」して「敵の空襲」に対するより万全の体制を整えるべきと言わんばかりである。引用文でみられるような、戦時体制に迎合している箇所が存在し、かつ「軍国主義国家」の疎開児童を「教育」するために『村と学童』が書かれたならば、同じくアジア・太平洋戦争下の一九四五年頃に構想された『先祖の話』と『村と学童』を切り離して考えることはできない。

『先祖の話』で紹介している祖霊信仰の例は、日本の子ども教育、特に都会生まれの子ども教育のための「絶大の機会」の場である「田舎」に温存されている。疎開児童は都会では忘れ去られている村の姿を「大切な知識」として吸収し、「一人前の日本人」にならなければならない。疎開によって「社会と人生とを周囲の事物の間から」考えうる思考力を培養する「教育」は、日本の子どもを「敵の空襲」に備えて日本家屋の「改良」を推し進めていく「一人前の日本人」、つまり同時代の「社会と人生」を規定している戦時体制を維持・強化できる「一人前の日本人」に成長させなければならないものであると、柳田は考えていたのではないだろうか。

戦時期の柳田の仕事のなかで、「子どもに語りかける仕事」と「戦争で死んだ若い魂の救済を目指した仕事」とは、互いに深く結び付いたものだった[46]。前者が『村と学童』、後者が『先祖の話』である。「戦争で死んだ若い魂」は「生まれ替り」、「国民生活の一つの目標」へと昇華された「七生報国」の「志」が少国民に受け継がれることで「救済」される。一九四五年前後の「国民生活」は、総力戦体制下で戦時体制維持のために国民の挙国一致が強制されていた銃後の生活以外のなにものでもないだろう。「救済」の根拠を提供してくれるのが「国民生活の一つの目標」としての「七生報国」であり、軍神・広瀬中佐と「多数の若者」との結び付きが前線での「至誠純情」たる死を象徴するのなら、死を惜しまない戦闘行為への没入を支える「七生報国」精神を「国民」全体にまで拡大しようとした柳田は、「軍国主義国家」を学問的に正当化してしまったとしかいいようがない。『村と学童』を戦争の磁場から解放することはできない[47]。

繰り返すが、「つきの世をせおふ」日本の子どもが「田舎」へ移住しなければならない疎開は、柳田にとって日本の子どもが「一人前の日本人」へと成長できる「絶好の機会」だった。この「絶好の機会」に乗じた柳田の教育者としての真面目さは『村と学童』に反映されている。だが、「さとにうつりて」縁を結ぶ〈田舎と都会〉の美談であり二度とない教育機会であるとたたえる裏面には、疎開児童に対して総力戦体制を支える銃後の戦時体制の維持・強化に貢献できる「一人前の日本人」になるように訴えかける指導が見え隠れしている。「一人前の日本人」とは、「敵の空襲」に備え未来に向けての「日本人の生活」の「改良」の力を「自ら養う」人、つまり国家の戦争遂行と戦時体制維持のための「改良」ができる人でなければならない。

4 私と戦争、私と田舎——方法としての坂上弘

「愛国いろはかるた」の「ろ 炉端で聞く 先祖の話」に導かれてやや唐突な思考をめぐらせてきたが、この句にこだわる理由はもう一つある。それを説明するために「炉端」に関する柳田の記述を分析したい。『村と学童』と同様に、子ども向けの著作と分類されている『火の昔』(実業之日本社、一九四四年)の一部である。

日本の平たい炉端は、煙が家いっぱいになるのは困りますが、それでも並んでいてお互いの顔が、残らず見られるのは都合のよいことで、その顔が赤々と焚火に映るのですから、これで

こそ一家団欒という言葉が、割引きなしに適用します。路地で火を燃やしていた大昔の夜を考えると、これがいちばんにその古い形式に近いようで、あるいは家の中に牀を張って住むようになってから後も、なお何とかして最初の集まり方を、続けたいものと苦心した結果が、こういう囲炉裏の形になったのかとも思われます。[48]

「今まで聴いたことがないというような話を、若い人たちにして聴かせるのが、この本の目的であった」[49]（「自序」）と記しているところから推測すれば、『村と学童』と同様に『火の昔』の執筆動機を「教育」と位置づけて差し支えないだろう。引用文にみられるように柳田は、「囲炉裏」[50]の起源や「炉端」の役割に関する話を「若い人たちにして聴かせ」ようとしている。「一家団欒」そのものを象徴する家中の空間として「炉端」が機能するのは「話と炉端との因縁は深いものがあった」からで、その例として「火の端の童言葉」を聞かされる子どもは「だんだん言葉を覚え、またその言葉の陰に隠れている感覚をさとって」いったと述べている。前節での議論に接続させながら簡単にまとめれば、「さと」の「炉端」では子どもが「一人前の日本人」になるための「教育」がおこなわれたのである。

「ろ 炉端で聞く 先祖の話」は、（柳田による「推敲」の有無とは無関係に）柳田の「子どもに語りかける仕事」と「戦争で死んだ若い魂の救済を目指した仕事」との共謀関係を簡潔に物語っていると思われてならない。「読売新聞」一九四三年八月二十一日付の「愛国いろはかるた」選定結果発表記事のタイトルは、「つぎの日本僕等が担ふ ヨイコへ『愛国いろはかるた』」である。このタイトルと皇后の「御歌」「つきの世を せおふへき身そ」は子どもに対する同様の願望を露呈している。「御歌」の続き「たくましく たたしくのひよ さとにうつりて」が象徴する、〈田舎と都会〉の出合いに対して夢見られた教育的効果は、「つきの世を せおふへき身そ」＝「つぎの日本僕等が担ふ」に盛り込まれている子どもを予備戦力として位置づけて戦時体制の維持・強化を図る戦争遂行イデオロギーと絡み合っている。だからこそ「疎開者は戦友[51]」なのだ。

〈田舎と都会〉が「戦友」という名でひとくくりにされることで生まれる「われら」は、銃後の担い手の別名だろう。ひとくくりにされた「われら」のアイデンティティーを正当化するルーツとして、田舎の疎開地は「故郷」に生まれ変わる。ここで、竹内好が考えた「個人差」「世代差」が前景化される場合、どのような語りが生じるのかについて考えてみよう。縁故疎開にまで議論を広げる試みと連動しながら、ここでその入り口をこじ開けてみたい。

さういへば、この村の人たちも空襲の恐怖や戦火の惨状といふものについては、無感動といふよりも、全然知らない。このことに関して共通の想ひを忍ばせるスタンダアドとなるべき一点がないといふことは、今は異国人も同様の際だつた。（略）人情、非人情といふやうな、人間的なものではなく、ふかい谷間のやうな、不通線だ。農民のみとは限らず、一般人の間にも生じてゐるこの不通線は、焼けたもの、焼け残り、出征者や、居残り組、疎開者や受入れ家族、など幾多の間に生じてゐる無感動さの錯綜、重複、混乱が、ひん曲り、捻じあひ、嚙みつきあつて、喚きちらしてゐるのが現在だ。[52]

横光利一『夜の靴』（鎌倉文庫、一九四七年）の一部である。横光の「記憶によって再編された」[53]疎開体験が書かれているこの小説の冒頭で、「私」と「この村の人たち」との距離感は「不通線」として表象している。それは、こちら側はあちら側との「不通」を知覚しているのに、あちら側は「不通」さえ知覚していないという相互認識の不均衡を意味している。このような不均衡は、「空襲の恐怖や戦火の惨状」を体験した疎開人＝都会人である「私」に対し、それらを「全然知らない」「この村の人たち」すなわち疎開人の受け入れ側＝田舎の人々との優劣関係を浮上させる。田舎に対する都会の優越感が投影されているといっていい引用文の認識には、しかし、小説の後半で変化が生じ、「私」の相互認識の不均衡が解消される。

「村民」が「隣組の一員として取扱つてくれる」ようになった「私」は「観察」中止を宣言する。[54]そもそも「異国人」同様の「この村の人たち」だったからこそ、「私」にとってはそのような他者と関係を結ぶ以前にどのような他者なのかを判断するための「観察」が先行していた。「私」が感じていた「不通線」は乗り越えられたといえるだろう。

このような「不通線」解消の認識は、「炉端」という場を中心に展開している。これまでに説明したように、柳田は「炉端」を、人間共同体の最小単位と想定していた「家」の望ましいコミュニケーションの場と考えていた。田舎の「家」の「炉端」を題材に田舎の情景を「教育」しようとした柳田と関連して、田舎におけるコミュニケーションの場としての「炉端」を「観察」してきたあげく「観察を止めよう」という認識に到達する『夜の靴』の「私」は、きわめて象徴的である。都

図24　坂上弘『朝の村』冬樹社、1971年、カバー

会からの疎開人が受け入れ側の「村民」共同体の一員となったとする自己認識をもつことの妥当性を裏づけるものとして、田舎の共同体の最小単位である「家」の「炉端」は最適の場なのである。

　だが、田舎との「不通線」を乗り越えた証左として最も象徴的なのが「炉端」であれば、同様の意味で「炉端」は、「不通線」を前にして立ち止まらざるをえないもどかしさを押し付ける場として感じられる可能性も含む。

　素早く彼が目にとめた柱や壁、板戸、煙がながれるように吸いこまれて行く天井、鉤にさげられた鉄瓶や燃えもせずに灰になって行く根瘤などは、手を触れることができないだけでなく、手をふれたとしても、彼が生まれる何十年もまえからあるものなので、彼が名前を与えてやったり、理解したりすることはできないのだ。彼は都会育ちの少年で、もうすぐ十八歳だった。ここに坐っているというのは、ただいるというだけなんだな、と彼は思った。彼は、土間をさぐり、松葉がひえて塊っているのを一摑みもって、囲炉裏にくべたりすると、なぜ怒られるのかがわからなかった。[55]

東京で生まれて一九四五年七月に熊本市で焼け出され、母親の郷里である埼玉県高麗村に疎開して四六年十月まで過ごした坂上弘の小説が描いているのは、横光のように「記憶によって再編された」疎開体験ではない。坂上と同じく疎開を素材にした小説「北の河」（前掲「犀」一九六五年夏号）を発表した高井有一の評を借りれば、「疎開世代の戦後体験といつたやうな、かいなでのものでは勿論ない。田園の抒情をうたつてゐるものでもない」(56)。「疎開世代」という世代区分は、戦争体験としての疎開体験を特権化し普遍化するために施されるものであり、「田園の抒情」は、「故郷」「さと」への憧憬の露呈として謳われるものである。つまり本作は、本章で類型化した「戦争体験」と〈田舎と都会〉の出合いのどちらにも属しない疎開体験、またそこで発酵した作者特有の田舎体験を語っているといっていい。

引用した「朝の村」（「文芸」一九六六年二月号、河出書房新社）の主人公「少年」は、「目にとめた」「天井」「鉄瓶」「根瘤」を「理解」することができない。「都会育ち」の「少年」と「天井」「鉄瓶」「根瘤」が象徴する田舎の風景との、理解不可能さに起因する距離感は、田舎での望ましいコミュニケーションの場として機能するはずの「囲炉裏」を媒介に表れている。「少年」と田舎との「不通線」は、「囲炉裏」の火を「くべたりすると」村長の「伯父」に怒られる場面で端的に表れている。『夜の靴』の「私」は赤の他人だった疎開地の人々の「一員」になれたのに、「朝の村」の「少年」は血縁関係がある「伯父」にさえ拒まれているのだ。なぜ「怒られてしまう」のかについて「少年」は理解できない。『夜の靴』と照らし合わせれば、疎開体験によって自覚させられた

「少年」と田舎との「不通線」が乗り越えられる契機は訪れず、「怒られてしまう」ことで露呈する

「不通線」は、「恐怖」の感覚を伴いながら立ちはだかり続けている。

この、わからなさをもつ「もの」が、ある時、ある場所で、母親が子供にいいきかせるこごとだったり、一年前の夏の夕暮れであったりしても、それらの「もの」には、たいてい、冷ややかな影が、そっと顔をのぞかせている。私は、それを「恐怖」とよぶのだと思っている。(57)

坂上は、戦時期の同世代の「僕ら」は「見ているだけの年齢」だったはずなのに、同世代の小説が描く「疎開」「戦争に負けたときのこと」に「価値判断」や「社会的人間としての意志みたいなものがすでに働いている」ことに疑問を投じている。(58)「恐怖」を呼び覚ます「もの」に「わからなさ」という理解不可能さが関係する以上、「価値判断」などを通過して言語化された以前のもの、確かに感じ取られているある感覚、しかし「わからなさ」と言語化される何かとしてしか思い浮かばないものが、坂上にとっての「恐怖」ではないだろうか。

「わからなさ」としての「恐怖」は、確実に目に見える田舎の風景としての「天井」「鉄瓶」「根瘤」を「名前を与えてやったり、理解したりすること」ができない感覚と通じている。柳田が期待した「さと」の「炉端」の風景は「少年」には無縁である。「ただ見ているだけ」だったという発言にみられるように、「見る」という身体行為がもたらした視覚的認識ではなく、「価値判断」する以前の、「ただ見る」行為そのものの形象化を試みた小説が「朝の村」なのである。その意味で坂

上は、「朝の村」で「わからなさ」の「恐怖」に立ち向かったともいえるだろう。その「恐怖」の風景とは田舎の風景のことである。

坂上は、自分にとって空襲の恐ろしさは空襲から逃れるために田舎に移住した疎開という出来事にまで伸張して消えなかったと白状しながら、以下のように述べている。

結局空襲のなかで感じた少年の恐しさというものは、自分がまったく頼りないところへ行っちゃうようなことだったと思うのですけれども、田舎の大家族のなかにポンと置かれますと、親だけじゃなくて祖父、祖母というような二十人ぐらいの家族のなかにいますと、自分の所属がどこだかわからないし、だれに守られているかわかりませんし、それからやっぱり古い田舎ですから、異様な人間がいっぱいいますしね、非常に恐ろしい感じがあるのです。(59)

周知のとおり、坂上は黒井千次や高井有一とともに「内向の世代」に数えられる作家である。柄谷行人は、大江健三郎と「内向の世代」の古井由吉を比較しながら、両者とも「戦争体験のトローマ」が反映されているが、大江の「観念」としての「実存主義」とは異なり、古井の小説は「実存」そのものを書き込んでいると論じる。安定した自己認識に寄りかかることで「価値判断」できる思考を装着したのが大江であったならば、そのような「価値判断」ができるはずの主体の不安定さ、自己認識の不安定さによって露出する「狂気」「夢心地の境い目」の感覚を執拗に追いかけたのが古井だったのだ。(60) これを坂上の場合に代入し、自己認識の不安定さによる「恐怖」の感覚と言い換えたらどうだろうか。坂上の場合、「原体験」を「田舎の生活」と明示しているにもかかわらず[61]、「田舎の生活」を回想する時点の自己認識を強化する基盤として「原体験」を召喚することはない。「田舎」は、わからない何かだからだ。「田舎の生活」を回想する際、それは自己認識を脅かす「わからなさ」の「恐怖」として、絶え間なく坂上の現在に浸透してくる。

「朝の村」を発表した一九六六年の経済動向を分析した六七年版『経済白書』のいいぶりは、「日本経済の前途を再びバラ色に染めあげるものであった[62]」。「バラ色」の日本経済を担保するものは、高度経済成長を成し遂げて「脱工業化社会」へ突入する「われら」日本人の「先進性」だった。ここでの「先進性」の一つは、国家経済構造のなかの一次産業すなわち農業従事人口の減少と、農業所得比率が低下するスピードの速さだった[63]。「先進国・経済大国」という称号は、「近代的大企業」と「前近代的な労使関係に立つ小企業および家族経営による零細企業と農業」の「対立」という「経済の二重構造[64]」を深化させることで獲得できたものである。「近代」対「前近代」という「二重構造」は、「都市と農村との対極性」と言い換えることができるだろう。高度経済成長期の「二重構造」に関して忘れてはならないのは、「都市と農村との対極性」の克服の方策がもっぱら都市化論理に徹底した処方だった点である[65]。

このように高度経済成長期を捉える場合、「朝の村」が描いた田舎は執筆当時、坂上の現在を囲い込んでいた都市化論理による「都市と農村との対極性」の克服を是とする「価値判断」を踏まえて言語化したものではなく、それ以前の、「ただ見ている」子どもの体験で網膜に映っていたものを、「ただ」描こうとしたものではないだろうか。黒井千次、高井有一とともに坂上弘を「内向の世代」の一員としてくるとするなら、高度経済成長期の文学として「内向の世代」が内包している問題は、「私」という「危うい主体」の「とりとめのなさ」をめぐる模索[66]と関連するだろう。坂上の場合は、高度経済成長期での「都市と農村との対極性」を都市化論理によって克服するという「価値判断」を是とする以前の、〈田舎と都会〉の関係性の「二重構造」に絡め取られてさまよっている「不確かな「私」[67]」を凝視する地点から小説を書いたといえるだろう。そのような地点を坂上が見いだしうるのは、農民が都市住民の優位に立った近代化以後の日本に前代未聞の事態[68]を招来した疎開によって〈田舎と都会〉の関係を体験し、なおかつその優劣関係が逆転したにもかかわらず〈田舎と都会〉の関係の「対極性」は深刻化したまま温存している高度経済成長期を生きている、「個人」的でありながら「世代」的でもある時代体験の特殊性に起因するのだ。

「少国民世代」の同世代でありながら、「われら」の「戦争体験」ではなく「私」の疎開体験を「私」しか／さえわからない田舎との不気味な出合いとして描き出す坂上弘の小説は、「われら」に向かう力学が支える「悔恨共同体」を相対化する。前田愛の言葉を借りれば、「われわれからわれへの還元[69]」を意味する。目に映る「私」の外部に対してたやすく「価値判断」して「観念」化する「われら」と、そのような「観念」化の一歩前で立ち止まる「私」が「ただいる」かぎり、「われら」に属するはずの「私」には自らが疑わしく、「われら」も疑わしい。ここでの「われら」とは、「軍国主義国家」を支えた「われら」であると同時に、「先進国・経済大国」を築き上げた「われら」だろう。坂上は疎開から始まる戦時期・戦後にかけての田舎体験によって、「都市と農村との対極性」、つまり〈田舎と都会〉の関係性を現前させた疎開という事態の本質を見つめる目を感得したのだ。

このような「私」のなかに「内向」する「世代」の文学としての坂上弘「朝の村」は、疎開体験の「個人差」「世代差」を語る営みの行方をほのめかしている。「われら」にはなれない「私」の危うさは、語る営みそのものの強度を弱化させてしまった。しかし「囲炉裏」周辺を「ただ見ている」「少年」が「ただいるというだけなんだな」と呟く「私」を見いだすことができたのは、「名前を与えてやったり、理解したりする」ことができる「私」、つまり語る営みを主体的に遂行することができる「私」を求めて手探りし続けたからではないだろうか。黒井千次が「自己の空位」と向かい合う実験を繰り広げるのは、「自己の空位」に安住するためでは決してなかった。確実に存在する身体を通じて確実に感じられる他者を手探りすることで、「自己の空位」としてしか感じられない「私」を再定位するためだった。高井は、坂上や黒井が繰り広げる「内向」が、現代的にどのような意義を有しうるのかをほのめかす。それは、確実に存在する身体感覚を通じて戦争という状況に巻き込まれる他者を発見し、「私」に寄り添わせて「翻訳」[70]する可能性である。

二〇一九年現在に疎開体験に耳を傾けなければならないのは、このように語る「私」の確かさをあえて疑うことで、語る営みの重みを再び取り戻す誠実な営為がかつてあったからである。

注

(1) 佐々木毅/富永健一/正村公宏/鶴見俊輔/中村政則/村上陽一郎編『戦後史大事典』三省堂、一

九九一年、五五一ページ

（2）「脱被ばく実現ネット（旧ふくしま集団疎開裁判の会）」（https://fukusima-sokai.blogspot.jp）［二〇一八年三月一日アクセス］、脱被ばく実現ネット（旧・ふくしま集団疎開裁判の会）「Facebook」（https://www.facebook.com/fukushimasokai/）［二〇一八年三月一日アクセス］

（3）ふくしま集団疎開裁判の会編『いま子どもがあぶない――福島原発事故から子どもを守る「集団疎開裁判」』（マイブックレット）、本の泉社、二〇一二年、五ページ

（4）山本太郎「裁判所へのメッセージ」、同書所収、一七ページ

（5）『いま子どもがあぶない』は、「郡山市の一四人の小中学生は（略）「人権の最後の砦」である裁判所に避難の救済を訴え出ました」と書いていて、裁判の主体がもっぱら「小中学生」であるかのような印象を与える。しかし「毎日新聞」（福島版）は、「郡山市の小中学校に通う児童・生徒一四人の保護者」（「『集団疎開』裁判、俳優ら支援集会 郡山で五〇〇人参加」二〇一一年十月十六日付）、「郡山市の小中学校に通う子どもたちと保護者」（「郡山市集団疎開申請支援団体 放射線量値の証拠提出へ仙台高裁抗告審で」二〇一二年五月八日付）と報道していて、少なくとも裁判を起こした主体が「小中学生」子どもだけではないのは明らかだろう。

（6）三好達治「僕らは疎開する」「週刊少国民」一九四四年七月二十三日号、朝日新聞社、五ページ

（7）丸川浩「学童疎開小説論――疎開文学論ノート（3）」「山陽女子短期大学紀要」第三十三号、山陽女子短期大学、二〇一二年、一―一八ページ

（8）前掲『疎開の思想――銃後の小さな魂は何を見たか』三四―三五ページ

（9）前掲「地域・疎開・配給」三四―三五ページ

（10）学童疎開＝学童集団疎開という考え方は、全国疎開学童連絡協議会編『学童疎開の記録』全五巻

（大空社、一九九四年）にもみられる。

（11）前掲「家の戦争体験」二五七ページ

（12）前掲「戦争体験論雑感」二四一―二四二ページ

（13）同論文二四二ページ

（14）『ひき裂かれて』の思想史的意味を論じたものに、佐藤泉による解説「鶴見和子・牧瀬菊枝編著『ひき裂かれて』」（前掲『戦後思想の名著50』所収、一九八―二〇七ページ）がある。

（15）前掲「近代日本の知識人」二五四ページ

（16）前掲「少国民に与える訓話」一一七ページ

（17）鹿野政直「国民の歴史意識の変化と歴史教育」、歴史学研究会編『歴史学と歴史意識』（「現代歴史学の成果と課題Ⅱ」第一巻）所収、青木書店、一九八二年、五五―六四ページ

（18）前掲『欲シガリマセン勝ツマデハ』五三一ページ

（19）一九三一年生まれの山中恒は学童集団疎開政策の立案当時の該当者ではなかったため、疎開体験者ではない。

（20）前掲「座談会 学童集団疎開について」三六ページ

（21）前掲「原点としての戦中学童の体験」一六二―一六九ページ

（22）長浜功『日本ファシズム教師論――教師たちの八月十五日』明石書店、一九八四年、四六―八五ページ。ただし長浜の摘発の対象は、「戦争責任追及の姿勢が欠落」している「教育界」全般である。

（23）山中恒『ボクラ少国民』辺境社、一九七四年、三七三―三七八ページ。また、前掲『「戦争経験」の戦後史』二〇九―二一一ページも参照。

（24）新藤謙は小林信彦、佐江衆一などの文学を「学童疎開文学」と規定し、それらを石川達三や大岡昇

平の文学と同列の戦争文学として論じる。疎開児童にとっての「本当の敵」は「空腹そのものであり、友人であり、自分自身であった」という分析からわかるように、学童疎開体験に基づいて書かれた文学を戦争文学に編入するためには、「自分自身」さえ他者化して敵なる存在と想定しなければならない。新藤謙『体感する戦争文学』(フィギュール彩)、彩流社、二〇一六年、二〇―三六ページ
(25) 小林信彦『東京少年』(初版:二〇〇五年)、(新潮文庫)、新潮社、二〇〇八年、三六五ページ
(26) 前掲『冬の神話』二〇六ページ
(27) 安岡健一は、すべての疎開を「都市から農村へ」と一概に想定することはできないと論じる(『「他者」たちの農業史——在日朝鮮人・疎開者・開拓農民・海外移民』京都大学学術出版会、二〇一四年、一一一―一一七ページ参照)。本章では、経済構造など実質的指標によって定義できる都市・農村という範疇よりも、都市=都会対農村=田舎と図式化されてしまう無意識的なイメージの構造そのものにあえて頼りたい。例えば戦時期の都会の住民同士で話し合ったと考えられる、疎開できる〈田舎を持っているか否か〉という言葉にみられるようなイメージである。
(28) 西條八十「疎開のぼくらは元気です」「週刊少国民」一九四四年十二月三日号、朝日新聞社、二ページ
(29) 「学童集団疎開ニ於ケル教育要綱」は、前掲『欲シガリマセン勝ツマデハ』三八〇―三八三ページ。
(30) 古谷綱武「光あらしめよ」、日本少国民文化協会編「少国民文化」一九四四年十月号、日本少国民文化協会、一ページ
(31) 高良富子「母の描く疎開教育」、同誌六ページ
(32) 石井柏亭「疎開学童と美の教育」、同誌七ページ
(33) 日比野士朗「一足先に疎開して」、同誌一三ページ

(34) 前掲『学童集団疎開史』一五六―一六一ページ
(35) 柳田国男『柳田国男全集』(ちくま文庫) 第二十三巻、筑摩書房、一九九〇年、三六九―三七一ページ
(36) 一九四五年の正月から書き始めたが戦時中の刊行には至らなかった。「はしがき」の末尾に「昭和二十年七月」と記してある。
(37) 前掲『柳田国男全集』第二十三巻、三六九ページ
(38) 杉靖三郎「科学のふるさと」、前掲「少国民文化」一九四四年十月号、八ページ
(39) 例えば、谷川彰英『柳田国男と社会科教育』(〔三省堂選書〕、三省堂、一九八八年)、庄司和晃『柳田国男と教育――民間教育学序説』(〔評論社の教育選書〕、評論社、一九七八年)、長浜功『常民教育論――柳田国男の教育観』(新泉社、一九八二年) など。
(40) 前掲『柳田国男と社会科教育』一四一ページ
(41) 益田勝実「炭焼き翁と学童」、岩波書店編「文学」一九六一年一月号、岩波書店、一八―一九ページ
(42) 「愛国いろはかるた 廿六万句中から選定」「朝日新聞」一九四三年八月二十一日付
(43) 前掲『柳田国男全集』第十三巻、二〇四―二〇五ページ
(44) 前掲『柳田国男全集』第十三巻、一二―一三ページ
(45) 前掲『柳田国男全集』第二十三巻、四四〇ページ
(46) 前掲『柳田国男伝』九二五ページ
(47) 岩田重則は、「未来に向けて生きていかねばならない子供」向けの『村と学童』と、「死を直面している若者・大人」向けの『先祖の話』との関係を、「二つにして一つ」と述べている。前掲『戦死者

霊魂のゆくえ』五八―六二ページ参照。学童集団疎開の「本義」が「七生報国」精神を内包していたことに関しては第1章を参照。
(48)前掲『柳田国男全集』第二十三巻、二九九ページ
(49)前掲『柳田国男全集』第二十三巻、二〇〇ページ
(50)「囲炉裏」という名称や「炉端」の配置などに関しては「炉端の作法」(前掲『柳田国男全集』第二十三巻、二九一―二九八ページ)を参照。
(51)佐次たかし「疎開者は戦友だ 受け入れのうまくいつてゐる富山県小杉町」「家の光」一九四四年九月号、家の光協会、三二―三三ページ
(52)横光利一、保昌正夫ほか編『定本 横光利一全集』第十一巻、河出書房新社、一九八二年、三四八ページ
(53)韓然善「横光利一『夜の靴』における〈戦後〉表象」、横光利一文学会運営委員会編「横光利一研究」第十二号、横光利一文学会、二〇一四年、一一三ページ
(54)前掲『定本 横光利一全集』第十一巻、四四〇ページ
(55)坂上弘『朝の村』冬樹社、一九七一年、五四ページ
(56)高井有一「田舎と肉親――坂上弘著『朝の村』」「文学界」一九七一年九月号、文藝春秋、一四四ページ
(57)坂上弘「街角から」(一九六三年)、『結末の美しさ』冬樹社、一九七四年、一四二ページ
(58)前掲「座談会 現代作家の課題」二五七ページ
(59)坂上弘/島尾敏雄「対談 文学と土地と」「文芸」一九七三年二月号、河出書房新社、二七五ページ
(60)柄谷行人「古井由吉『男たちの円居』」(一九七〇年)、『畏怖する人間』(講談社文芸文庫)、講談社、

一九九〇年、三六〇―三六一ページ
(61) 前掲「対談 文学と土地と」二七五ページ
(62) 佐和隆光『高度成長――「理念」と政策の同時代史』(NHKブックス)、日本放送出版協会、一九八四年、九三ページ
(63) 坂本二郎『知識産業時代』(講談社学術文庫)、講談社、一九七七年、一五―七六ページ参照
(64) 経済企画庁「昭和三二年 年次経済白書――速すぎた拡大とその反省」(http://www5.cao.go.jp/keizai3/keizaiwp/wp-je57/wp-je57-010402.html)[二〇一八年二月二十五日アクセス]
(65) 玉城哲『むら社会と現代』毎日新聞社、一九七八年、九六―一一四ページ
(66) 石川巧『高度経済成長期の文学』(ひつじ研究叢書〈文学編〉)、ひつじ書房、二〇一二年、八―一二ページ
(67) 前掲「「内向の世代」考」二四三ページ
(68) 前掲「地域・疎開・配給」三三―三四ページ
(69) 前掲「一九七〇年の文学状況」二三二ページ
(70) 前掲「新版によせて」一―一〇ページ

初出一覧

本書執筆にあたり、いずれも大幅な改訂や加筆・修正を施した。

序　章　いま、疎開を考えることは
書き下ろし

第1章　「昭和の楠公父子」になるために――学童集団疎開・七生報国・『先祖の話』
「「昭和の楠公父子」になるために――学童集団疎開、七生報国、『先祖の話』」、日本社会文学会編「社会文学」第四十四号、不二出版、二〇一六年

第2章　もう一度、空襲と疎開を――『東京大空襲・戦災誌』、「名古屋空襲誌」、「学童疎開ちくさ」
書き下ろし

第3章　戦中派と戦後派のはざまで――疎開派という世代
「「戦中派」と「戦後派」の狭間で――〈疎開派〉の場合」、名古屋大学大学院人文学研究科図書・論集委員会編「名古屋大学人文学フォーラム」第一号、名古屋大学大学院人文学研究科図書・論集委員会、

二〇一八年

第4章　悔恨ではなく、内向する世代の疎開――黒井千次「聖産業週間」、「時の鎖」

「「自己の空位」に触れ合う労働実験――黒井千次「聖産業週間」論」「JunCture――超域的日本文化研究」第九号、名古屋大学大学院人文学研究科所属「アジアの中の日本文化」研究センター、二〇一八年、「時の鎖」の分析は書き下ろし

第5章　「不確かな私」のために召喚される疎開体験――高井有一「北の河」

「「不確かな私」のために召喚される母の死――高井有一「北の河」論」、名古屋大学国語国文学会編「名古屋大学国語国文学」第百九号、名古屋大学国語国文学会、二〇一六年

第6章　疎開体験者の特別な「一証言」――高井有一「少年たちの戦場」からいまを

「学童集団疎開体験への「一証言」――高井有一『少年たちの戦場』論」「日本学報」第九十九号、韓国日本学会、二〇一四年

第7章　暴き出される疎開と田舎――石川達三「暗い嘆きの谷」

日本近代文学会二〇一五年度春季大会での発表「暴き出される「疎開」・「疎開人」――石川達三『暗い嘆きの谷』を中心に」をもとに、書き下ろし

第8章　東京から疎開すて来だ「津軽人」が言ってまった…――太宰治「十五年間」「やんぬる哉」など
「「津軽人」太宰治の疎開――「十五年間」、「やんぬる哉」を中心に」、東アジアと同時代日本語文学フォーラム／高麗大学校日本研究センター編「跨境――日本語文学研究」第二号、高麗大学校日本研究センター、二〇一五年

第9章　疎開を読み替える――戦争体験、〈田舎と都会〉、そして坂上弘
「〈疎開〉を読みかえる――戦後における疎開体験の語りの再検討」、坪井秀人編『敗戦と占領』（「戦後日本を読みかえる」第一巻）所収、臨川書店、二〇一八年

あとがき

二〇一九年のいま、韓国人が日本で、日本人の疎開体験に関する本を出版することにどういう意味があるのか。

私は日本留学を決心したとき、こういう覚悟を決めた。それは、韓国のことを取り上げないということだった。本書を手に取った読者には、このような私の覚悟が奇妙に聞こえるかもしれないが、私としてはきわめて重大かつ慎重な覚悟だったことを記しておきたい。やや乱暴にまとめれば、次のようになる。韓国人が韓国のことを取り上げるなら、そもそも日本留学をする必要などないのではないか。韓国人が韓国のことを韓国人ではない人の前で話すとき、韓国人ではない人がそれに対して疑問を投げかけたり反論をしたりすることは難しくなる。日本のことを日本人と対等に議論できるまでは、決して母国に甘えてはいけない。母国はいつでも頼ることもできれば甘えることもできる。日本にいるなら、日本でしかできない研究をやろう。

本書は、以上のような覚悟に貫かれて書かれている。朝鮮戦争のときに疎開はなかったかという質問を受けたことがある。あなたの発表は日本人なら誰でもわかる内容だという指摘を受けたこともある。だが、私は日本語で書かれた日本に関するものを読み、日本語で日本のことについて考え、日本語で書くために努力した。韓国人ならわかる内容を韓国人ではない人々の前にもってきて、特権的に振る舞いたくはなかった。

なぜ、このような考え——覚悟——にこだわったのか。それは、(私の自由意思とは無関係にパスポートに記載されている情報によれば)私が韓国人であり、日本と日本人のことを知らないからである。日本人なら誰でもわかる何かがあるとしたら、日本人ではない私はそれを知らない可能性があるだろう。さらに、もし日本と日本人のことを少しはわかったとしても、それに基づいて、日本と日本人はこうだと、安易に決め付けてはならないだろう。わかったことがすべてではないのだ。いや、そもそも何かについてすべてのことを捉えることができ、理解することができると考えていいのだろうか。

私は、「疎開」に関する勉強を通じて、日本と日本人について、少しは知ることができた。戦争状況に翻弄されながらも、空襲に焼け出されても、生きることをあきらめない銃後の生活を知ることができた。子ども時代に疎開を体験し、その体験を背負いながら戦後日本を築き上げた人々を知ることができた。疎開を契機に第二の故郷をもつことができて喜ぶ人々を知ることができた。自らの疎開体験とは何だったか、という問いかけに対する答えを求めて文学創作に取り組む文学者と出会うこともできた。日本人の読者にとって、本書で取り上げたことは新しい知識や情報ではないかもしれない。願わくば、韓国人が日本と日本人について知ろうと勉強した結果はどのようなものか、ご確認いただきたい次第である。

二〇一九年八月現在、日韓の間では、日本と日本人について安易に決め付ける声と、同じく韓国と韓国人について安易に決め付ける声が飛び交っている。韓国では、信頼できない日本と日本人が生産した製品に対する不買運動が生じている。日本では、信頼できない韓国と韓国人に対するヘイトスピーチが生じている。

なぜ、韓国人は日本人に対して、日本人は韓国人に対して、こうも簡単に決め付けたうえで排他的な行動に乗り出せるのだろうか。なぜ、何かを決め付けていいかどうか、立ち止まってもう少し考えることができないのだろうか。いままで相手を熟考した結果、こう考えるのだと主張する人々がいれば、あえて聞き返す。韓国と韓国人は、日本と日本人は、お互いをなしに生きていくことができるだろうか。答えは、いままで日本人と韓国人が手を結んで築き上げてきた交流の歴史のなかにある。

私が、日本と日本人のことを知らないとしか言えない理由がここにある。本書の第2部「戦争を体験しない疎開――「内向の世代」・黒井千次・高井有一」と第3部第9章「疎開を読み替える――戦争体験、〈田舎と都会〉、そして坂上弘」で取り上げた「内向の世代」から私が学んだのは、何かについて知ったつもりで終わらせる前に、立ち止まってその何かについてもう一度考える姿勢である。坂上弘を例にすれば、疎開して出会った母親の故郷の田舎について、彼は恐怖を書き込んだ。田舎に対する恐怖を回避しようとしたら、小説を書く必要はなかっただろう。恐怖をそのまま形象化できたのは、不可解な恐怖について考え続けているからにちがいない。何かを考え続けるとは、その何かについて知りたいという思いと結び付く。本書で取り上げた、坂上の田舎に対する問題意識や描写は、決して田舎を軽蔑したり無視したりするものではない。知りたい欲望に支えられているからこそ、知らないことやわからないことをそのまま描くことができるのだ。そこには、知りたい対象に対する愛情がにじんでいると言える。これは、母親の死について考え続ける高井有一も、疎開時代の歪んだ人間関係について考え続ける黒井千次も同様である。母親に対する愛情、疎開時代をともに過ごした友達に対する愛情がなければ、「北の河」や「時の鎖」のような小説は書かれないだろう。

私は、日本と日本人のことが知りたい。この一念で、日本人の疎開体験とは何だったか、日本人の疎開体験はどのように語られたのかについて勉強してきた。日本と日本人についてなら知らないことなどない、韓国と韓国人についてなら知らないことなどない、という傲慢な決め付けが、玄界灘を挟んだ、無益なにらみ合いを繰り返させている。だが、例えば本書で取り上げた疎開体験を語る様々な声に響いているのは、私にとってのあの体験とは何だったのか、という慎重な内省ではなかっただろうか。いま、韓国と韓国人は日本と日本人とは何か、日本と日本人は韓国と韓国人とは何かをむやみに決め付けて無意味な葛藤を再生産している。だが、本当に、日本と日本人はそうなのか、韓国と韓国人はそうなのか。それらがすべてなのか。

二〇一九年現在の日韓関係を目にしながら、本書を日本で刊行する意味をあらためて自問自答せずにはいられなかった。私にとって、日本と日本人は敵ではない。友達であり、仲間である。ずっと仲良くしていきたいからこそ、友達や仲間のことをもっと知りたかった。特に、日本人の体験した「疎開」について知りたかった。本書は、日本人と仲良くしていきたい韓国人による、日本と日本人について勉強した結果の一部である。この結果を、日韓関係の悪化が深刻化しつつある二〇一九年に世に出す。今年の八月から、微力ながら名古屋・学童疎開を記録する会の活動を手伝う機会を得た。日本と日本人についての勉強は、まだ進行中である。

＊

最後に、本書の完成までにお世話になった方々にお礼を申し上げたい。

私には、尊敬する師匠が三人いる。学部と修士課程の指導教官だった朴裕河先生は、韓国人が日本について考える際、感情的な民族主義を捨て、日本と日本人に真の心をもって向き合うための道筋を案内してくださった。博士課程の受け入れ教官だった坪井秀人先生は、入学当時の漠然としていた研究テーマに対してどのように取り組むべきかを、文学研究だけに収まらない幅広い視野から教えてくださった。博士課程の指導教官だった飯田祐子先生は、研究者として私を育てるだけではなく、研究者として目指すべき未来像を提示してくださった。誠に感謝に堪えない。

学際的研究を言い訳に中途半端なことしかできなかった拙い博士論文の審査委員に加わってくださった池内敏先生と日比嘉高先生に心からお礼を申し上げたい。池内先生からは歴史研究の観点から、日比先生からは文学研究の観点から、貴重なコメントをいただいた。本書を仕上げるうえで多大な参考になった。

勉強の成果を研究としてまとめるにあたって、学会や研究会などでお会いする方々からの助言は貴重な糧になった。特に、本書の構想は、国際日本文化研究センター共同研究「戦後日本文化再考」（代表：坪井秀人先生）の三年間を通じて肉付けされたと言っても過言ではない。全員を記すことはできないが、なかでも特に石川巧先生、川口隆行先生、高榮蘭先生、紅野謙介先生、五味渕典嗣先生、鳥羽耕史先生、成田龍一先生、光石亜由美先生から貴重なアドバイスをいただいた。心からお礼を申し上げたい。また、韓国からいつも応援してくださる朴光賢先生、辛承模先生、孫知延先生にも感謝を伝えたい。

名古屋大学文学研究科日本文化学講座の在学中には、齋藤文俊先生、藤木秀朗先生、小川翔太先生に大変お世話になった。朴貞蘭さん、張ユリさんは、ひさびさの韓国人留学生を温かく歓迎し、研究だけでなく生活の面までいろいろと面倒を見てくださった。また、川合大輔さん、永井真平さん、尹芷汐さん、王静さん、岡英里奈さん、陳晨さんは先輩として、張政傑さんは同期として、藤田祐史さん、加島正浩さん、盧銀美さんは後輩として、いつも私を支えてくれた。心からお礼を申し上げたい。

博士論文と本書の校正を手伝ってくださった羽山慎亮さん、市川遥さん、奥村華子さんにもお礼を申し上げる。同世代の研究仲間として仲よくしていただいた康潤伊さん、田村美由紀さん、長瀬海さん、服部徹也さんのおかげで、いつも楽しく研究することができた。感謝の気持ちを伝えたい。愛知学院大学で教える機会を与えてくださった文嬉眞先生にも、お礼を申し上げる。講師として日々楽しく過ごしているのは、文先生のおかげである。

本書の刊行の契機は、早川タダノリさんとのまったく偶然の出会いだった。早川さんの熱い後押しのおかげで、刊行までたどり着くことができた。早川さんにはお礼の申し上げようもない。疎開研究の可能性に賭けてくださった早川さんのご支援の言葉はとても心強かった。

本書の刊行にあたって、青弓社の矢野未知生さんに大変お世話になった。書籍として刊行するにあたっての指針から細かな修正まで、大変なご迷惑をかけたといったほうが正確だと思う。矢野さんをはじめとする青弓社の関係者・担当者の方々に、心から感謝を申し上げる。

なお本書は、日本学術振興会特別研究会奨励費（DC2、課題番号：15J-10374）による研究成果である。

最後に、次男の無責任な言動を見守っている両親に、日本で何をしてきたかを、本書をもって報告に代えたい。

二〇一九年八月、我が第二の故郷である名古屋で

李承俊

[著者略歴]
李承俊（イスンジュン）
1982年、韓国釜山市生まれ
名古屋大学大学院文学研究科人文学専攻博士課程修了。博士（文学）
愛知学院大学教養部非常勤講師
専攻は日本近現代文学、文化史
共著に『敗戦と占領』（臨川書店）、論文に「「自己の空位」に触れ合う労働実験──黒井千次「聖産業週間」論」（「JunCture──超域的日本文化研究」第9号）、「「戦中派」と「戦後派」の狭間で──〈疎開派〉の場合」（「名古屋大学人文学フォーラム」第1号）など

疎開体験の戦後文化史　帰ラレマセン、勝ツマデハ

発行──2019年9月27日　第1刷
定価──3600円＋税
著者──李承俊
発行者──矢野恵二
発行所──株式会社青弓社
〒162-0801 東京都新宿区山吹町337
電話 03-3268-0381（代）
http://www.seikyusha.co.jp
印刷所──三松堂
製本所──三松堂

ISBN978-4-7872-2084-4　C0021